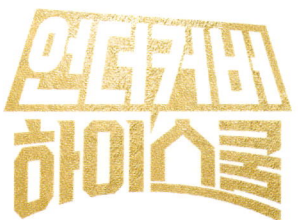

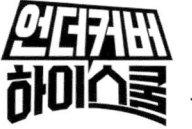 1

초판 1쇄 찍은날 2025년 05월 26일
초판 1쇄 펴낸날 2025년 06월 11일

글 임영빈
펴낸이 서경석
총괄 서기원 **편집** 배현아 서지혜 손다인 황창선
기획·마케팅 박문수 **디자인·제작** 이문영

펴낸곳 도서출판청어람
출판등록 1999년 05월 31일(제38-7-1999-000006호)

주소 서울특별시 구로구 디지털로272, 404호
전화 02-6956-0531
팩스 02-6956-0532
메일 chungeoram_book@naver.com

ISBN 979-11-04-20001-4 04680
       979-11-04-20000-7 (세트)

KOMCA승인필

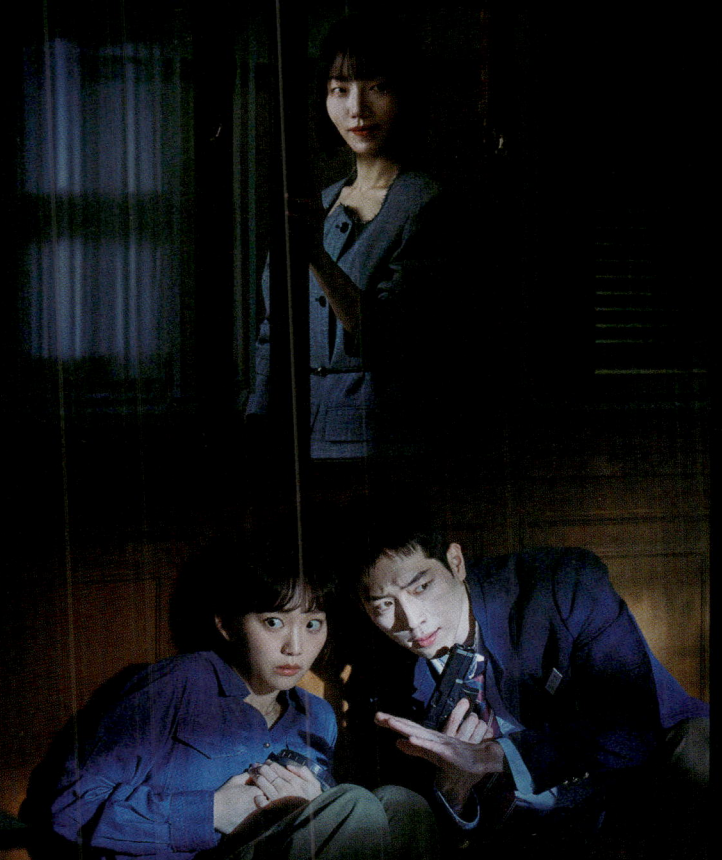

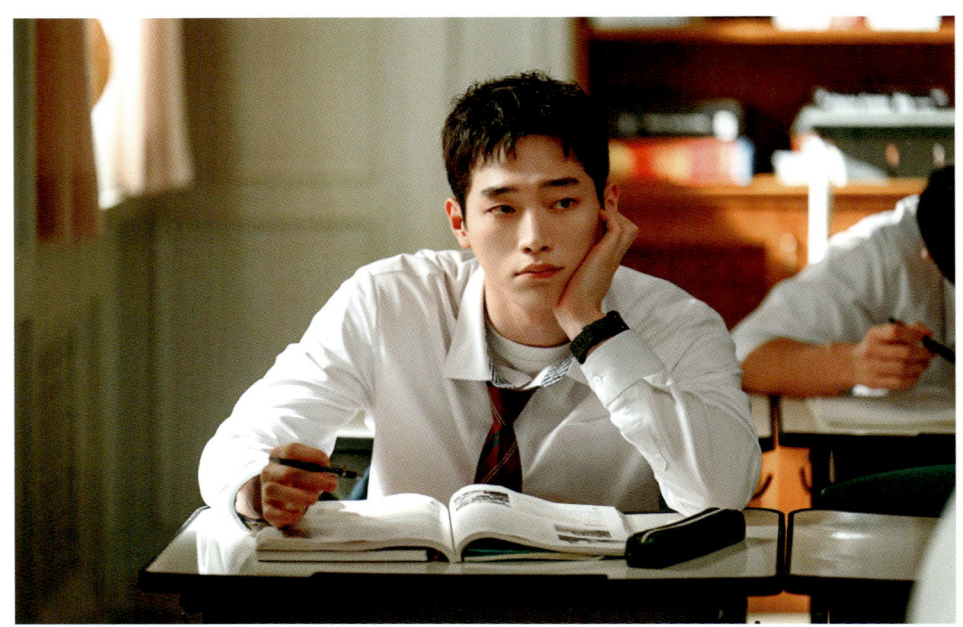

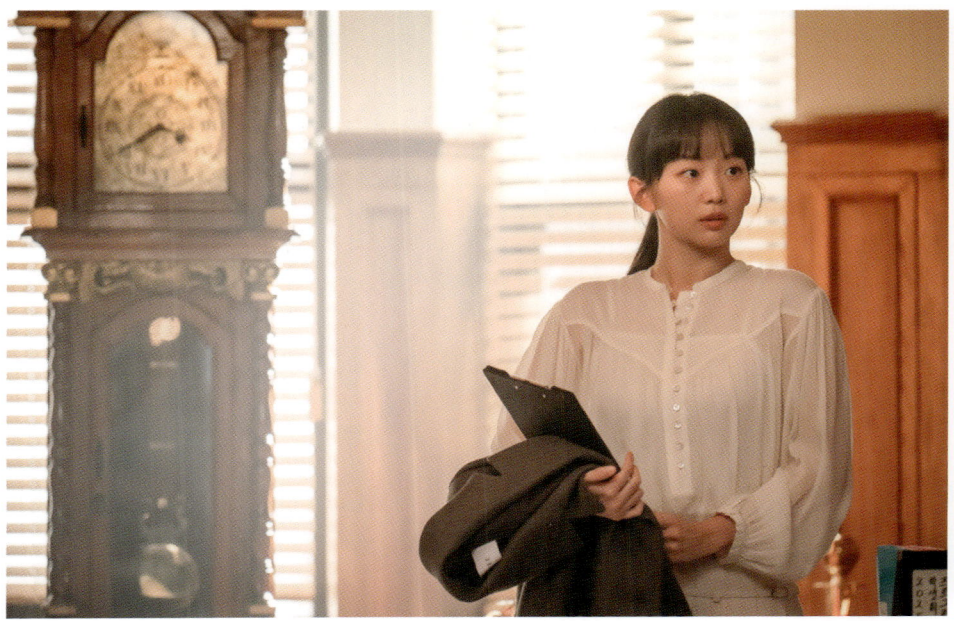

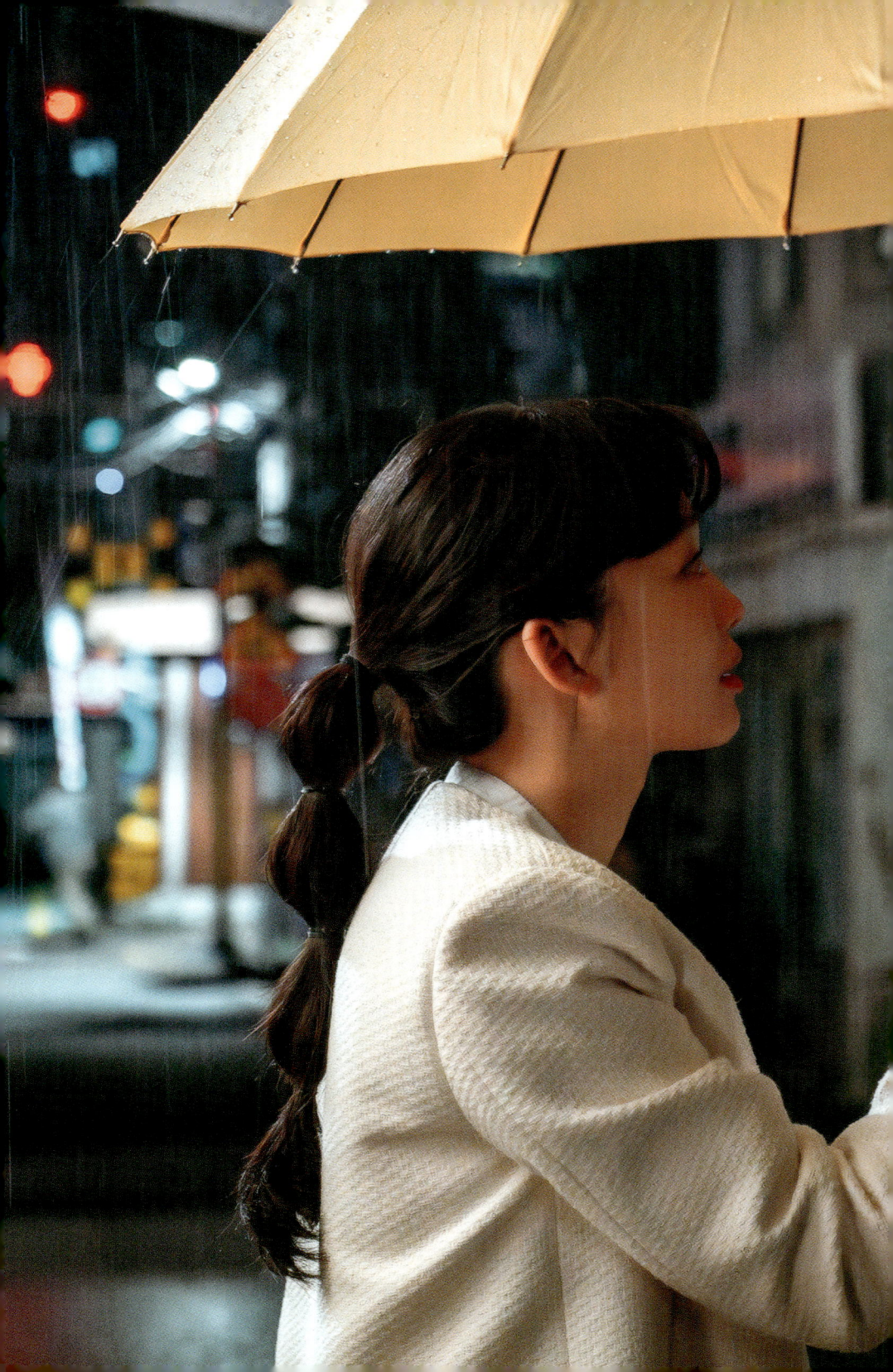

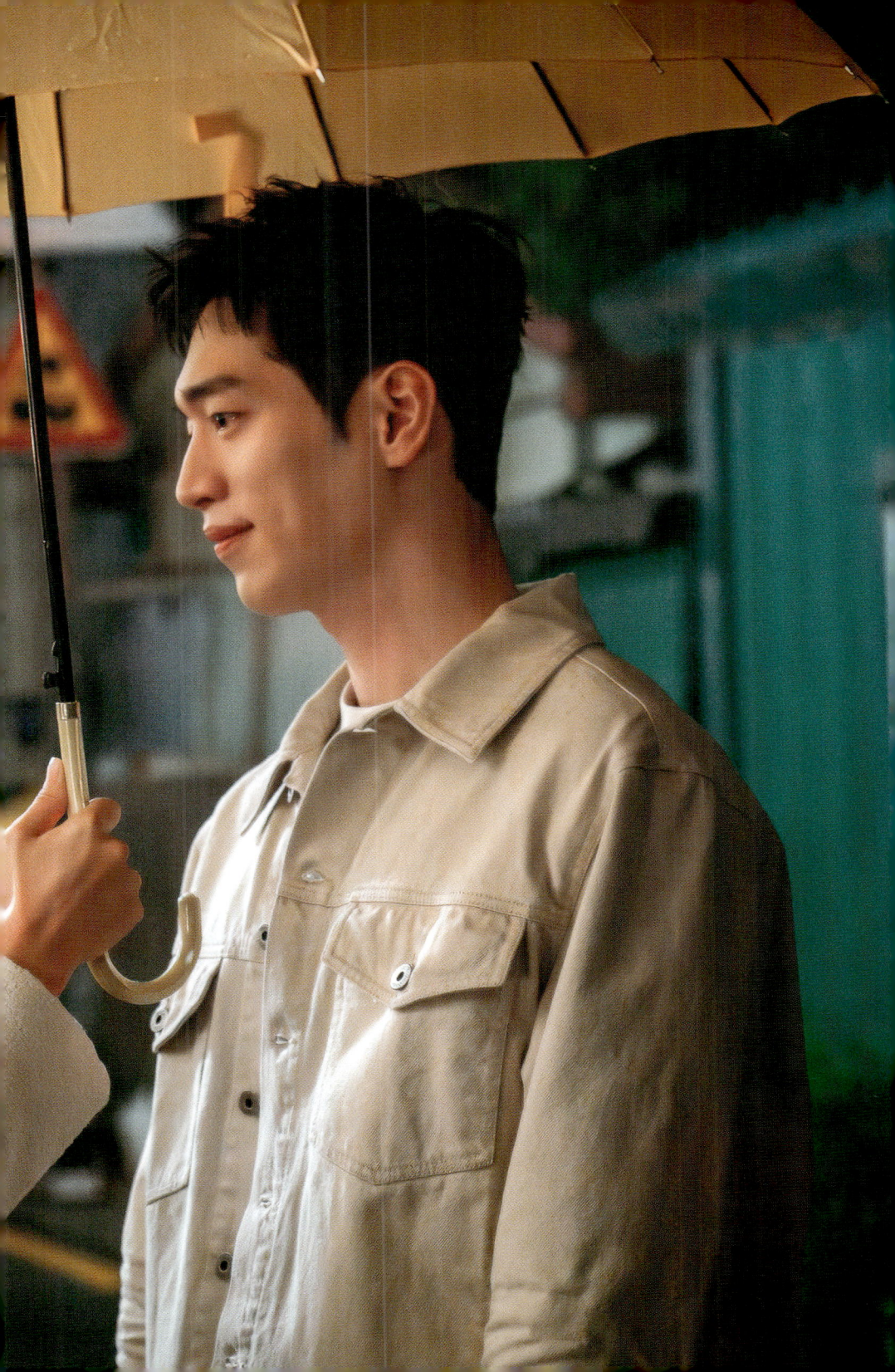

언더커버 하이스쿨

병문고 교무실

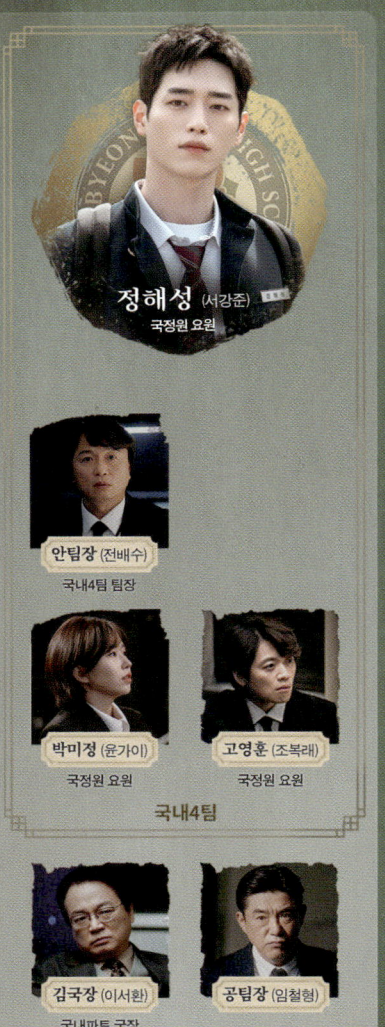

정해성 (서강준)
국정원 요원

안팀장 (전배수)
국내4팀 팀장

박미정 (윤가이)
국정원 요원

고영훈 (조복래)
국정원 요원

국내4팀

김국장 (이서환)
국내파트 국장

공팀장 (임철형)

국정원

병문고 교무실

박재문 (박진우)
교장

백광두 (오용)
교감

김리안 (이민지)
체육 선생님

이준호 (노종현)
수학 선생님

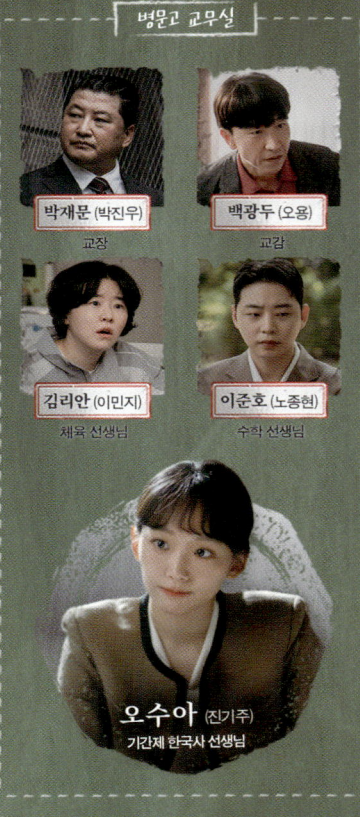

오수아 (진기주)
기간제 한국사 선생님

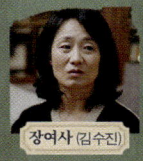

장여사 (김수진)

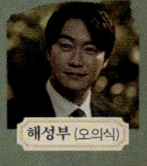

해성부 (오의식)

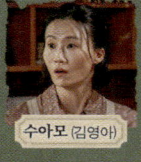

수아모 (김영아)

정해성 ♥ 오수아

정해성 ⚡ 서명주

병문고등학교

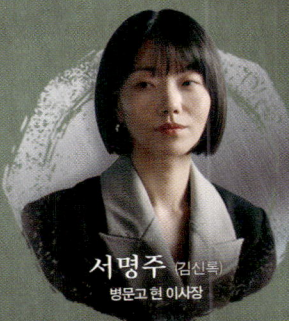

서명주 (김신록)
병문고 현 이사장

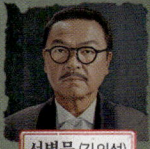

서병문 (김의성)
초대 이사장

병문고 학생회

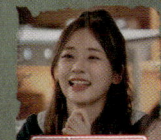

윤채린 (윤채빈)

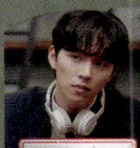

한승재 (이현소)

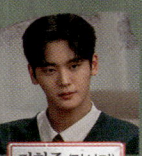

지현준 (김선민)
부학생회장

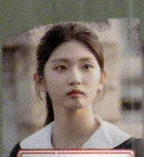

박태수 (장성범)

안유정 (박세현)

이예나 (김민주)
학생회장

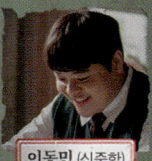

이동민 (신준항)

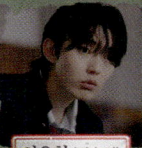

임윤철 (정수현)

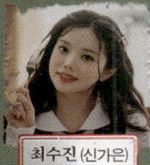

최수진 (신가은)

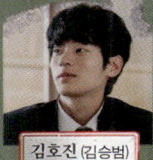

김호진 (김승범)

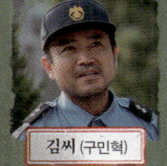

김씨 (구민혁)
병문고 경비원

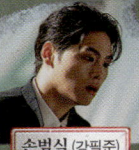

손범식 (강필준)

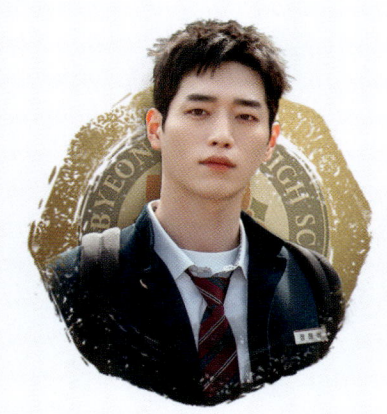

정 해 성 *cast 서강준*
국정원 국내4팀 소속 에이스 현장 요원

고종 황제의 금괴를 찾으란 특명을 받고 '언더커버 하이스쿨' 작전에 투입, 팔자에
도 없는 고등학교 생활을 만끽(?)하게 되는 비운의 인물.
연예인 뺨치는 외모와 목소리, 가끔씩 짓는 미소로 전교생들의 관심을 한 몸에 받
지만 정작 본인은 무관심과 무덤덤으로 응수하는, 진정한 의미의 마성의 남자.
'준비에 실패하는 것은 실패를 준비하는 것이다.'
국정원의 에이스 요원답게 심리전과 협상에 뛰어나며 언제 어떤 상황에서든 신
속한 판단과 결단을 내린다. 타인에게 기대지 않고 고립된 삶을 살아가는, 복잡한
내면을 가지고 살아가는 인물.
해성은 자기도 모르는 새 점점 학생들에게 마음을 열어간다.
있는 줄도 몰랐던 오지랖과 정의감을 십분 발휘, 어느새 학교의 영웅으로까지 추
앙받게 되는 해성. '정신 차리니 이렇게 됐다.'는 기가 막힌 상황 속, 과연 해성은
무사히 임무를 마칠 수 있을까?

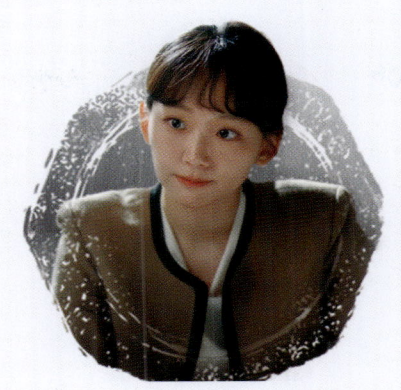

오 수 아 *cast 진기주*

해성의 담임이자 병문고 기간제 선생님. 담당 과목은 한국사

수없이 겪은 임용고시 낙방, 이후 늦깎이 나이에 간신히 잡은 병문고 기간제 계약직.
비록 기간제지만 학생들을 생각하는 마음은 누구에게도 지지 않는다 자부하며
병문고에 입성했지만... 세상에, 이게 뭐람? 수아는 이내 깨닫게 된다.
교사로서의 현실과 이상은 천국과 지옥만큼 다르다는 것을.
학생들에 대한 열정과 사랑은 자신이 정교사가 되는 데 아무 도움도 안 된다는 것을.
정교사가 되는 데 필요한 건 자본주의 미소와 궂은일 도맡아 하기, 그리고 지문이
닳아 없어질 정도의 아부라는 것을...!
병문고에 첫발을 내디뎠을 때의 마음가짐 따윈 어느새 까맣게 잊고 만 수아.
'열정금지'를 모토로 오직 정교사가 되겠다는 데에만 온 신경을 쏟던 어느 날,
한 학생이 전학을 온다. 근데 이름이... 정해성?
근데 볼수록 옛날의 나의 첫사랑이랑 오버랩이 되는 것이 대체 얘는 뭔가 싶다.
너 설마... 아니지?

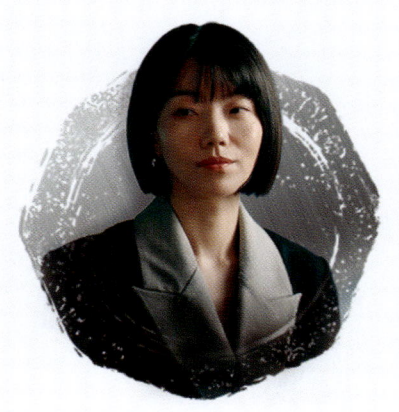

서 명 주 *cast* 김신록

현 병문재단 및 병문고 이사장이자 예나의 모친

세상 누구보다 학교와 딸 예나를 사랑하는, 그래서 내 것이고 내 것은 무조건 1등
이고 최고여야만 한다는 왜곡된 집착의 소유자.
어떤 경우에도 동요하거나 흔들리지 않는다. 치밀하고 계획적이며, 언제나 상대
보다 한 수 앞을 생각하고 두 수 먼저 움직이는, 극 중 해성의 최대 최악의 맞수.
자신의 것을 빼앗거나 망치려 드는 사람은 누구든 용서하지 않는다.
그런데 감히 학교 출입금지 구역에 누군가 침입을 했다. 누군가 했더니… 전학생
이라고? 더 거슬리면 그때 치워버리면 될 뿐, 일단 어떻게 노는지 구경이나 해볼
까? 호기심 많은 학생이라니 제법 쓸모가 있을지도 모른다.

국정원 사람들

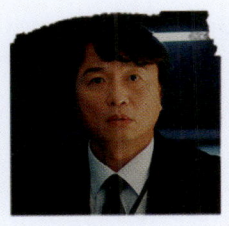

안 팀장 *cast* 전배수

**이름 안석호. 국정원 국내4팀의 팀장이자
해성에겐 제2의 가족, 아버지 같은 존재**

따뜻하고 인간적이다. 소탈하고 소박하다. 주책맞고 오
지랖도 넓다면 넓은, 흔하디흔한 옆집 삼촌 같은 사람.
과거엔 해성의 아버지 '정재현 요원'의 절친한 후배였
다. 갑자기 사라진 선배를 대신해 아내 장 여사와 함께
어린 해성을 거두어 키웠다.
친한 선배의 아들, 조카인 줄 알았던 해성은 어느새 안
팀장에게 아들이 되었다.
장성한 해성에게 직접 국정원 신분증을 건네준 그날,
안 팀장은 다짐했다.
목숨을 걸고서라도 이 녀석만큼은 반드시 지키겠다고.
22년 전 사라진 정 선배를 다시 만날 때까지.

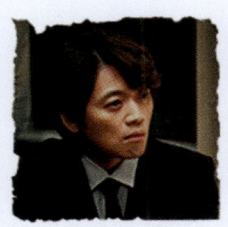

고 영 훈 *cast* 조복래

해성의 국정원 후배 요원

매사에 몸과 마음은 물론 열이란 열은 죄다 갖다 바치는
필요 이상으로 뜨거운 남자. 해성을 마음 깊이 존경하며
따르고 있다. 틈만 나면 "싸나이 브로맨스!"를 외치지만
정작 해성은 심하게 부담스러워한다는 게 함정이라면 함
정. 어디를 가나 공경을 받는 최강 노안의 소유자.

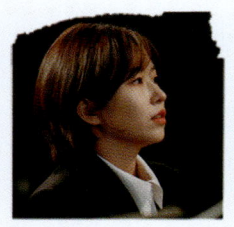

박 미 정 cast 윤가이

해성의 국정원 후배 요원

각종 정보 수집 및 분석, 해성의 잠입 작전에 필요한 서류 위조와 해킹까지 담당하고 있는 팀에 절대 없어서는 안 될 인물. 언제 어느 때건 자기 할 말은 꼭 하고 마는 시크한 팩트 폭격기.

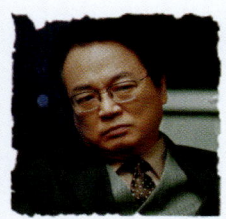

김 국장 cast 이서환

이름 김형배. 국정원 국내파트 국장

호탕하고 호방하다. 그만큼 다혈질이고 괴팍해 화가 나면 서류부터 던지고 본다.
'언더커버 하이스쿨' 작전의 총책임자. 해성의 마음을 후벼 파는 말들도 서슴없이 하지만, 가만히 지켜보면 누구보다 해성에게 관심이 많은 인물.

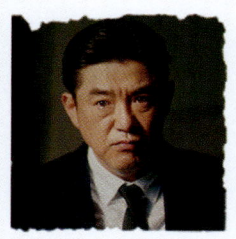

공 팀장 cast 임철형

이름 공진상. 안 팀장의 동기이자 국가정보원 국내1팀 팀장

김 국장의 오른팔이자 비공식 비서 역할을 하고 있다. 이런 노력으로 안 팀장보다 진급은 빨랐다. 안 팀장이 이끄는 국내4팀을 바보4팀으로 생각하며 어떻게든 국내4팀을 끌어내리고 흠집 내려고 한다.

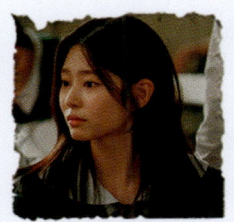

이 예 나 *cast 김민주*

병문고 학생회 학생회장. 병문고 이사장 명주의 외동딸

도도하고 깍쟁이에 대접받기 좋아한다. 철없고 제멋대로에 자존심의 콧대는 하늘을 찌르는, 쉬운 말로 '네가지'가 없는 병문고의 여왕. 성적, 체육실기, 각종 경시대회와 콩쿨 심지어 인기투표까지 단 한 번도 1등을 놓쳐본 적 없다. 어디를 가든 학생들의 부러움을 한 몸에 받고 기꺼이 이를 즐길 줄도 안다.

다만 학생들은 꿈에도 모르고 있었다.

예나가 이 모든 1등을 차지하기 위해 학대 수준의 노력을 하고 있단 것을.

예나는 간과하고 있었다. 자신이 아무리 노력해봤자 자신이 일궈내고 가진 모든 것은 어머니 서명주의 그늘 아래 누린 특권이었단 것을.

행복한 모녀인 척, 아무 걱정도 없는 척 계속 연기를 해나가던 그녀 앞에 나타난 전학생 해성. 대놓고 자기를 무시하는 해성을 보며 예나는 적잖은 충격을 받았다.

감히 나를 무시해? 전학생 주제에?

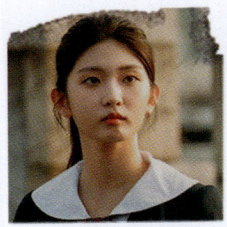

안 유 정 *cast 박세현*

병문고 학생회 멤버. 안 팀장의 딸이자 해성의 여동생

학교에서 유일하게 해성의 정체를 알고 있는, 야무지고 똑똑한 해성의 지원자.

학생들한테나 대외적으론 아버지 안 팀장을 공무원이라 소개하고 있다.

전체 재학생 중 0.1프로 최상위 계급만 들어갈 수 있다는 병문고 학생회. 그곳 회장인 예나의 추천을 받아 학생회 멤버가 된 특별케이스.

겉으론 늘 밝게 웃지만 속으론 깊은 고민을 간직하고 있다.

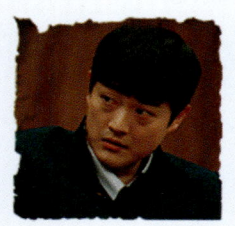

박 태 수 *cast 장성범*

병문고 학생회 멤버. 여의도 삼선 국회의원의 아들

강력한 배경을 믿고 안하무인으로 행동한다. 남을 깔아 뭉개길 좋아하며 거기서 우월감을 느낀다. 해성이 전학을 오기 전까지 단지 재밌단 이유로 동민을 괴롭혀 온 일진이자 악명 높은 학폭 가해자.

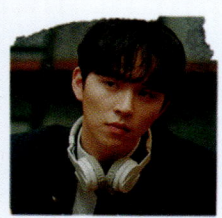

한 승 재 *cast 이현소*

2-2반. 병문고 학생회 멤버.
굴지의 대한민국 1위, 한영로펌 대표의 아들

누구한테든 얄미운 말만 골라 한다. 상대방의 호의도 악의로 받아치는 밉상.
학생회장인 예나에게 열등감과 자격지심을 갖고 있다. 이를 숨기기 위해 항상 쿨하고 시니컬한 척, 자신보다 급이 낮다 여겨지는 학생에겐 갑질과 돈자랑을 일삼는 내로남불의 끝판왕.

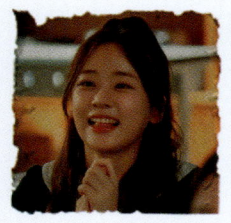

윤 채 린 *cast 윤채빈*

2-1반. 병문고 학생회 멤버이자 아이돌 연습생

천진난만 밝은 매력의 소유자. 의도하지 않은 해맑음과 눈치 없음이 특징.

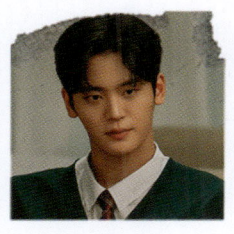

2-2반. 병문고 학생회 부학생회장

의젓한 행동과 품격 있는 어투, 심지어 운동까지 잘하는 병문고의 자랑.
갑자기 나타난 전학생 해성을 별로 탐탁지 않게 생각한다.

지 현 준 cast 김선민

병문고등학교 학생

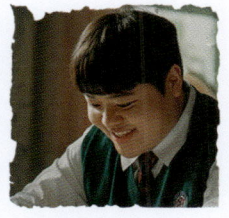

병문고 사회적배려자 전형 입학생

별명은 기생수(기초생활수급자의 줄임말). 할머니와 함께 생활하며 알바로 생계를 연명하고 있다. 미스터리 웹소설 작가가 꿈. 학교 괴담이나 전설, 불가사의 등에 관심이 많다. 학교폭력을 당하던 중 해성이 도와준 걸 계기로 그와 연을 맺는다.

이 동 민 cast 신준항

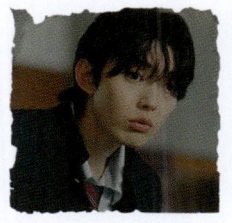

태수와 함께 일진무리를 형성하고 있는 학생

겉으론 위압적이고 거칠지만, 주먹보다는 입으로 싸우는 스타일.

임 윤 철 cast 정수현

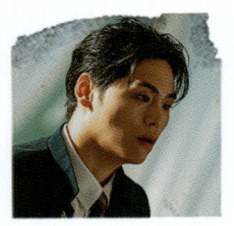

태수와 함께 일진무리를 형성하고 있는 학생

눈치 만렙, 강한 자에게 약하고 약한 자에게 강한 전형적인 스타일.

손 범 식 *cast 강필준*

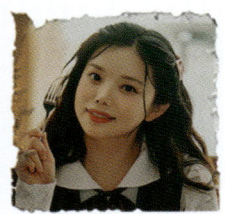

SNS와 유행에 누구보다 빠르고 민감한 학생

활발하고 사교적이나 호기심이 지나쳐 상대를 당황하게 만드는 타입.

최 수 진 *cast 신가은*

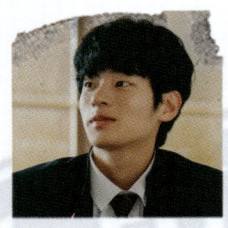

인터넷 방송과 콘텐츠 제작에 진심인 학교 내 정보통

교실 안팎에서 카메라를 손에 달고 다니는 열정파.

김 호 진 *cast 김승범*

병문고등학교 교무실

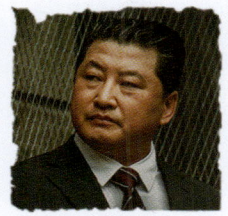

박 재 문 *cast 박진우*

병문고 교장 선생님이자 이사장 명주의 심복

항상 명주 곁에서 그녀의 말이라면 모든 걸 이행하는 인물. 그가 어떻게 병문고 교장 선생님이 되어 명주 곁에 있게 되었는지, 그들의 과거를 아는 이는 아무도 없다. 무표정함과 과묵함 뒤에는 냉혹함과 막강한 힘이 숨어있다.

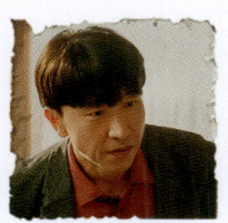

백 광 두 *cast 오용*

병문고 교감 선생님

하루가 다르게 숭숭 빠져 나가는 머리 때문에 고민이 말도 아닌 이 땅의 꼰대.
뭐가 됐든 문제가 터지는 걸 극혐한다. 해서 무슨 일이든 났다 하면 일단은 덮고 본다. 해성이 전학을 오고 나서부터 하루도 사고가 안 터지는 날이 없다.
하루 24시간 해성과 수아 때문에 뒷목에서 손을 놓지 못하는, 나쁘지만 결코 미워할 순 없는 중년의 소시민.

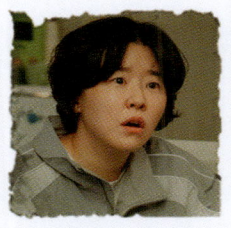

김 리 안 *cast 이민지*

수아의 동료 선생님이자 영혼의 파트너. 담당 과목은 체육

'놀 땐 놀고 일할 땐 일한다'를 인생 모토로 삼고 있는 화끈한 자유부인. 남자는 능력이고 나발이고 다 필요 없고 얼굴이 최고라는 소문난 얼빠. 의외로 어른스러운 구석 또한 갖고 있어 수아의 든든한 버팀목이 되어주기도 하는, 수아에겐 최고로 든든한 아군.

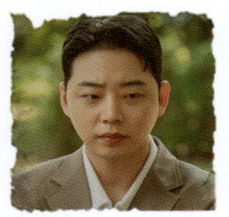

수아의 동료 선생님. 담당 과목은 수학

남몰래 수아를 짝사랑하고 있다. 자신은 숨긴다고 숨겼는데 정작 남들은 다 알고 있다. 유일하게 수아 본인만 빼고.

이 준 호 *cast* 노종현

그리고…

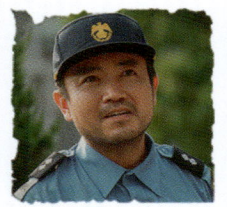

이름 김현호. 병문고 경비원

뭔가 의뭉스러운 구석이 있다.

김 씨 *cast* 구민혁

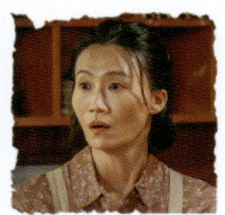

이름 임청하. 수아의 엄마이자
10년 넘게 '한잔했-수아' 운영 중

일찍 남편과 사별 후 수아를 혼자 키워 억척스럽지만 속내는 애정이 깊고, 수아에겐 언니 같은 엄마다. 딸 수아는 그녀의 전부다. 서른 넘은 딸이 시집을 못 갈까 봐 전전긍긍한다. 가게에 오는 수많은 총각 중 수아의 짝이 될 사람이 있는지 항시 레이더를 켜고 있으며, 그중 잘생긴 총각 해성을 점찍어 두고 있다.

수아 모 *cast* 김영아

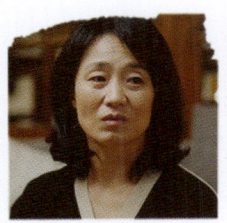

장 여사 *cast 김수진*

이름 장만옥. 안 팀장의 아내이자 유정의 엄마,
해성에겐 어머니와도 같은 사람

정도 많고 웃음도 많고 화도 많다. 평소엔 주변에서 흔히 볼 수 있는 대한민국 아줌마 같다가도, 한번 각 잡고 화내면 누구도 말리지 못한다. 국정원 남편이고 아들이고 할 거 없이 죄다 한 손으로 휘어잡는, 명실상부 가족 내 서열 1위 주부 9단.
세상 무엇보다 가족을 우선시하고 사랑한다. 남편 안 팀장과 아들 해성, 딸 유정이를 위해서라면 무슨 짓이든 할 각오가 되어 있고, 각오를 지킬 능력 또한 갖고 있다.

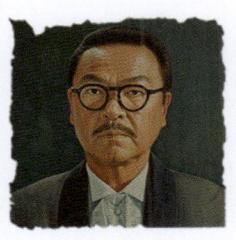

서 병 문 *cast 김의성*

역사에 기록되지 않은 민족의 반역자,
고종 황제의 비밀금고지기

수수께끼와 보물찾기, 각종 설화와 괴담을 사랑한, 그 당시 둘째가라면 서러운 괴짜 중의 괴짜. 금괴를 숨겨놓은 인물이다.

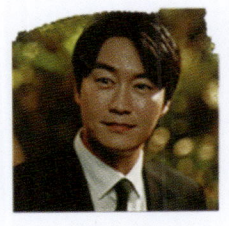

정 재 현 *cast 오의식*

해성의 아빠이자 국정원 요원

22년 전 어느 날, 연기처럼 갑자기 실종되었다.

일러두기

1 이 책의 편집은 임영빈 작가의 집필 방식을 따랐습니다.

2 드라마 대사는 글말이 아닌 입말임을 감안해, 한글맞춤법과 다르다 해도 그 표현을 살렸습니다.

 지문의 경우 한글맞춤법을 최대한 따르되, 어감을 살리기 위해 그대로 둔 표현도 있습니다.

3 물음표, 마침표, 쉼표 등 문장 기호의 표기는 작가의 의도를 따랐습니다.

4 미방영 내용이 포함되어 있으며, 방송된 부분과 다를 수 있습니다.

용어정리

플래시백 과거 회상을 나타낼 때 사용한다. 일어나고 있는 사건의 인과를 설명할 때나 인물의 성격을 설명하기 위해 쓰이기도 한다.

인서트 화면의 특정 동작이나 상황을 강조하기 위해 삽입한 화면을 뜻한다.

(E) 등장인물은 화면에 나오지 않고 대사만 들리는 경우에 사용한다.

몽타주 따로따로 편집된 장면들을 적절하게 떼어서 붙여 하나의 긴밀하고 새로운 장면을 만드는 것을 뜻한다.

Contents

"학교가 줄 수 있는 최고의 미덕은 우정을 쌓아갈 만남의 기회인 것을."

기획의도

대한민국에서 둘째가라면 서러운 명문 사립 병문고등학교.
부모의 재산과 배경에 따라 급이 나뉘고,
누구도 약자에게는 눈길 한번 주지 않으며,
이익과 결과만을 최우선 가치로 여기며 온갖 부패와 비리를 자행하는
현(現) 사회의 축소판 같은 이곳에, 한 학생이 전학을 온다.
그 이름, 정해성.
국정원 요원이란 신분을 숨긴 채 고등학생으로 위장잠입을 한 남자.

해성이 본 학교라는 세계는 겉으로만 멀쩡해 보일 뿐, 속으론 학부모와
학생, 교직원들의 욕망과 욕심이 섞여 날뛰는 아수라장이었다.
숨겨진 고종 황제의 금괴를 찾기 위해 학교에 잠입한 해성이었지만
자꾸 우연찮게 학생들과 엮이고, 또 학교와 얽히기 시작한다.
과거 자신과 비슷한 처지였던 옆자리 친구.
마냥 밝은 줄 알았는데 속으론 깊은 고민을 안고 있던 여동생.
오래전 친구이자 첫사랑이었던 선생님.

이 드라마는,
숨겨진 보물을 찾는 이야기가 아니다.
어느 날 혜성처럼 나타난 정체불명의 학생이 친구를 사귀고,
그들과 연대하고 공감하며 성장해 나가는,
학교로 대변되는 이 나쁜 사회에 분노의 발차기를 먹이는 이야기다.
유쾌하고 통쾌하게, 때로는 진하고 짠하게.
〈언더커버 하이스쿨〉 작전, 시작합니다.

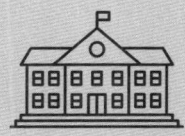

1화
작전명 '언더커버 하이스쿨'

#1. 도로 (저녁)

바이크를 탄 채 도로를 질주하고 있는 해성. 그 위로

해성(E) 어디서부터 시작하면 좋을까. 내 삶을 송두리째 바꾼 그 비밀 작전, 그것에 대해 이야기하려면 말야.

#2. 바닷가 부두 창고 전경 (밤)

해성(E) 생각해 보면 그때였던 거 같아. 유독 달빛 하나 없이 어두웠던 그날 밤. ...맞아, 모든 일의 시작은 그때부터였어.

#3. 바닷가 부두 창고 (밤)

테이블을 사이에 두고 마주 앉아있는 중국인과 박 사장.
각자의 뒤엔 다섯 명 정도의 덩치들이 서 있다. 중국인 옆엔 통역(첩

보영화 속 안면마스크 쓴 영훈)이 서 있고.

박사장 자식이 뭔 소개팅 보러 왔나. 뭘 빤히 보고만 있어.
통역 (중국인에게 통역하는데)
박사장 야, 그걸 뭘 통역하고 지랄...! 돈이나 좀 보자 그래.
통역 (중국인에게 통역하는)

근처에 서 있던 덩치1에게 고개 끄덕이는 중국인.
007가방을 테이블 위에 올려놓는 덩치1. 가방을 열어 내용물을 보여
준다.
박 사장 보면, 가방 가득 들어있는 100달러 지폐.

박사장 (만족스레 웃으며 가방 가져가려 하는데)
중국인 (탁 가방 덮으며, 중국어) 물건.
통역 물건을 보고 싶다 합니다.

가슴에 메고 있던 보따리를 테이블 위에 올려놓는 박 사장. 보따리를
풀면, 그 안,
고급스런 보관함이 들어있다.
면장갑을 끼곤 보관함 안에서 무언가를 꺼내는 박 사장.
서서히 모습을 드러내는 무언가. 영롱한 빛을 내뿜는 금동미륵보살반
가사유상이다.
슥 중국인에게 반가사유상을 보여주는 박 사장.
그리고 그 위로 들리는... 찰칵찰칵 반가사유상을 찍는 카메라 소리.

#4. 바닷가 부두 창고 2층 (밤)

자재들 뒤에 몸 숨긴 채 카메라로 반가사유상 찍고 있는 해성.

해성 (귀에 꽂고 있는 무선 이어폰 누르는) 물건 확인했습니다.

#5. 국정원 국내4팀 (밤)

무선 이어폰 낀 채 긴장한 얼굴로 서 있는 안 팀장. 모니터 앞엔 미정이 앉아있다.
잠시 후 모니터, 해성이 찍은 반가사유상 사진이 뜬다.

안팀장 (무선 이어폰에) 잘 들어, 다시 말한다.

#6. 바닷가 부두 창고 2층 (밤)

박 사장 일행들을 주시하고 있는 해성. 그 위로

안팀장(E) 암시장 루트 겨우 추적해서 찾은 국보급 국가유산이야. 망가뜨리면 절대 안 돼. 검거도 검거지만 안전하게 유산 확보하는 게 최우선이란 점, 잊지 않기 바란다.

보관함을 보따리에 담는 박 사장. 돈과 보따리를 교환하는 그때,
갑자기 들려오는 "억!" 덩치1의 비명 소리.
사람들 고개 돌려보면, 2층 난간에서 추락하고 있는 덩치1이 보이고, 쿵-!
무슨 일인가 싶어 당황하는 사람들인데, 잠시 후 사뿐히 난간을 넘어 착지하는 한 사람. 해성이다...!

덩치2 당신 뭐야?!
해성 (차분히 덩치들 바라보고)
덩치2 (해성에게 다가가며) 근데 이 새끼가, 누구냐니까?

해성의 어깨를 밀려 하는 덩치2. 그 순간 퍽! 주먹 날려 덩치2를 쓰러뜨리는 해성.

해성   다음.

고함을 지르며 해성에게 달려가는 한중합작 덩치들.
날아오는 주먹과 무기 피하며 덩치들을 제압해 나가는 해성.
그사이 보따리를 챙기는 중국인. 그때, 철컥 중국인의 손에 수갑을 채우는 누군가. 통역이다.

통역   (중국어) 남의 거엔 손대지 맙시다.

안면마스크를 벗는 통역. 이제야 드러나는 남자의 정체, 영훈이다.

영훈   (중국인 제압하곤, 무선 이어폰에) 물건 확보했습니다.
안팀장(E) 현장은 정 요원한테 맡기고 철수해.
영훈   (해성에게) 선배! 저 먼저 갑니다!

그때, 갑자기 나타난 박 사장, 온몸을 날려 영훈을 덮친다.
우당탕 난리도 아닌 상황 속, 이리 갔다 저리 갔다 왔다 갔다 하는 보따리를 차지하기 위해 쟁탈전을 벌이는 해성과 영훈, 박 사장과 덩치들!
결국 치열한 싸움 끝, 보따리를 차지하는 최후의 승자, 박 사장이다…!
부리나케 밖으로 도망치는 박 사장. 그 뒤를 쫓아 달려 나가는 해성!

#7. 바닷가 부두 창고 밖 (밤)

뛰어나와 주위 살피는 해성. 창고 밖 일각, 차 문을 열고 있는 박 사장이 보인다.

허리춤에서 총을 꺼내는 해성. 하늘을 향해 위협사격을 한다. 탕-!

해성　　(박 사장에게 총 겨누는) 다음은 진짜야.

안팀장(E)　정해성! 너 미쳤어?!

해성　　대가리 뚫리기 싫으면 내려놔. 삼 초 준다.

박사장　(긴장한 채 해성 보는)

해성　　셋, 둘, 하나...

순간 옆에서 각목을 휘두르며 달려드는 덩치3.
각목을 가드하는 해성. 재빨리 덩치3을 제압 후 박 사장을 보면, 이미
박 사장의 차는 부웅 출발하고 있고.
일각에 자신의 바이크를 향해 뛰어가는 해성. 급히 시동 걸고 출발!

#8. 도로 (밤)

도로를 달리고 있는 박 사장의 차. 조수석엔 보따리가 놓여있고.
그 뒤를 쫓는 해성의 바이크. 두 사람 사이 벌어지는 추격전!
어느 순간 해성, 박 사장의 차를 향해 자신의 바이크를 가까이 붙이기
시작한다.
위협적으로 핸들을 꺾으며 해성의 접근을 막는 박 사장.

안팀장(E)　현장에 지원팀 도착했어. 곧 따라붙을 테니까 추적만 해.

해성　　그럴 시간 없어요. 여기서 더 가면 번화갑니다, 그전에 잡아야 돼요.

#9. 국정원 국내4팀 (밤)

안팀장　팀장으로서 명령이야, 정해성. 위험한 짓하지 말고 내 말대로... (끊겼

다) ...여보세요?

미정 (무덤덤) 끊겼습니다.

안팀장 (걱정스러운 한숨 내쉬고)

#10. 도로 (밤)

박 사장의 차에 바이크를 바싹 붙이는 해성. 이내 빠르게 점프!
순식간에 차량 지붕 위로 올라탄다.
!! 이리저리 곡예 운전을 하며 해성을 떨어뜨리려 하는 박 사장.
악착같이 버티며 쾅! 헬멧으로 조수석 차창을 깨뜨리는 해성. 안으로
팔을 뻗어 조수석 문을 연다. 간신히 안에 들어가 보따리를 손에 넣는데,
그 순간 이어지는 박 사장의 발길질!
박 사장의 발에 밀려 몸의 절반이 차 밖으로 튕겨 나가는 해성.
들고 있던 보따리는 바닥에 갈리기 일보직전이고...!

#11. 다리 위 (밤)

간신히 몸을 버티며 다시 차 안으로 들어오는 해성.
그런 해성을 떨어뜨리기 위해 급히 핸들을 꺾는 박 사장인데, 그 순간!
끼익 날카로운 소리를 내며 인도 턱에 부딪히는 박 사장의 차. 부웅
떠올랐다가 전복되고 만다. 쾅!
이내 불길을 일으키곤 쾅! 굉음과 함께 폭발하는 차량...!
뒤늦게 도착하는 영훈의 차. 차에서 내린 영훈, 불타고 있는 박 사장
의 차를 망연자실 바라보고.

안팀장(E) 고영훈! 상황 어떻게 됐어?!

영훈 ...선배.

안팀장(E) 여보세요? 해성이 어떻게 됐냐고, 임마!

영훈 선배!!

그때, 불길 속에서 천천히 걸어 나오는 한 사람. 해성이다!
가슴엔 반가사유상 보따리를 동여매고, 어깨엔 박 사장을 들쳐 업은
해성.

영훈 ... 열라 멋있어.

박 사장을 바닥에 내려놓는 해성. 영훈에게 무선 이어폰 달라 손짓.
영훈이 자신의 무선 이어폰 건네주면,

해성 예, 팀장님. 임무 완료입니다.

#12. 국정원 국내4팀 (밤)

회의 테이블 위에 보관함을 올려놓는 해성. 그 옆엔 안 팀장과 영훈,
미정이 서 있고.

안팀장 중국 브로커랑 박 사장은?

해성 검찰 송치했습니다. 박 사장은 병원에 입원 중이고요.

안팀장 에이, 나쁜 놈들, 콩밥을 먹어봐야 정신을 차리지. 작전 수고했어.
영훈이 넌...

영훈 (기대로 보면)

안팀장 고생만 했다.

영훈 (욕이야? 칭찬이야?)

안팀장 그럼 확인해볼까? 그동안 보살님 어떻게 지내셨는지.

면장갑을 낀 안 팀장, 조심스럽게 보관함을 연다.
진지한 얼굴로 그 모습 바라보는 해성과 미정, 영훈.

안팀장   (보관함에서 반가사유상 꺼내는) 그동안 고생 많으셨습니다. 이젠 저희가 편하게 모실 테니...

하다가 멈칫, 반가사유상 자세히 보면, 오른쪽 팔이 날아갔다...?
엥? 이게 뭔가 싶은 안 팀장. 나머지 사람들도 당황스럽긴 마찬가지고.

안팀장   야, 이거 왜 이러냐? 턱 받치는 이거, 이거 어디 갔어.
해성   (심각한 얼굴로 반가사유상 보는)
안팀장   아니 이게 왜... 왜 팔때기가...
미정   팀장님.

보관함 안에서 뭔가를 꺼내 보여주는 미정. 사람들 보면, 찌그러진 총알이다.

영훈   이거... 총알 같은데요?
안팀장   총알? 지금 누가 국보급 문화재에 대고 총을 쐈단 거야? 현장에서 총 쏜 놈이 누가 있었다고, (멈칫) !!
해성   팔이 완전히 날아갔어요. 대체 어떤 놈이 이따위 짓을...

하며 사람들 보면, 빤히 해성을 바라보고 있는 안 팀장, 미정, 영훈.
왜들 저러시지? 멀뚱히 세 사람을 보는 해성. 그러다 번뜩 든 생각에 경악!

플래시백 1화 7씬 연결
허리춤에서 총을 꺼내는 해성. 하늘을 향해 위협사격을 한다. 탕-!
팅-! 창고 처마에 튕겨 보관함에 박히는 총알...

세상에...! 경악으로 얼어붙는 안 팀장, 미정, 영훈.
마른침 꿀꺽 삼키는 해성. 심하게 당황스러운 표정.

#13. 국정원 전경 (낮)

김국장(E) 야, 안석호!!

#14. 국정원 김 국장 사무실 (낮)

안 팀장에게 확 서류를 던지는 김 국장. 김 국장 옆엔 공 팀장이 서 있고.

김국장　(책상 위 팔 한쪽 날아간 반가사유상 가리키며) 너 이거 어떻게 할 거
　　　　야. 어떻게 수습할 거야!
안팀장　죄송합니다.
김국장　죄송? 야, 이 자식아, 그걸 말이라고...!
공팀장　(청심환과 물병 뚜껑 따 김 국장에게 건네주며) 고정하십시오, 국장님.
　　　　국내4팀이 원체 무능하긴 해도 일부러 그런 건 아닐 겁니다.
안팀장　(공 팀장이 얄미워 죽겠고)
공팀장　(입 모양으로 '뭐?')
김국장　일단 정해성이, 그놈부터 옷 벗겨.
안팀장　예?!
김국장　못 들었어? 십자가 질 놈 하난 있어야 될 거 아냐, 니가 사표 쓸래?!
안팀장　국장님 잠시만요. 정 요원은 안 됩니다. 지금까지 그 친구가 국가에
　　　　헌신한 바를 고려해주십시오.
김국장　나도 걔가 회사 에이스인 건 알아. 니네같이 세금만 까먹는 바보4팀에
　　　　서 썩히기 아까운 인재란 것도 알고. 근데 석호야, 여기 국정원이다.
　　　　100번 잘해도 1번 못하면 욕먹는 곳. (정리하듯) 내일까지 정 요원 정

리해. 명령이야, 안석호 팀장.

공팀장 나가자, 석호야. (안 팀장 끌고 나가는)

안팀장 (끌려 나가며) 국장님 부탁드립니다! 한 번만 기회를 주십시오! 내가 시키는 거 전부 다 할게! 국장님!

김국장 잠깐.

안팀장 (김 국장 보는)

김국장 뭐든지 하겠다는 니 말... 책임질 수 있어?

안팀장 예! 예, 물론입니다!

책상 서랍에서 서류철을 꺼내 건네주는 김 국장.
안 팀장, 서류철 안 내용을 본다. 이내 놀란 얼굴로 김 국장 바라보고.

#15. 수아모의 가게 (밤)

조용한 분위기의 노포주점.
무거운 얼굴로 소주를 마시고 있는 해성과 안 팀장, 영훈과 미정.

안팀장 세상에, 당구도 아니고 총알이 어떻게 그렇게... 운이 없으려니까 이렇게까지 없네. (쓰게 소주 마시는)

해성 죄송해요, 제가. 조심했어야 했는데.

영훈 근데 국장님도 너무하신 거 아니에요? 선배가 일부러 그런 것도 아니고 공무 중 발생한 사곤데, 그걸 치사하게 사표까지 쓰라 그러냐.

미정 정말 이대로 정 선배 보내실 생각이신지...

안팀장 내가 힘이 있냐. 위에서 그렇게 하라는데.

해성 (표정 어두워지는데)

안팀장 그래도 죽으란 법은 없다고, 낮에 오더 하나를 주셨어. 해성이 니가 살 수 있는 유일한 방법.

사람들 ...!!

안팀장　서울에 학교가 하나 있어. 병문고라고 너희도 한번 들어봤을 거야.

#16. 병문고 교문 (낮)

줄줄이 서 있는 고급 승용차들. 차에서 내려 학교로 걸음 옮기는 학생들.

안팀장(E) 우리나라에서 둘째가라면 서러운 명문 사립 고등학교.

#17. 병문고 이사장실 (낮)

책상 뒤편, 일렬로 붙어있는 역대 이사장들의 사진들.
가장 오른쪽엔 현 이사장 명주, 가장 왼쪽엔 초대 이사장 서병문의 사
진이 붙어있다.

안팀장(E) 초대 이사장 이름은 서병문. 역사에 기록되지 않은 민족의 반역자이
자, 고종 황제의 비밀 금고지기.

#18. 과거, 대한제국 궁궐 (낮)

연미복 차림으로 어좌에 앉아있는 고종. 그 앞엔 서병문이 고개 조아
리며 서 있고.

안팀장(E) 고종이 나라의 독립을 위해 써달라며 서병문한테 맡긴 황실내탕금 금
괴 10톤. 황제는 서병문을 믿었지만 놈의 마음은 다른 데 있었어.
(자막, 내탕금 : 임금 및 왕실이 개인적으로 쓸 수 있는 사유재산)

서병문   (고개 숙인 채 남몰래 웃음 짓는)

#19. 과거, 병문고 비밀금고 (낮)

금고의 문이 열리고, 뚜벅뚜벅 안으로 들어오는 서병문.

안팀장(E) 어차피 이 나라는 희망이 없다. 현 시가 8천억이 넘는 그 돈을, 자기가
          착복하기로 한 거야.

서병문 앞을 보면, 수북이 쌓여있는 금괴들이 모습을 드러내고.
흐뭇이 웃으며 고종의 국새직인이 찍혀있는 금괴들을 바라보는 서병문.

#20. 과거, 거리 (낮)

일제 강점기 시대. 거리로 나와 대한 독립 만세를 외치는 군중들.

안팀장(E) 하지만 일본이 패망하면서 서병문도 몸을 피해야 했고…

#21. 과거, 병문고 비밀금고 (낮)

잠시 금괴들 바라보다가… 이윽고 뒤돌아 걸음 옮기는 서병문.

안팀장(E) 그때 미처 챙기지 못한 수많은 금괴들은…

서병문, 금고의 문을 닫는다. 하나둘 꺼지는 금고 안 조명. 이윽고 암전.

#22. 수아모의 가게 (밤)

안팀장 여전히 어딘가에 잠들어 있다더군. 다시 빛을 볼 날을 기다리면서.

영훈 뭔가 전설 같은 얘기네요.

안팀장 나도 그렇게 생각했어. 국장님께서 이걸 보여주시기 전까진.

가방에서 서류봉투를 꺼내는 안 팀장. 안에 들어있던 사진을 꺼내 보여준다.
해성과 두 사람 보면, 고종 황제의 국새직인이 찍혀있는 100돈 골드바 사진이다.
!! 표정 놀라는 해성과 사람들.

안팀장 빼도 박도 못할 금괴가 실재한다는 증거. 과거 이 증거를 토대로 국정원에서도 병문재단을 조사한 적이 있었나 봐. 하지만 조사결과는 대실패. 우리가 얻은 건 아무것도 없었다더군.

미정 재단에도 없었다면 금괴는 어디...?

안팀장 당시 국정원이 놓치고 지나갔던 유일한 한 곳. 병문고등학교.

사람들 ...!!

안팀장 최근 국정원에 익명의 첩보가 들어왔어. 그 학교 어딘가에 서병문이 숨겨놓은 금괴가 있고, 재단에선 그것들을 해외로 밀반출하려 한다는.

영훈 금괴를 전부 다요? 8천억어치를?

안팀장 밀반출이 이루어지면 어마어마한 국고 유출 사건이 될 거야. 나라가 입는 피해 또한 말할 수 없을 만큼 커질 거고.

해성 (골드바 보는)

안팀장 해성이 니 생각은 어때. 그런 일이 벌어지기 전에 우리가 나서야 되지 않겠나?

해성 ...제가 뭐부터 할까요?

안팀장 이제부터 본론. 지금부터 해성이 너는... 고등학생이 된다.

해성 (잘못 들었나 싶어) 예?

안팀장	고등학생이 돼서 병문고에 들어가. 가서 민족반역자 서병문이 숨겨놓은 금괴를 찾아. 이른바 작전명, 언더커버 하이스쿨.

엄숙하고 진지한 표정의 안 팀장. 그런 안 팀장 가만히 바라보는 해성과 영훈, 미정...

해성	...혹시 미친 거예요?
안팀장	시간 없어. 내일 바로 작전 브리핑 들어간다.
해성	아니 잠깐만, 있어 봐. 뭔 말도 안 되는 소리예요, 내가 학교를 어떻게 가...!
안팀장	그건 걱정하지 마. 너 굉장한 동안이야. 만약 누가 의심한다? 어렸을 때 보약 잘못 먹어 급노화 왔다. 이걸로 끝까지 밀어붙여.
해성	(할 말을 잃고 잠시 있다가) ...진심이세요?
안팀장	막내, 너 몇 살이야.
영훈	스물여섯이요.
해성	(대경실색) 스물여섯?!
영훈	뭘 그렇게 놀라요, 계속 선배라 그랬는데.
해성	난 내가 일찍 들어와서인 줄 알았지, 군대 선후임처럼! 그래서 형인 줄 알고 존댓말 했잖아! (영훈 얼굴 보곤) ...요?
영훈	그럼 제가 몇 살인 줄 안 거예요?
해성	(목소리 기어 들어가는) 마흔 초반 정도...
미정	(영훈이 측은한) 어렸을 때 보약?
영훈	자라 엑기스.
안팀장	(해성에게) 들었지?
해성	(돌겠네 싶다가) 그럼 이거는요? 선생님. 교사는 내가 할게.
안팀장	어, 안 돼, 소용없어, 돌아가. 어차피 티오도 꽉 찼고 재단에서 백퍼 눈치 까. 그리고 너 회사에서 전공 뭐야, 현장이잖아. 애들한테 사람 어떻게 재끼는지 뭐 그런 거 가르치게?
해성	(끄응... 할 말 없고)
안팀장	됐어, 말 그만. 어쨌든 난 너 책임지고 보낸다 국장님한테 약속했어.

해성	아뇨, 저 못 합니다. 아니 안 합니다. 제가 얼마나 학교 싫어하는지 아시면서...!
안팀장	그럼 너 그냥 옷 벗을 거야? 방법이 없잖아, 방법이.
해성	(미치겠고)
안팀장	(해성의 잔에 소주 따라주는) 소나기는 피하고 보라고, 이번 작전하자 해성아. 가서 그 나쁜 놈들 싹 다 잡아들이고 8천억 금괴 국고 환수하고, 그리고 금의환향하자.

소주 들이켜는 해성의 표정. 그 위로 들리는 수아의 노랫소리.

#23. 노래방 (밤)

광두의 생일파티 회식을 하고 있는 병문고 선생님들.
상석에는 고깔모자를 쓴 광두, 한쪽 자리엔 리안과 준호가 앉아있다.
좌중을 휘어잡는 카리스마로 락을 열창하고 있는 수아. (체리필터의 '낭만 고양이' 같은)
콘서트장에 온 듯 환호하고 소리치는 선생님들과 리안. 준호는 미소로 수아 보고.

수아	나는 낭만 고양이~! 슬픈 도시를 비춰 춤추는 작은 별빛! (마이크 내밀며) 다 같이!!
사람들	나는 낭만 고양이~! 홀로 떠나가 버린 깊고 슬픈 나의 바다여~!

노래가 끝난다. 수아에게 박수 치고 환호하는 선생님들과 광두.

수아	감사합니다!
광두	이야, 오 선생! 가수야 가수! 스피릿이 살아있어! 내가 한 잔 따라줄게.
수아	교감쌤이 따라주시면 영광이죠! 생신 축하드립니다!

광두	내가 다 고맙지, 이렇게 다 파티까지 열어주고. (선생님들에게) 사랑합니다, 선생님들!
선생님들	(억지웃음 짓고)
리안	(준호에게 작게) 안 열어줘 봤어봐, 1년 내내 삐져있을 거면서.
준호	작년이 그랬죠.

소주잔을 내미는 수아. 그런데 광두, 맥주 글라스에 소주를 가득 따른다.

광두	원래 술은 이렇게 먹는 거야. 원샷, 원샷.
수아	(난감한) 아... 이걸 다요?
광두	에에? 오 선생 나 기분 좋은 날 이럴 거야? 자꾸 이럼 나 섭해, 이 자리 내가 주인공인데, 이렇게 윗사람 말 안 들어서 정교사 될 수나 있겠어?
수아	...!!
광두	(사람들 호응 유도하는) 자, 다 같이! 원샷! 원샷!
선생님들	(어쩔 수 없이 호응하는) 원샷, 원샷.
수아	(끄응... 글라스 잔 바라보는)
리안	(걱정스러운) 쟤 저거 먹으면 갈 거 같은데...
준호	(걱정스레 수아 보다가, 벌떡 일어나 손 번쩍!) 제가 먹겠습니다!

순간 조용해지는 노래방. 준호를 바라보는 수아와 광두, 선생님들.

리안	(민망한) 목소리가 너무 컸다...
광두	이 선생이 이걸 왜?
준호	그... 흑기사입니다.
광두	(짜증) 이 선생 미팅 왔어?! 됐어, 됐어. 앉아있어. 오 선생! 원샷! 원샷!
준호	제가 마시겠습니다. 저 술 잘 마십니다.
광두	지금까지 콜라만 먹던 양반이 뭔 말 같지도 않은, 앉아있어, 쫌!

내가 마시겠다. 니가 왜 마시냐 실랑이 벌이는 준호와 광두.

대체 이게 뭔가 싶은 수아와 리안, 선생님들이고...

수아 그마안!! 병문고 2학년 1반 담임 오수아! 오늘! 먹고 죽겠습니다!

꿀꺽꿀꺽 소주를 원샷하는 수아. 크아 빈 잔을 머리 위에 흔들기까지.
수아를 향해 박수 치고 환호하는 광두와 선생님들.
당장이라도 죽을 거 같지만 애써 웃음 짓는 수아이고.

#24. 노래방 밖 (밤)

수아 (만취한) 3차 가즈아~~!! (도로변에 서 있는 광두 붙잡는) 교감샘! 우리 3차 가요, 3차. 클럽 콜? 콜? 콜콜콜?
광두 어, 미안해, 내가 잘못했어. 이 선생! 뭐 해, 안 말리고.
준호 (다가와 수아 말리는) 선생님? 많이 취했으니까 이제 그만.
수아 아닌데? 나 딥따 멀쩡한데? 준호샘도 3차?

그때 도로변에 멈춰 서는 택시. 택시 뒷좌석 문을 여는 광두인데,

수아 어, 스톱, 스톱! 교감샘 빼는 게 어딨어, 이제 시작인데!

자신을 말리는 준호를 뿌리치고 비틀비틀 광두에게 걸어가는 수아.
그때 순간적으로 꼬이는 수아의 스텝.
광두를 향해 넘어지며 허우적대다가, 확 광두의 가발을 벗겨버리는 수아...!
둥-! 만천하에 드러나는 광두의 텅 빈 속알머리.
세상에...! 입 떡 벌린 채 충격과 공포 금치 못하는 준호와 리안, 선생님들...!

수아	(숙연한) 어우, 술이 확 깨네. (광두의 머리에 가발 씌워주곤) 가보겠습니다.

꾸벅 예의 바르게 인사 후 후다닥 도망치는 수아.
어느 누구도 함부로 입을 열지 못하는 분위기 속, 비뚤어진 가발 바로 잡는 광두...

#25. 수아모의 가게 (밤)

홀로 자리에 앉아있는 해성. 가라앉은 얼굴로 소주 마시는 데서.

#26. 회상, 수아모의 가게 (밤)

물기 묻은 손 털며 화장실 밖으로 나오는 해성. 자리로 돌아가려 하는데,

미정	(놀란) 만약 정 선배가 안 한다 하면,
영훈	팀이 해체될 수 있다고요?
해성	(걸음 멈칫, 사람들의 대화 듣는)
안팀장	확실하진 않지만 분위기론.
미정	말이 좋아 해체지 옷 벗으라는 거네.
영훈	벼르고 있던 게 터진 거죠. 솔직히 그동안 우리 정 선배한테 묻어갔잖아.
안팀장,미정	(싸하게 영훈 보면)
영훈	...짠.

무거운 얼굴로 소주 마시는 세 사람.
해성, 복잡한 얼굴로 작게 한숨 내쉬는데,
잠시 후 안으로 들어오는 한 사람. 수아다.

수아　(해성과 떨어진 곳에 앉아) 사장님, 여기 해장국 하나.

수아모　저거 또 술 처먹고 기어들어 와서... 집에 가, 이년아! 아이고, 내가 돈
　　　　벌라고 가게 차린 건지, 딸년 해장시키려 가게 차린 건지.

수아　돈 낼게, 낼게. 어차피 사람도 별로 없구만 뭘...

양아치1　(양아치 서너 명과 카운터에 서서) 계산이요!

"예" 일어서 카운터 향해 걸음 옮기는 수아모.
냉장고에서 물병을 꺼내는 수아. 그때 수아의 눈에 비치는... 멋진 조
각상 같은 자태로 소주를 마시는 해성의 모습...

수아　(혼잣말) 뭐야? 왜 저렇게 잘생겼어?

자리에 앉는 수아. 흐뭇한 얼굴로 앉아있는 해성 훔쳐보는데,

수아모(E)　(당황) 학생이라고요?

학생? 무슨 소린인가 싶어 카운터 바라보는 수아.
해성 또한 카운터 쪽 향해 고개 돌리고.

양아치1　(히죽히죽 웃는) 고등학교 2학년. 만으로 십칠 살.

수아모　그럴 리가 없는데? 아깐 민증엔 성인이라고...

양아치2　우리 사장님 너무 순진하시다. 요즘 민중 위조 일도 아니에요.

양아치1　청소년한테 술 팔았다 우리가 신고하면 어떻게 되는지 알죠? 잘 먹고
　　　　갑니다~. (양아치들과 걸음 옮기는데)

수아　잠깐!

당당하게 양아치들 앞에 서는 수아. 그런 수아를 바라보는 해성.

수아　이것들이 법 바뀐 지가 언젠데 아직도 양아치 짓거리를. 니들 어디 학

교야.

양아치1   (피식) 아줌만 누구세요?

수아   아줌, (참자…) 나 여기서 일하는 사람.

해성   (수아 바라보고)

양아치1   직원이면 생판 남이네. (위협적으로 수아에게 다가가) 오지랖 부리지 말고 테이블이나 닦으세요. 요즘 애들 이런 거 안 참아.

수아   한 발짝만 더 와라. 바로 경찰 신고 들어간다.

양아치1   지랄한다. (거칠게 수아 밀며) 야, 너 뭐 돼? 니가 뭔데 날 신고하겠다 개소릴 지껄이냐?

수아   (뒤로 밀리며, 양아치1 노려보고)

양아치1   니가 우리 엄마야? 선생이야? 말을 해, 니가 뭐냐고.

그 순간, 턱 양아치1의 손목을 잡는 한 사람. 해성이다.

해성   그만하자.

양아치1   넌 또 뭐야?! (해성을 향해 주먹 날리는데)

날아오는 주먹 손쉽게 피하며 툭, 양아치1의 발을 걸어 넘어뜨리는 해성.
그러자 양아치들, 일제히 해성에게 달려들기 시작한다.
관절을 꺾거나 넘어뜨리는 등 힘쓰지 않고 가볍게 무리들을 제압해 나가는 해성.
그 모습 입 떡 벌어져 바라보는 수아와 수아모.
어느 순간 양아치1, 해성의 뒤로 맥주병을 든 채 접근해 간다.
양아치1, 힘껏 해성의 뒤를 치려 하는 순간! 쾅-! 철쟁반으로 힘껏 양아치1의 뒤통수를 날리는 한 사람. 수아다.
하나둘 바닥에서 일어서 후다닥 밖으로 도망치는 양아치 무리들.

해성   (고맙다 눈인사)

수아   (다소곳이 머리칼 정리하고)

수아모	이거 고마워서 어째? 다친 덴 없어요?
해성	괜찮습니다. (품에서 지갑 꺼내는데)
수아모	아니에요, 내가 줘도 모자랄 판에 계산은 무슨. 됐으니까 들어가요.
해성	다음에 서비스 많이 주십시오. (카드 건네는)
수아모	(어쩔 수 없이 카드 긁는) 이거 미안해서 참... 다음에 꼭 다시 와요. 감자 대짜 서비스 드릴게. (카드 건네주고)
해성	잘 먹었습니다. (꾸벅 인사 후 나가는)
수아	(반한 듯 아련히 해성 바라보고)
수아모	뉘 집 아들인지 욕심난다. 근데 너는 정교사 되겠다는 애가 왜 이렇게 물불 안 가리고... (하는데)
수아	엄마, 나 가슴이 두근거려.
수아모	(수아의 가슴 보곤) 별로 있지도 않은 게 뭐 두근거릴 게 있다고.
수아	(주방 향해 가는 엄마 향해) 엄마!!

#27. 거리 (밤)

생각에 잠긴 얼굴로 걸음 옮기는 해성의 모습.

#28. 해성의 집 앞 (밤)

주택가 골목. 자신의 집 안으로 들어가는 해성.

#29. 해성의 집 거실 (밤)

평범한 단독주택 거실. 소파에 앉아 생각에 잠긴 채 있는 해성.

#30. 회상, 해성의 고등학교 시절, 고등학교 교실 (낮)

우당탕! 사물함에 부딪히며 쓰러지는, 상처투성이 얼굴의 고등학생 해성.
해성의 명찰엔 이름 '**정시현**'이라 쓰여 있다.
해성의 앞엔 남학생 무리들이 이죽거리며 서 있고.

학생1   부모 없는 새끼들은 이게 문제야. 맞아야 정신 차려.
해성   (분노로 학생들 노려보는데)
학생1   (옆에 무리들에게) 가자!

밖으로 나가는 남학생 무리들.
마침 지나가던 선생, 해성과 눈이 마주친다. 못 본 척 지나간다.
체념하듯 툭툭, 바지를 털고 일어서는 해성.

#31. 해성의 집 거실 (밤)

해성, 거실 한쪽에 놓여있는 작은 사진액자를 바라본다.
아버지와 어렸을 적 자신(9살)이 함께 찍은 사진이다.
해성, 잠시 사진 바라보다가... 결심했다. 핸드폰 들어 전화를 건다.

해성   정해성입니다. ...그 작전 하겠습니다.

#32. 국정원 국내4팀 (낮)

회의 테이블에 앉아있는 해성과 미정, 안 팀장.
벽면 스크린엔 병문고 사진, 연혁과 각종 자료가 떠 있고.

영훈　(스크린 앞에서 브리핑하는) 사립 병문고등학교. 대한제국 황실내정
　　　을 담당했던 서병문이 재단을 설립해 만든 고등학교입니다. 일제 치
　　　하 당시 조선의 황국신민화를 위한 목적으로 만들어진 학교로, 당시
　　　의 위상은 일본 총독부가 설립한 제독경성고와 쌍벽을 이룰 정도로
　　　대단했다 합니다.

#33. 몽타주

/ 병문고 전경 (낮)

마치 대학캠퍼스처럼 고급지고 멋들어진 학교 안 건물들.
웃음 지으며 교정을 돌아다니는 학생들의 모습. 그 위로

영훈(E)　연간 스카이대 합격생을 100명 이상 배출하고 있는 명문고로,

/ 병문고 대강당 (낮)

단상 위 보이는 플래카드. **'병문고 동문회 모교 발전기금 전달식'**
발전기금 10억 증서를 든 채, 기자들의 플래시 세례받으며 서 있는 명주.

영훈(E)　졸업한 동문들은 정재계와 법조계는 물론 언론계까지 큰 영향력을 행
　　　사하고 있으며,

/ 병문고 이사장실 (낮)

자리에 앉아 업무를 보고 있는 명주. 잠시 후 똑똑 노크 소리. 안으로
들어오는 재문.

재문　이사장님, 교육부 장관님 오셨습니다.

안으로 들어오는 장관과 여학생.

"어서오세요." 그들을 환대하며 소파로 안내하는 명주. 웃으며 담소 나누는 세 사람.

영훈(E)　그 어떤 대학이나 기업보다 강력한 학연을 무기로, 대한민국 권력과 이권의 카르텔을 형성하고 있습니다.

/ 병문고 복도 (낮)
'학생회' 팻말이 붙어있는 곳에서 나오는 사람들.
학생회장 예나와 부학생회장 현준, 승재와 태수, 채린이다.
일제히 하던 일 멈추고 그들에게 인사하는 학생들.

영훈(E)　학교 문화는 군대 뺨치는 기수의식과 규율, 선후배 간 위계질서가 특징입니다. 그중 학생회는 카스트 계급 0.1프로 최상위권 학생들만 속할 수 있는 곳으로,
예나　(여후배1을 지나치다가 멈칫) 거기, 후배. 신입?
여후배1　예? 예, 맞습니다.
예나　(다정한) 입학할 때 얘기 못 들었나 보네? 우리 학굔 1학년 귀걸이 착용 금진데.
여후배1　죄송합니다, 회장님. 깜빡하고... (귀걸이 빼는)
예나　앞으론 조심해줘. (걸음 옮기며, 현준에게) 학교 물 많이 흐려졌네. 쟤네 반 담임 면담 잡아.
영훈(E)　이들이 갖고 있는 위세와 권한은 감히 학교의 누구도 함부로 못 대할 정도라 합니다.

#34. 국정원 국내4팀 (낮)

해성　구체적인 계획은요? 저를 학생으로 어떻게 만들 건지.
안팀장　박미정 요원?

미정   (사람들에게 서류 나눠주는) 정 선배의 신상과 환경을 고려해 만든 호
      적과 생활기록부, 기타 제반 자료들입니다.

해성   (서류 보는, 기가 찬) 사회적배려자전형. 내가 왜?

미정   병문고는 타 학교에서의 전학을 반기지 않는 학교입니다. 특별히 학
      생 측이 학교발전기금을 기부하지 않는 한요.

해성   까짓거 내가 낼게. 얼만데.

미정   최소 일억. 선배 돈 있습니까?

해성   (굳은 채 아무 말 못 하고)

안팀장 팩트로 사람을 패네.

해성   (서류 보는, 기가 찬) 뭐야, 이건. 예전 학교가 해남땅끝마을.

미정   기본적으로 학생들은 전학생에게 관심이 많습니다. 분명 전에 학교가
      어디냐 물어볼 겁니다. 학생의 지인이 재학 중인 확률을 피하고자 최
      대한 먼 곳을 선택했습니다.

안팀장 말이 안 되는데 말이 되네.

미정   정 선배 거주지는 학교 근처 옥탑방. 보호자인 삼촌은 원양어선 타고
      있고 서울에서 혼자 자취하고 있단 설정입니다. 그리고 마지막. (리모
      컨 누르면)

벽면 스크린, '**대한민국 급식어**'란 이름으로 온갖 급식어들이 쭈욱 나
타나고...

해성   ...한국말이지?

미정   외우세요. 적어도 학생들과 소통은 돼야 되니까. (리모컨 누르면)

벽면 스크린, '**요즘 10대 관심사들**'이란 이름으로 '**아이돌**', '**코인 노래
방**', '**SNS**', '**덕질**', '**인터넷 방송**', '**성형**' 등 온갖 키워드가 뜬다.

미정   선배? 마지막으로 좋아했던 아이돌은?

해성   소녀시대?

영훈	소시보단 원걸이지~
안팀장	너는 하춘화 좋아하게 생겨가지고...
미정	(작게 한숨 내쉬곤) ...저 개념 공부하세요. 소녀시대는 입도 뻥끗하지 마시고. (자리로 걸음 옮기다 멈칫) 원더걸스도.
안팀장	(테이블 앞으로 나서는) 앞서 말했다시피 병문고는 보통 고등학교가 아니야. 학생이나 학부모들 또한 마찬가지고. (해성 보는) 절대 학생이랑 일 만들지 마. 괜히 엮이면 니 정체 발각될 확률만 커져.
해성	(푸우... 한숨 내쉬며 서류 보는데)
안팀장	본 작전은 우리와 국장님 말곤 아무도 모른다. 기한은 우리 팀 정해성 요원이, (리모컨 누르는, 벽면 스크린 속 병문고 가리키는) 저기 어딘가 숨어있는 8천억 가치의 국가 재산을 국고로 환수할 때까지.
사람들	(결연한 얼굴로 벽면 스크린 바라보고)
안팀장	작전 시작은 돌아오는 월요일부터. 각자 필요한 것들 준비하고 질문 있는 사람.
해성,영훈	없습니다.
미정	저 근데... (사람들 미정 보면) 금괴가 진짜 있긴 한 거죠?

일동 멈칫, 싸~ 해지는 국내4팀 사무실.

안팀장	(생각지도 못한 질문에 당황) 아니 뭐 첩보까지 들어왔다 하니까... 있지 않을까?
해성	(맙소사... 눈 감아 버리는)
영훈	설마 국장님의 큰 그림? 있지도 않은 거 찾으라 그래서 우리 잘라 버리려고!
안팀장	아냐, 아냐, 사진 봤잖아, 분명 있어. 무조건 있을 거니까 절대 걱정하지 마.

#35. 국정원 복도 (낮)

"없는 거 같은데..." 밖으로 나와 걸음 옮기는 영훈과 미정.
해성 또한 밖으로 나와 걸음 옮기는데, 그때 해성을 부르는 안 팀장.

안팀장	정해성. (이리 오라 손짓) 방금 들어온 소식. 이따 니 이모 순시 들어 올 거야.
해성	(둥! 놀라 안 팀장 보는) ...!!
안팀장	청소든 환기든 집 안에서 어떤 오점도 발견돼선 안 돼. 알지? 니 이모. 너 다시 집에 데려오려고 눈 시뻘게져 있는 거.
해성	(긴장) 준비할게요.

#36. 해성의 집 거실 (밤)

소파와 TV 받침대 등 손가락으로 훑으며 먼지 체크를 하고 있는 장 여사.
거실 가운데에선 해성과 안 팀장, 유정이 삼겹살을 먹고 있고.

해성	(삼겹살 구우며, 힐끔힐끔 장 여사 바라보고)
유정	아유, 엄마! 그만하고 앉아. 오빠 체하겠다.
안팀장	그래, 이제 그만하고 앉아. 고기 다 익었다.
장여사	(입 비죽이는) 잘해 놓고 사네. 공과금은 괜찮니? 우리 집 들어오면 공과금 안 내도 되는데.
유정	엄마!
장여사	알았어, 지지배야. 지 방 내놓기 싫으니까 큰소리는. (자리에 앉고) 근데 남자애 혼자 사는 집이 너무 깔끔하다, 괜히 서운하게.
해성	그야 당연히 이모가 잘 키워줘서? (고기 넣은 쌈 장 여사에게 건네며) 이모 아~.
장여사	(샐쭉 웃으며 해성이 준 쌈 받아먹는)
유정	눈꼴시려서 정말. 그치, 아빠. (아~ 입 벌리는)
안팀장	(고기 넣은 쌈 자기 입에 넣으며) 뭐 하냐?

유정	아냐. 많이 드셔.
안팀장	이왕 가족들 다 모인 김에 중대발표. 월요일부터 해성이 병문고에 작전 투입될 거야.
유정	우리 학교에?! 오빠가 왜?!
안팀장	자세한 건 기밀이니까 그렇게만 알고 있어. 유정이 너 입조심하고.
장여사	허구한 날 그놈의 기밀 기밀. 당신 우리 해성이 위험하게만 해봐. 그땐 진짜 확! (고기 자르는 가위 움켜쥐고)
해성	에이, 이모! 제가 한잔 따라드릴게. (장 여사 잔에 맥주 따라주며) 걱정 마세요, 제가 뭐 앤가.
장여사	나한텐 너 평생 애거든?
해성	(미소 짓고)
안팀장	(맥주잔 드는) 다 같이 한잔하자. 우리 가족의 행복과 건강, 해성이의 작전을 위하여!
사람들	위하여!

맥주잔 건배하는 해성과 안 팀장, 장 여사와 유정. (유정은 콜라.)

유정	(신난) 오빠 월요일부터라고? 재밌겠다, 재밌겠다.
장여사	안유정 너 또 까분다. 오빠 방해하지 말고 공부나 열심히 해.
해성	근데 넌 어떻게 그 학교 들어갔냐? 명문사학이라며.
유정	시험 봐서. 나 공부 잘해.
안팀장	턱걸이, 턱걸이. 문 닫고 들어갔어.
유정	아빠!

웃음 지으며 이야기 나누는 네 사람의 모습.

#37. 해성의 집 마당 (밤)

안팀장	상사나 돼 가지고 부하직원 하나 커버 못 쳐주고, 미안하다.
해성	아저씨가 미안할 게 뭐 있어요. 제 잘못인데 제가 수습해야지.
안팀장	애초에 내가 불상 건 맡겠다 해서 이런 일 터진 거니까. 깜냥도 안되는 애가 실적 욕심에. (착잡) ...막말로 니가 우리 팀 아니었으면 벌써 해외팀 발령받았을 건데, 미안하다.
해성	에헤이, 거참, 미안하단 말 자꾸. 한 번만 더 해봐, 나 안 가.
안팀장	갱년기라 그래, 눈물 많아지고. (해성 보는) ...쏘리.

픽 웃음 터뜨리는 해성. 그런 해성의 어깨 격려하듯 두들겨주는 안 팀장. 해성과 안 팀장, 두 사람의 모습에서.

#38. 해성의 집 드레스 룸 (아침)

드레스 룸 안으로 들어오는 해성. 옷장을 열면, 그 안, 병문고 교복이 들어있다.
거울을 보며 교복을 입는 해성.
와이셔츠 팔목에 단추를 채운다. 넥타이를 맨다. 교복 재킷을 입는다. 거울 속 자신을 바라보며 옷매무새를 다듬는다. 놓여있던 병문고 학생증을 든다.
잠시 학생증을 바라보는 해성.

#39. 해성의 집 거실 (아침)

교복을 입고 거실로 나오는 해성. 밖으로 나가다 멈칫,
아버지와 어렸을 적 자신이 함께 찍은 사진액자를 바라본다.

해성	(사진액자 바라보다가) 갔다 올게요.

#40. 병문고 교문 (아침)

교문 안으로 걸음 옮기는 학생들의 모습.
교문 앞의 김 씨는 빗자루질을 하며 학생들과 미소로 인사 나누고.
잠시 후, 다가와 병문고 교문을 바라보는 누군가. 해성이다.
의지에 찬 얼굴로 학교를 바라보는 해성. 그때, 갑자기 울리는 빵-! 클락션 소리.
해성 움찔 놀라 뒤돌아보면, 해성의 뒤에 끼익 멈춰 서는 고급 승용차.
차에서 내린 예나, 걸음 옮기다 멈칫, 자신이 가는 길을 가로막고 있는 해성을 본다.
어느새 예나의 뒤엔 현준과 승재, 태수와 채린이 서 있고.

예나	...비켜줄래?
해성	(주변 둘러보곤) 나한테 하는 말...

빤히 해성을 보는 예나와 현준. 앤 뭔가 싶은 표정의 태수와 승재.
채린은 입 모양으로 '오~ 존잘.'
해성, 어쩔 수 없이 지나가라 자리 비켜주면, 해성을 스쳐 지나가는 예나와 네 사람.

승재	누구야? 전학생인가?
현준	관심 없어.
채린	(해성에게 윙크 날리고)
해성	(쟤들은 뭐야? 싶다가, 안으로 들어가는)

#41. 병문고 복도 (아침)

교무실 앞. 살짝 열린 문틈 사이로 교무실 안을 살피고 있는 수아.

수아 보면, 심기 불편한 얼굴로 서 있는 광두가 보이고.

광두   오 선생! 오 선생 아직 안 왔어?!

하, 씨... 미치겠다 싶은 표정의 수아. 그때 수아의 뒤로 다가오는 해성.

해성   (교무실 출입문을 가로막고 있는 수아 보곤) 저기...

해성의 말 못 듣고 계속 교무실 안을 살피는 수아.
그러다 순간, 광두와 눈이 마주친다...!

광두   !! 야!

!! 화들짝 놀라 주변 살피다가, 재빨리 해성의 뒤로 몸을 숨기는 수아.

해성   지금 뭐 하시는...?
수아   쉿!
광두   (밖으로 나와) 뭐야, 어디 갔어. (해성 보곤) 학생은 누구?
해성   정해성입니다. 이번에 새로 전학 왔습니다.
수아   (전학생?)
광두   바쁘니까 인산 나중에. 여기 선생 하나 못 봤어? 요 앞에서 막 기웃대던.
해성   예, 그게...
수아   (긴장)
해성   (반대편 복도 가리키는) 방금 저쪽으로.
광두   어, 그래? 고마워. (복도 걸어가는)

해성의 뒤에서 빼꼼, 고개만 내밀어 광두가 가는 걸 지켜보는 수아.
이내 큼 헛기침, 아무렇지 않은 척 해성 앞에 서서,

수아	니가 해성이구나. 우리 반에 온다는 전학생.
해성	우리 반이요?
수아	(악수하자 손 내미는) 반가워. 나는 니 담임 맡을 오수아 선생님. 담당은 한국사고 방금은 머리에서 지워주고.
해성	(악수하는) 잘 부탁드립니다.
수아	처음엔 적응 안 되는 게 많을 거야. 다니면서 궁금한 거 있음 언제든 물어봐. 선생님이 최대한 도와줄 테니까... (멈칫, 해성 보는) 혹시 우리 어디서...?

으응? 으응? 이리저리 해성을 보는 수아. 어느 순간 번뜩! 기억났다!

수아	너 그때 가게!
해성	(무슨 말인가 싶어 수아 보다가, 번뜩) !!
수아	너 일로 와, 이게 어디 미쳐가지고! (해성의 옆머리 잡아 올리는)
해성	(아픈) 아! 아! 아퍼, 아퍼, 진짜 아퍼!
수아	아퍼는 반말이고, 임마!

#42. 병문고 교정 (아침)

해성의 옆머리 잡은 채 성큼성큼 분리수거장에 다다르는 수아.

수아	(옆머리 잡은 손 풀곤) 아 놔, 완전 어이없네. 너 민증 어떻게 뚫었어.
해성	(옆머리 마구 어루만지고)
수아	보나 마나 위조겠지. (이걸 확!) 정장까지 차려입고 장례식 갔다 왔냐?
해성	(움찔하고)
수아	(으름장) 너 내가 전학생이라 참는데 조심해라. 한 번만 더 걸리면 무조건 상담실 직행이다.
해성	근데 듣고 보니까 억울하네? 그쪽도 별로 잘한 건 없지 않나?

수아	그쪽?!
해성	(아차 싶다가, 자연스레) ...선생님도 별로 잘한 건 없다. 저랑 같이 싸웠잖아요.
수아	...!!
해성	그때 보니까 온 힘을 다해 후려치시던데? (강조) 그것도 철쟁반으로.
수아	(버벅) 아니 여기서 그 얘기가 왜... 난 너 구하려 그런 거지.
해성	구해 달라 한 적 없는데? ...요.

헐... 말문 막힌 채 해성을 바라보는 수아. 그때 울리는 학교 종소리.

해성	전 제 잘못 인정합니다. 선생님도 인정하시고 좋게 좋게 끝내시죠. (웃으며) 전학 첫날이잖아.
수아	(황당히 보는데)
해성	(손목시계 보곤) 조회시간 됐네요. 가시죠.
수아	(먼저 걸음 옮기는 해성 보며, 기가 찬) 허! 무슨 저런 애가...!

#43. 병문고 해성의 반 (아침)

'2학년 1반' 팻말이 붙어있는 교실. 삼삼오오 모여 이야기 나누고 있는 학생들.
자리에 앉아있는 예나. 옆자리엔 유정, 앞에는 수진과 채린이 앉아있다.

채린	예나야 너무 부럽다. 너희 엄마, 아니 이사장님한테 말해서 프랑스 교환학생 나도 껴주면 안 돼?
수진	넌 아이돌 준비 안 하냐? 그러지 말고 나, 나랑 같이 가자, 응?
예나	(미소로 다독이듯) 어차피 방학 때 갈 거야, 한참 남았어. 그리고 미안한데 어쩌지? (유정이 팔짱 끼는) 나 이미 같이 갈 사람 정했는데.
유정	!! 나?

예나	나 너 없으면 아무것도 못 하는 거 알잖아. 같이 가줄 거지?
유정	(조심스레) 교환학생 얼마 정도 하는데?
예나	글쎄, 그래도 학교에서 지원해주는 거니까... 한 천만 원?
유정	(난감하지만 애써 웃음 짓고)

교실 중간, 홀로 자리에 앉아 노트에 웹소설 설정들을 메모 중인 동민.
'미스터리 웹소설', '명문 사립 고등학교', '학교 괴담' 등등...
그때, 휙 연습장을 채가는 태수. 옆엔 윤철과 범식이 서 있고.

윤철	(연습장 보곤) 아, 찐따 새끼 또 뻘짓하고 있네.
동민	(두려운 얼굴 표정)
범식	저기요, 작가님. 태수 수행평가 준비는 다 하고 이러시는 거예요?
동민	미안... 금방 할게.
태수	잘하자, 동민아. 나 화나면 무서운 거 알잖아.
수아	(안으로 들어와) 자, 자, 조용! 조회 준비 안 하고 뭐 해!
태수	(동민의 연습장 찢어 구기곤) 이따 보자. (맨 뒷자리에 가 앉는)
수아	오늘 우리 반에 새로운 친구가 왔어. (탐탁지 않은) 들어와.
해성	(안으로 들어와 수아 옆에 서는)
유정	!! (입 떡 벌어져 해성 보고)

"잘생겼다", "피부 하얀 거 봐", "연예인인가?" 해성을 보며 쑥덕대는
학생들.
해성을 보며 픽 냉소하는 예나. 호기심 섞인 시선으로 해성을 보는 동민.
휴대용 촬영 장비(짐벌)에 핸드폰을 끼우고 있는 호진.
태수와 윤철, 범식은 삐딱하게 해성을 바라보고.

해성	...정해성이야. 잘 부탁해.
수아	(심드렁) 박수.

짝짝짝 해성을 향해 박수 치는 학생들.
그 와중에 수진과 채린은 환호하고 책상 두드리고 난리 났고.

수아	지금 비어있는 자리가... (동민의 옆자리 가리키는) 저기 앉자.
해성	(동민의 옆자리에 앉으면)
동민	(쭈뼛쭈뼛) 안녕? 이동민이라고 해.
해성	반가워. 잘 지내보자.
수아	(해성 째려보다가, 출석부 펴는) 전부 해성이 적응 잘할 수 있게 도와주는 거 잊지 말고. 출석 부를게.

학생들 한 명 한 명 출석을 부르는 수아.
가방에서 책을 꺼내는 해성. 그때 울리는 핸드폰 진동.
해성 보면, 유정에게 온 문자다. **'조회 끝나고 옥상!!'**

#44. 병문고 옥상 (낮)

하늘정원처럼 꾸며진 넓은 옥상.
난간에 기댄 채 서 있는 해성. 잠시 후 유정이 해성에게 다가온다.
주위를 둘러보는 유정. 아무도 없단 걸 확인하곤,

유정	오빠 미쳤어? 온다는 게 학생이었어?
해성	너는 오빠한테 미쳤, (됐다 싶은) 대충 그렇게 됐어, 묻지 마.
유정	그래도 학생은 오바지. 난 교사나 교직원 그런 건 줄 알았단 말야...!
해성	나라고 이거 입고 싶어서 입었겠냐? 너도 커서 직장 다녀 봐.
유정	(후우... 심호흡하곤) 일단 됐고, 내가 최대한 도와줄 테니까 오빠 작전 빨리 치우고 나가. 그리고 약속해. 나 학교에서 어떻게 지내는지 엄빠한테 절대 말하지 않겠다고.
해성	(순간 눈빛 진지해지는) 무슨 일 있어?

유정	(으르렁) 캐지 말고 그냥 하자 하면 하자, 좀.
해성	약속.
유정	분명 약속했어. 안 지키면 나 오빠 다신 안 볼 거야.

몇몇 학생들이 옥상 안으로 들어온다. '지켜본다.' 사인 보내곤 걸음 옮기는 유정.

해성	(작게 한숨 내쉬다가, 결연히 난간 밖 보는) ...해보자.

#45. 몽타주

/ 병문고 해성의 반 (낮)

자리에 앉아 꾸벅꾸벅 졸고 있는 해성.
한국사 교과서를 읽으며 교실을 걷고 있는 수아. 문득 졸고 있는 해성을 본다.
수아, 고개 절레절레 저으며 깨우기 위해 손을 가져가는데,
그 순간 확! 수아의 팔을 쳐낸 후 목에 당수를 들이대는 해성...!
아차 싶은 해성의 표정. 입 떡 벌어져 해성을 보는 학생들이고...!

수아	이노무 시키가 돌았나, 이게! 어따 대고 당수를 날려?! (해성의 정수리 향해 당수 내려치는, 퍽!)
해성	(아파 죽겠다는 듯 머리 부여잡는)
수아	(학생들에게, 부드러운) 어디까지 했지?

/ 병문고 운동장 (낮)

리안의 감독하에 윗몸 일으키기 체력테스트 중인 해성의 반 학생들.
진지한 얼굴로 윗몸 일으키기 자세를 잡는 해성. 이윽고 리안의 휘슬 소리 울리면!

해성, 박력 넘치는 속도로 마구 윗몸 일으키기를 하기 시작한다…!
입 떡 벌어져 해성을 바라보는 학생들과 리안. 차라리 눈을 감아버리는 유정.
해성, 신나게 운동하다 멈칫, 주위 보면, 모든 이들이 자기를 바라보고 있고…
잠시 당황스레 있다가, 갑자기 "끼잉차.", "끼잉차." 혀 짧은 소리 내며 세상 연약한 척 혼자 다 하는 해성…

/ 병문고 해성의 반 (낮)

쉬는 시간. 자리에 앉아있는 해성에게 다가오는 수진과 채린.

수진	전학생 하이. SNS 아이디 뭐야? 너도 '익속' 해줄게.
해성	… 익속?
채린	설마 익속 뭔지 몰라?
수진	우리 해성이 혹시… 원시인?
해성	(식은땀) 원시인은 무슨, 학생인데. 뭐 '약속'인진 모르지만 사양할게.

약속? 서로를 보는 수진과 채린. 이게 아닌가? 민망함에 애써 웃음 짓는 해성이고.

/ 병문고 교정 (낮)

미치겠단 얼굴로 핸드폰 통화 중인 해성.

해성	아니 이게 배운 거랑 다르다니까? 대체 '익속'이 뭐야…!
안팀장(E)	약속 잘못 말한 건 아니고?
해성	말을 말자, 말을 말어. 끊습니다.

핸드폰 내리는 해성. 그때, 와락 해성에게 어깨동무하는 호진.

| 호진 | (핸드폰으로 인터넷 방송 중인) 진짜 니들 보고 놀라지 마라. 완전, 대박, 얼굴 미쳤어. (해성에게 핸드폰 카메라 비추는) |

마구 올라오는 댓글들 보곤 인터넷 방송인 걸 깨달은 해성. 황급히 카메라 피하는데,

호진	에헤이, 그러지 말고, 한마디. 한마디만 해줘.
해성	(계속 카메라 피하며) 학생, 아니 친구야 난 괜찮아. 나 이런 거 찍는 거 싫어하니까... (하는데)
호진	오케이! 지금부터 전학생한테 미션! 뭐 시켜, 말만 해!

그때 올라오는 댓글. **'전학생 도망가는데?'**
호진 놀라 보면, 저만치 도망가고 있는 해성이 보이고.

| 호진 | 야, 어디가! 방송해야지! |

/ 병문고 복도 (낮)

터덜터덜 힘없이 계단을 오르는 해성. 모퉁이를 돌아 복도에 서면, 말뚝박기하고 공놀이하고, 한쪽에선 시비 붙고 그 싸움 말리고, 또 한쪽에선 남녀가 뽀뽀하고 껴안고 있는 등 아사리판 그 자체인 10대들의 모습이 한눈에 들어온다.
말없이 복도에 펼쳐진 광경을 바라보는 해성. 그 와중에 남학생1은 지나가다 툭, 해성과 부딪히며 교복 재킷에 우유를 쏟고...

남학생1	(대충) 미안. (지나가는)
해성	(하아... 멍하니 천장 보는)
해성(E)	아... 집에 가고 싶다.

#46. 병문고 교정 (낮)

수돗가에서 재킷에 묻은 우유를 닦아내고 있는 해성. 어느 순간 멈칫, 운동장 저 너머, 낡고 오래된 구관 건물을 바라본다. 저 건물은 뭐지 싶은 해성.

#47. 병문고 구관 앞 (낮)

구관 현관문 앞에 다다른 해성.
현관문에 붙어있는 출입금지 안내문. 문고리에 걸려있는 사슬 달린 자물쇠를 본다.
창문들을 열어본다. 전부 잠겨있다. 안은 어두워서 보이지를 않는다.
확실히 뭔가 수상하다. 핸드폰으로 구관 건물을 사진 찍는 해성.

#48. 병문고 구관 뒤편 (낮)

낡고 오래된 책상과 의자들이 쌓여있는 건물 뒤편.
벽에는 안 쓰는 파티션들이 겹겹이 기대어 놓여있다.
뒤편으로 걸어와 건물을 살펴보는 해성. 벽 쪽, 전기계량기가 설치되어 있다.
움직이고 있는 전기계량기. 유심히 계량기 바라보는 해성인데,

태수(E) 이 새끼는 귓구멍에 똥을 처박았나.

건물 모퉁이에 몸을 숨기는 해성. 잠시 후 반대편 모퉁이, 동민이를 끌고 구관 뒤편에 나타나는 세 사람. 태수와 윤철, 범식이다.

태수	안 갖고 왔다 하면 끝이야? (동민의 **뺨** 찰싹찰싹 때리며) 야, 기생수. 우리 등록금에 빨대 꽂아 학교 공짜로 다니면, 말이라도 잘 들어야 될 거 아냐, 안 그래?
동민	(잔뜩 주눅 들어) 우리 할머니 민증 어디에 쓸 건데?
해성	(무슨 소린가 싶은, 사람들 바라보고)
태수	이거 웃기는 새끼네. 니가 알아서 뭐 하게.
윤철	그냥 갖고 오라고, 새끼야.
동민	(움찔 움츠리고)
태수	넌 진짜 안 되겠다. 정신교육 좀 받자.

양쪽에서 동민의 팔을 붙잡는 윤철과 범식. 손목 풀어주며 주먹 날릴 준비하는 태수.
그런 세 사람을 노려보다가... 결국 뒤돌아서는 해성. 그러다 툭, 벽에 일렬로 세워뒀던 넉가래들 중 하나를 건드리고 만다.
기우뚱- 해성이 잡을 새도 없이 우당탕 도미노처럼 넘어지는 넉가래들.
우당탕 소리에 멈칫, 일제히 건물 모퉁이 쪽을 보는 태수와 사람들.
그곳, 넉가래를 잡으려다가 얼어붙은 자세 그대로 서 있는 해성이 보이고...

윤철	...전학생?
해성	(얼어붙은 자세 그대로, 발만 움직여 물러서는데)
윤철	야, 야! 스톱하고 이리 컴.
해성	(미치겠네... 어쩔 수 없이 그들에게 다가가면)
윤철	너 뭐냐? 언제부터 있었어.
해성	(애써 웃음 짓는) ...방금부터? 나 화장실 찾다가.
윤철	화장실, 새끼. 봤으면 관람값 해야지.
범식	(해성에게 천 원 건네주는) 냉동이랑 핫바 좀 사와라. 잔돈 필요 없고.
해성	(순간 표정 서늘해지는)
윤철	(해성의 눈빛에 움찔, 긴장) 뭐, 뭐 임마. 니가 야리면 어쩔 건데.

해성	적당히 하자. 아까부터 봤는데 이젠 참기 힘드네.
윤철,범식	(해성이 심상치 않음 느끼는)
태수	(가늠하듯 해성 바라보고)
해성	그만하고 들어가라. 진심으로 니들 위해 하는 소리니까...

하는 그때, 갑자기 해성의 귀에 환청처럼 들리는 사찰 범종소리와 불경소리.
해성 보면, 스님 복장을 한 채 인자한 웃음 짓고 있는 안 팀장이 보이고...!

안팀장	해성아, 참아야 하느니라~. (목탁 두드리며 걸음 옮기는)
해성	(그런 안 팀장 멍하니 바라보고)
윤철	뭐야, 왜 말을 하다 말어. 저기 뭐 있어?
태수	그래서, 갔다 오기 싫다?
해성	(태수 노려보다가, 활짝 웃는) 500원만 더 주라.
태수	(픽 웃는)
해성	진짜 딱 500원. 내가 음료수도 사올 테니까... (하는데)
윤철	(해성의 뒤통수 갈기는) 아, 새끼 깜짝 놀랐네. (퍽퍽 해성의 엉덩이 걷어차는) 개새, 표정, 눈깔 확 그냥.
해성	알았어, 그만. 갔다 올게, 갔다 올게.
윤철	(계속 해성의 엉덩이 걷어차며) 빨리 안 가? 빨리 안 가?

윤철에게 밀리며 걸음 옮기는 해성. 문득 동민과 눈이 마주친다.
잠시 안타까이 동민 바라보다가, 결심한 듯 뛰어나가는 해성.
그런 해성을 보며 비웃음 짓는 태수와 두 사람.

태수	동민이 좋겠다? 찐따 친구 생겼네?

#49. 병문고 교무실 (낮)

한자리에 모여 아이스커피를 마시고 있는 수아와 리안, 준호.

리안	(놀란) 전학생이 수아샘 엄마 가게에?
수아	아까 제 표정이 딱 리안샘 그 표정. 세상에, 오늘 보고 얼마나 놀랐던지. 어으, 문제 학생 너무 싫어.
준호	몸에 문신 있고 막 그런 건 아니겠죠?
수아	전 정말 학생인지 생각도 못 했다니까요? 애가 혼자 정장 입고 술 마시는데, (번뜩 떠오른 생각에 헉!) !!

플래시백 1화 26씬
수아   엄마, 나 가슴이 두근거려.

수아	(하아... 이마에 손 짚는) 미친년.
리안	왜 저래?
준호	(어깨 으쓱하고)
수아	어쨌든 봐주는 건 이번이 마지막. 나한테 뭐 하나만 걸리기만 해봐. 그땐 진짜 가만 안 둔다. (분노 가득한 얼굴로 쭈욱 커피 마시는데)
광두	(수아 들으라고, 노래 부르듯) 아이고, 갑자기 어깨가 결리네~.
수아	(애교 섞인 목소리로 벌떡 일어나) 어머, 교감 선생님~!

후다닥 광두에게 달려가 어깨를 주물러주는 수아.

수아	어디가 결리세요? 이쪽? 이쪽? 웬일이야, 어깨 너무 뭉치셨다~.
광두	(좋으면서) 이런다고 화 풀릴 줄 알면 오해야. 나중에 또 갑질이다 뭐다 그러지 말고.
수아	그렇게 말씀하시면 제가 섭하죠. 제가 교감샘 세상에서 얼마나 존경하는데.
리안	무섭다. 정교사를 향한 저 의지.
준호	(측은히 수아 보며 고개 끄덕이고)

#50. 병문고 전경 (저녁)

하교하는 학생들의 모습. 그 위로

수아(E)   자, 오늘도 고생했어.

#51. 병문고 해성의 반 (저녁)

수아   (종례 중인) 집에 조심히 가고 내일 보자. (주먹 불끈!) 다 같이 급훈!
칠판 보기를?!

학생들   (건조한) BTS처럼.

인서트
칠판 위에 붙어있는 궁서체 급훈. '칠판 보기를 BTS처럼.'

해성   (세상에...)

수아   이상! (해성 휙 째려보고 밖으로 나가는)

왜 저래? 고개 절레절레 저으며 가방을 챙기는 해성.
문득 해성, 옆자리의 동민을 본다.

해성   (괜시리 동민이 신경 쓰이는) ...동민이라 그랬나?

동민   어? 어, 맞아. 내 이름.

해성   다음엔 당하고만 있지 말고 반격해. 참는 게 능사는 아니니까.

동민   근데 너도 반격 못 했잖아. 윤철이한테 엉덩이.

해성   (잠시 있다가, 뻔뻔) ...엉덩인 살 많아서 괜찮아. 그리고 뭐 하나 좀
묻자. 저쪽에 건물 하나 있던데 뭐야? 교사랑 학생 출입금지 건물.

동민   아, 그거? 우리 학교 구관인데 지금은 안 써. 오래돼서 무너질 수도 있

다고.

해성   얼마나 오래됐는진?

동민   아마 일제 강점기부터? 우리 학교 건물 중 제일 오래됐으니까.

해성   (의미심장한) 일제 강점기부터.

동민   응. 들리는 얘기론 귀신 나온다, 시체 묻혀있다 그런 소리도 있고. (부
       끄러운) 사실 내가 학교 괴담들 되게 좋아하거든. 해성이 너도 관심
       있으면... (해성 보면)

이미 쌩하니 사라져 버린 해성. 큼... 민망한 듯 헛기침하는 동민.

#52. 장례식장 복도 (밤)

복도에 길게 늘어서 있는 수십 개의 근조화환들.
화환 리본엔 정재계 및 법조계 인사들의 직함과 이름들이 쓰여 있다.
화환들 사이를 걸음 옮겨 빈소 안으로 들어가는, 검은 정장 차림의 명
주와 재문.

#53. 장례식장 (밤)

50대 중년 남자의 영정 사진을 향해 묵념을 올리는 명주와 재문.
상주석엔 고인의 아내가 눈물을 훔치며 서 있고.

명주   고인의 명복을 빕니다.

아내   와주서서 감사합니다.

명주   이런 말이 사모님께 위로가 될진 모르겠지만... 아이들 걱정은 마세요.
       저희 병문재단이 끝까지 케어하겠습니다.

아내   감사합니다, 이사장님.

명주   (재문에게) 병문고 특별반에 아이들 자리 만드세요.

재문   예, 이사장님.

따스한 미소로 아내를 안으며 다독여주는 명주.

(경과)

장례식장 식당. 테이블을 사이에 두고 마주 앉아있는 명주와 태수부.

태수부   (자기 잔에 소주 따르며) 사람이라는 게 참 모르는 거 같아요. 정계에서 방귀 좀 뀐다 하던 갑자기 목매달 줄 누가 알았겠어.

명주   안타까운 일이죠. (물 마시는데)

태수부   교육시티 건 때문에 이사장님이랑 척지긴 했어도,

명주   (멈칫)

태수부   그래도 나쁜 인사는 아니었는데. 아, 이렇게 갈 거 이사장님 속은 왜 그렇게 썩였대?

명주   박민철 의원님?

태수부   (보면)

명주   고인 가시는 길 배웅하는 자리예요. 그런 얘긴 나중에.

태수부   (민망하고) 죄송합니다. 안타까워 몇 마디 한다는 게 그만… 그래도 얼마나 다행입니까. 이사장님께서 아이들 챙겨주신다고 하니. 아마 최 의원도 편히 눈감을 겁니다.

명주   그러시겠죠? 꼭 그러셔야 하는데.

#54. 명주의 차 안 (밤)

도로를 달리고 있는 명주의 차. 운전석엔 재문, 뒷좌석엔 명주가 앉아 있고.

명주	마무리는 깔끔하게 하신 거죠?
재문	부검 없이 종결처리 했습니다.
명주	한편으론 안타깝네요. 계속 저한테 반대만 안 했어도 이런 결말은 없었을 건데.
재문	(운전하고)
명주	애도는 이만하면 됐고. 골칫거리 치웠으니 본격적으로 움직여 보죠.

의미심장한 얼굴로 차창 밖 바라보는 명주.

#55. 국정원 국내4팀, 해성의 집 거실 교차 (밤)

자리에 앉아 핸드폰 통화 중인 안 팀장.

안팀장	병문고 구관?

해성의 집 거실. 보드를 바라보며 핸드폰 통화 중인 해성.
보드엔 병문고 건물들 사진과 이름, 약도,
한쪽엔 명주와 교직원들 이름과 조직도 등이 붙어있고.

해성	대량의 금괴를 한 자리에 보관한다는 건 쉬운 일이 아니에요. 충분한 공간과 그에 맞는 보안, 변색이나 훼손을 막기 위한 습도와 온도까지 모든 걸 주기적으로 체크해야 돼요.
안팀장	그래서, 뭐가 이상하단 거야?
해성	전기계량기요.

플래시백 1화 48씬
움직이고 있는 전기계량기. 유심히 계량기 바라보는 해성.

해성   오래전 방치된 건물인데 계량기가 돌아가고 있었어요. 그리고 안전
      문제를 명분으로 한 출입금지. 진짜 학생의 안전을 위해서라면 건물
      을 허는 게 맞지 냅두는 건 모순이에요.
안팀장 그래서 구관일 확률이 높다. 재단이 불법으로 금괴를 숨겨놨다면.
해성   적어도 조사할 가치는요. 갔다 올게요. (핸드폰 내리는, 보드에 붙어
      있는 구관 사진을 바라보고)

#56. 병문고 밖 거리 (밤)

가방을 멘 채 학교를 향해 걸음 옮기는 해성. 모자와 마스크, 가죽자
재킷을 입은 차림.
해성 문득 보면, 경비실 안, 업무를 보고 있는 김 씨가 보이고.

#57. 병문고 교정 뒤편 (밤)

가볍게 담을 뛰어넘어 학교 안으로 들어오는 해성.
주변 둘러보면, 담 한쪽, CCTV 카메라가 보인다.
가방에서 안테나 달린 작은 장비(영상교란기)를 꺼내 카메라 밑쪽에
붙이는 해성.

인서트

병문고 경비실. CCTV 모니터 앞에서 업무를 보고 있는 김 씨.
해성을 비추던 CCTV 카메라 화면, 치직 노이즈가 일더니 이후 아무도 안 보이고.

#58. 병문고 구관 앞 (밤)

주위 경계하며 구관 현관문 앞에 서는 해성. 품에서 열쇠 따는 도구를 꺼내고.

#59. 병문고 구관 1층 (밤)

걸을 때마다 끼익 음산한 소리가 울려 퍼지는, 낡고 오래된 나무 복도.
플래시라이트 켠 채 주변을 경계하며 구관 안으로 들어오는 해성.
해성, 양옆 복도를 살핀다. 특별한 건 없는 교실 팻말들.
지하로 향하는 계단을 플래시라이트로 비추는 해성. 계단을 내려가려 하는 그때,
갑자기 확! 해성을 덮치는 또 다른 플래시라이트.
!! 천천히 뒤돌아보는 해성. 그곳, 어둠 속에서 누군가가 해성을 향해 권총을 겨누고 있다...! 긴장한 해성의 모습에서...!!

#60. 에필로그, 국정원 국내4팀 (낮)

심각한 얼굴로 회의 테이블 의자에 앉아있는 안 팀장. 잠시 후 똑똑 노크 소리.

안팀장　들어와.

문이 열리고... 천천히 안으로 들어오는 누군가. 교복과 책가방을 멘 미정이다.
머리엔 리본, 재킷엔 아이돌 뱃지. 온몸으로 귀여운 포즈를 잡는 미정.

안팀장　어우야, 공수치 온다. 다음.

교복을 입고 안으로 들어오는 한 사람. 영훈이다.

2000년대 초반 유행한 꽉 줄인 재킷과 교복 바지. 그리고 8:2 가르마.

재킷을 벗어 어깨에 걸치며 포즈를 잡는 영훈.

안팀장   다리에 피는 통하냐? 다음!

교복을 입고 안으로 들어오는 해성. 앞선 둘과는 다르게 멀끔하고 반듯한 모습.

안팀장   (벌떡 일어나) 그래, 이거지, 이게 학생이지. 박수!

영훈,미정 (입 댓발 나와 박수 치고)

해성   (어색한) 난 좀 어색한데. 진짜 괜찮을까요?

안팀장   얘들에 비하면 넌 선녀야. 누가 봐도 학생 같애.

해성   그래도 이게 좀... 난 모르겠는데.

안팀장   됐어, 됐어, 너밖에 없어. 결정! 밥 먹으러 가!

밖으로 나가는 안 팀장과 영훈, 미정.

혼자 남은 해성. 작게 한숨 내쉬다 멈칫, 거울에 비친 자신의 모습을 본다.

생각보다 잘 어울리는 거 같기도...? 주변에 아무도 없는 걸 확인한 해성. 스윽 거울 보며 치명적인 모델 포스 발산하는 데서.

- 1화 끝 -

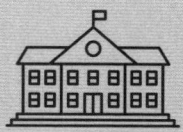

2화
해성이 넌 전학생이라 잘 모를 거야

#1. 병문고 구관 1층 (밤)

걸을 때마다 끼익 음산한 소리가 울려 퍼지는, 낡고 오래된 나무 복도.
플래시라이트 켠 채 주변을 경계하며 구관 안으로 들어오는 해성.
해성, 양옆 복도를 살핀다. 특별한 건 없는 교실 팻말들.
지하로 향하는 계단을 플래시라이트로 비추는 해성. 계단을 내려가려
하는 그때,
갑자기 확! 해성을 덮치는 또 다른 플래시라이트.
!! 천천히 뒤돌아보는 해성. 그곳, 어둠 속에서 누군가가 해성을 향해
권총을 겨누고 있다...!
어둠 속 누군가가 겨누고 있는 권총(권총 모양의 가스총)을 바라보는
해성.
잠시 후 천천히 해성의 앞에 모습을 드러내는 한 사람. 수아다.

해성   (왜 이 사람이 여기?)
수아   움직이지 마.
해성   (수아가 들고 있는 권총 보는)
수아   누구야, 당신. 여기서 뭐 하는 거야.

해성	(진정하라는 듯 조심스레 손 올리는데)
수아	어어, 스톱, 스톱. 이거 장난감 같지? 진짜 가스총이야, 왜 이러서.

해성 순간 멈칫, 가스총이라고?
이제야 보이는 수아의 한쪽 팔, '**순찰**' 완장을 차고 있고...

해성	(하아... 피곤한 듯 눈가에 손 갖다 대는)
수아	(발끈) 이게 움직이지 말라니까. 모자랑 마스크 벗어.

모자로 손을 가져가는 해성. 그러다 순간, 수아를 향해 들고 있던 플래시라이트를 비춘다. 불빛에 눈을 질끈 감는 수아. 그 틈을 이용해 밖으로 달려 나가는 해성!

수아	!! 야!!

#2. 병문고 교정 (밤)

도망치는 해성과 그 뒤를 쫓아 달리는 수아.
해성 뒤돌아보면, 한 점 흐트럼 없는 자세로 자기를 쫓아오고 있는 수아가 보이고...!

해성	(히익!) 뭐야, 왜 저렇게 잘 뛰어...!
수아	나 고등학교 육상부 출신이다! 당장 일로 안 와?!

#3. 병문고 교정-2 (밤)

건물 모퉁이를 도는 수아. 그러다 쿵-! 맞은편에서 오던 한 사람과 부딪히고 만다.
바닥에 주저앉아 아구구 신음하는 누군가. 김 씨다.

수아	(놀란) 아저씨. (급히 김 씨 일으켜주는) 죄송해요, 괜찮으세요?
김씨	예, 예. (허리 짚으며 일어서는) 선생님이 이 시간엔 어쩐 일로?
수아	교내순찰이요. 오시다 이상한 놈 못 보셨어요? 모자에 마스크.
김씨	전 못 봤는데?
수아	분명 이리 갔는데... 방금 정말 죄송해요. (김 씨에게서 멀어지며) 혹시 허리 계속 아프시면 말씀하셔야 돼요? 꼭이요, 꼭!

후다닥 다시 해성을 쫓아 달려가는 수아.
그런 수아를 바라보던 김 씨. 언제 아팠냐는 듯 쭈욱 허리 스트레칭을
하고.

#4. 병문고 교정 뒤편 (밤)

주위를 둘러보는 수아. 어디에도 해성은 안 보인다.

수아	그새 감쪽같이 튀었네. 담에 걸리면 죽었어. (씩씩대며 걸음 옮기는)

잠시 후, 일각 으슥한 곳에서 나오는 해성. 질린 듯 수아의 뒷모습 바라보고.

#5. 안 팀장의 집 앞, 거리 교차 (밤)

어느 아파트 앞. 핸드폰 통화하며 밖으로 나오는 안 팀장. 다른 한 손엔 커다란 쓰레기봉투 들고 있고.

안팀장   (기겁) 뭐?!

거리. 안 팀장과 핸드폰 통화하며 걸음 옮기고 있는 해성.

안팀장(E)   그래서 걸렸어?! 야, 걸 조심했어야지, 거기서 그렇게 선생님한테 걸리고 그럼 어떡해!

해성   (귀 따가워 죽겠고) 알았어요, 조심할게. 거기서 순찰이 나올지 누가 알았나.

안팀장   얼굴은? 몽타주 털린 건 아니지?

해성   예, 다행히요. 근데 그 사람 이상해, 뭔 기계도 아니고 뜀박질을 그렇게... 무슨 터미네이터야?

#6. 수아모의 가게, 거리 교차 (밤)

수아모의 가게 주방. 설거지하며 어깨로 핸드폰 통화 중인 수아모.

수아모   뭐?!

거리. 집을 향해 걸음 옮기며 핸드폰 통화 중인 수아.

수아모(E)   그래서 어떻게 됐어. 잡았어?

수아   아깝게 놓쳤어. 아, 이럴 줄 알았으면 그냥 한 방 쏠걸.

수아모   세상에, 그 가스총 없었으면 어쩔 뻔했누. 너 내가 말했지? 요즘 같이 위험한 세상엔 무조건 챙겨야 된다고.

수아   네네~ 엄마 말 들어 살았네. 뿌듯하시겠어?

수아모   엄마 덕에 살았으면 마감 좀 도와주지 않겠니?

수아   윽! 아까 너무 놀랐더니 심장이...! 들어가서 쉬어야겠어...!

#7. 해성의 집 앞 (밤)

수아, 자신의 집 대문을 향해 걸음 옮기며,

수아   생각해 보니 아깝네? 잡았으면 용감한 시민에 정교사 다이렉튼데.
      ...한 번만 더 나와라.

대문 안으로 들어가는 수아. 잠시 후, 저쪽 거리에서 걸어오는 누군가.
해성이다?

해성   (진저리) 어으, 하여튼 사람 이상해. 안 맞아, 나랑.

대문 열고 안으로 들어가는 해성. 근데, 수아의 집 맞은편이다?
서로 마주보고 있는 두 집 대문의 모습에서.

#8. 병문고 교문 (아침)

아직 아무도 등교하지 않은 조용한 학교. 빗자루질을 하고 있는 김 씨.
잠시 후, 교문 안을 향해 들어오는 고급 승용차 한 대.
김 씨, 학교 안으로 들어가는 고급 승용차를 향해 경례를 붙이고.

#9. 병문고 구관 앞 (아침)

구관 앞에 서 있는 재문. 잠시 후 고급 승용차가 재문의 앞에 선다.
재문, 차량 뒷문을 열어주면, 차에서 내리는 한 사람. 명주다.

재문   어젯밤 누군가... 구관에 침입을 했습니다.

명주	(열려있는 자물쇠 바라보고)
재문	오수아 선생이 구관 1층에서 괴한을 발견, 끝까지 쫓았으나 놓쳤다 합니다. 얼굴은 보지 못했고요.
명주	...다른 목격자가 있는지 알아보세요.

#10. 병문고 해성의 반 (낮)

교실 안에 울려 퍼지는 학교 종소리. 수업을 마무리하는 준호.

준호	오늘 수업 여기까지. 수고했고 다음에 보자. (밖으로 나가는)
해성	(힘겹게 마른세수하며, 혼잣말) 내가 이 나이에 왜 수학을 지금...
동민	우리 나이가 왜?
해성	있다, 그런 게. (자리에서 일어서는데)

곧바로 해성의 어깨를 눌러 앉히곤 앞자리에 앉는 태수. 그 옆에 윤철과 범식.
유정은 자신의 자리에서 해성을 바라보고.

태수	(해성에게 핸드폰 건네주는) 우리 해성이 첫 미션. 동민이 이 새끼 손가락이 너무 느려서.
해성	(핸드폰 보면, 게임 화면이 떠 있고)
태수	3일 줄게. 그 안에 무조건 얘 만렙 만들어.
범식	할 수 있지?
해성	어, 근데... 나 이 게임 모르는데.
윤철	모르면 학교생활 끝이야? (이걸 확!) 배워, 쉐끼야, 배워.
해성	(움찔하고)
태수	3일이다. 기대할게.

해성의 머리 헝클어뜨리곤 일어서 나가는 태수. 그 뒤를 따르는 윤철과 범식.

해성   (저것들을 내가…! 열받은 채 세 사람 바라보고 있으면)
동민   난 그 게임 아는데. 내가 알려줄까?
해성   이 자식이 그걸 말이라고. (버럭) 넌 마, 존심도 없어? 남이 시키는 이 따위 게임을 왜 해?!

#11. 국정원 국내4팀, 병문고 옥상 교차 (낮)

미정   (핸드폰 통화 중인, 어이없는) …뭐라고요?

병문고 옥상. 굽신굽신 핸드폰 통화 중인 해성.

해성   게임 만렙. 팀장님이랑 영훈이한텐 비밀로.
미정   (할 말을 잃은) 저기 선배, 여기 국정원이에요. 아무리 그래도 해킹으로 만렙 만들어달란 건, 이건 선 넘었지.
해성   작전이라 생각하고, 응? 나 지금 되게 힘들어.
미정   끊습니다.
해성   여보세요? 미정아, 박미정! (이미 끊긴, 푹 고개 숙이는)
유정   (해성에게 다가와) 고생이 많아.
해성   그럼 니가 만렙 만들어주든가.
유정   그건 거절. 근데 오빠도 참 성격 급하다. 박태수랑 엮이지 마라 하기도 전에 벌써 엮였네.
해성   (작게 한숨) 나도 내가 뭐 하는 건지 모르겠다. 걔 뭐 하는 애야?
유정   전형적인 양아치 쓰레기? 국회의원 지 아빠 빽 믿고 애들 괴롭히는.
해성   넌 괜찮아?
유정   나? (뭔 뜻인지 깨달곤) 아니, 아니, 나는 뭐. 우리 같은 학생회라.

해성	(놀란) 유정이 너도?
유정	왜? (슬며시 눈치) ...이상해?
해성	학생회 임원 되기 어렵다 들어서. 내 동생 대단하네?
유정	(얼버무리는) 어떻게 하다 보니까. 아무튼 태수 갠 조심해. 지랄 같아도 학생회고 학생회한테 찍히면 나도 못 도와주니까.
해성	(스읍!) 나쁜 말.
유정	선비 냄새 오지시고요. 5분 이따 내려와. (밖으로 나가는)
해성	(유정 바라보다가, 괜시리 교복 냄새 맡아보는)

#12. 병문고 이사장실 (낮)

책상 의자에 앉아있는 명주. 앞엔 재문이 서 있고.

재문	오수아 선생 외에 다른 목격자는 없습니다. CCTV에도 별다른 건 없고요.
명주	...그렇군요.
재문	다만 카메라 영상에... 미세한 노이즈가 잡혔습니다. 업체 말론 영상교란기를 쓴 거 같다 합니다.
명주	영상교란기. (피식) 재밌는 걸 쓰시네.
재문	(명주 보는)
명주	1층에서 도주를 했다 하면... 지하는 들어가지 못했겠군요.
재문	(보는)
명주	놈은 다시 올 거예요. 어떻게 노는지 구경이나 해보죠.

#13. 병문고 교무실 (낮)

자신의 자리에 앉아있는 광두. 그 앞엔 수아가 반성하듯 서 있고.

광두	오 선생, 혹시 나 무시해?
수아	아닙니다.
광두	그럼 어제 봤단 걔는 뭘까? 난 분명 '특별'한 사명감을 갖고 '특별'하게 순찰에 임하라 했는데, 오 선생은 왜 그놈을 놓친 걸까?
수아	죄송합니다. (의지에 찬) 다음에 다시 만나면 그땐 꼭 잡겠습니다.
광두	아이고, 다시 또 오세요 제사를 지내라, 제사를 지내. 쓸데없는 소리 됐고 얘들이나 갖고 가. 정리해서 기안 올려.
수아	(책상 한쪽 수북이 쌓여있는 서류 더미들 보곤) ...저걸 전부 다요?
광두	못하겠음 내가 하고 (모니터 보며, 노래 부르듯) 보자~ 우리 학교 교사 채용 공고가~.
수아	(자본주의 미소) 아닙니다. 당연히 제가 해야죠.

서류 더미 들고 뒤돌아서는 수아. 표정 확 궁시렁 궁시렁 구겨지고.

#14. 병문고 운동장 스탠드 (낮)

나란히 앉아 아이스커피를 마시고 있는 수아와 리안, 준호.

수아	(축 처진 채) 이거 그거인 거죠? 직장 내 괴롭힘, 기간제의 비애.
리안	억울하면 정교사 되라 이거지. 괴롭힘이야 수아샘 전적 있으니까 그런 거고.
수아	아니 그래서 내가 안마를 손이 뿌러져라... (허공에 발차기) 아오, 내가 정교사만 돼 봐, 광두 가발 다 벗겨버릴 거야.
리안	응원한다. (주먹 내미는) 파이팅, 오수아.
수아	(주먹 툭 부딪히고)
준호	근데 궁금한 게요, 마스크는 왜 거기 있었던 걸까요?
수아	따지고 보니까 그렇네? 거기 뭐가 있다고?
리안	글쎄, 건 그놈만 알겠지? (몸서리) 어으, 괴담만 해도 무서운데 괴한까

지. 구관 저건 왜 왜 안 부수는지 몰라.

수아　괴담이요?

리안　구관 지하에 발레실이 하나 있거든? 옛날에 거기서 있었던 일인데...

수아　(긴장한 채 리안 보는데)

광두　(수아 옆에 쑥 끼어들어) 셋이 뭐 해?

수아　악! 깜짝이야!

깜짝 놀라 경기 일으키다가 그만 광두의 옷에 커피를 쏟고 마는 수아.

수아　어머, 어떡해, 죄송해요. 괜찮으세요?

급히 무언가로 광두의 옷에 커피를 닦아내는 수아.
허얼... 그 모습 표정 얼어붙어 바라보는 리안과 준호.

수아　죄송합니다. 정말 죄송합니다.

수아, 정신없이 커피 닦아내다가 멈칫, 손에 들고 있는 무언가를 본다.
광두의 가발이다! 둥-!
병문고 만천하에 드러나는 광두의 텅 빈 속알머리.
충격과 공포로 광두를 보는 학생들, 직원들, 선생님들, 김 씨!

수아　(광두의 머리에 앞뒤 거꾸로 가발 씌워주곤) 가보겠습니다.

꾸벅 예의 바르게 인사 후 빠르게 걸음 옮기는 수아.
"수아샘, 수아샘 같이 가!" 도망치듯 자리를 빠져나가는 리안과 준호.
혼자 남은 광두. 앞뒤 거꾸로 씌워진 가발을 원위치시킨다. 눈엔 눈물
이 고인 것 같기도 하고...

#15. 병문고 해성의 반 (낮)

"광두 가발 얘기 들었어?", "어쩐지 뭔가 어색하다 했어", "아까 봤는데 완전 알타리 무." 등등, 삼삼오오 모여 광두에 대해 이야기 나누는 학생들.
때마침 교실 안으로 들어오는 해성. 동민이 자리에 없는 걸 보고 고개 갸웃, 얘가 어딜 갔나 싶은데,

수아	(들어와 교탁에 서는) 조용, 조용! 자리 빨리 들어가.
학생들	(자리에 앉고)
수진	샘! 광두 가발 벗겼단 거 진짜예요?
채린	오수아 멋있다!!

수아를 향해 박수 치고 환호하는 학생들.

수아	어, 그러지 마, 선생님 망했어. 자, 그럼 저번 시간 이어서 82쪽... (비어있는 동민의 자리 보곤) 동민이 어디 갔니?
학생들	(서로 눈치 보며 아무 말 못 하고)
수진	(채린에게, 작게) 박태수 짓이지?
채린	(작게) 재 말고 누가 있겠냐.
유정	(짜증스레 태수 바라보고)
태수	샘, 동민이 아까 몸 아프다고 조퇴했어요.
수아	조퇴? 나한텐 그런 말 없었는데?
태수	교무실에 샘 안 계시다고 전해달란 거 깜빡했어요. 죄송합니다.
수아	(뭔가 이상하지만) ...일단 알겠어. 수업 시작하자. 너희도 어느 정돈 알고 있겠지만 을사조약은 조약보다 늑약이라는 표현이 맞아. 당시 을사오적에 의해 강압적으로 체결된 을사늑약은...

몸을 숨긴 채 큭큭 웃음 짓는 태수. 그런 태수를 바라보는 해성의 표정.

#16. 병문고 복도 (낮)

교무실 향해 걸음 옮기며 동민에게 핸드폰 전화 거는 수아.
"고객님의 전화기가 꺼져 있어, 삐 소리 후 소리샘으로…"
수아, 걱정스런 얼굴로 핸드폰 바라보고.

#17. 병문고 교정 (낮)

벤치에 앉아 핸드폰 게임 중인 해성.

해성   번호를 모르니까 전화를 해볼 수도 없고, (앞에 보는) …괜히 신경 쓰이네.

그때 핸드폰에서 들려오는 캐릭터 죽는 소리.
!! 해성 놀라 보면, 핸드폰 화면, 'GAME OVER'가 떠 있다…
해성, 숏구치는 빡침에 핸드폰 저 멀리 던져 버리려다가!
참자… 후우 심호흡하며 진정하는데, 그때 문득 보이는,
운동장 너머 구관을 향해 걸음 옮기고 있는 한 사람. 재문이다.

인서트
해성의 집 거실. 화이트보드에 붙어있는 재문의 사진.
명주의 사진과는 상하관계 라인이 그려져 있다.
사진 밑엔 '현 병문고 교장'이라 쓰여 있고.

재문을 바라보는 해성의 표정.

#18. 병문고 구관 앞 (낮)

기둥에 몸을 숨긴 채 구관 안을 보는 해성.

구관 1층, 재문이 지하 계단을 내려가고 있는 모습이 보인다.

유심히 그 모습 바라보는 해성인데, 그때,

김씨(E)　(다급한) 학생.

해성 고개 돌려보면, 구관 건물 모퉁이 쪽, 빨리 이리 와라 손짓하는 김 씨가 보이고.

#19. 병문고 구관 뒤편 (낮)

주위 살피며 뒤편으로 걸어 들어오는 김 씨. 그 뒤를 따라 들어오는 해성.

김씨　이 학생이 크게 경칠려고. 학생들 구관에 기웃거리지 말란 소리 못 들었어? 어제 웬 미친놈이 구관 들어갔다 그래서 교장샘 예민해. 그러다 혼나.

해성　주의하겠습니다.

김씨　진짜 어떤 놈인지 잡히기만 해봐라. 여튼 구관엔 얼씬도 하지 마. 괜히 근처 기웃거리다 큰일 나.

해성　(구관 건물 바라보고)

김씨　밑바닥에 금은보화를 숨겨놨나 유난이야, 유난. 내가 이 흉물 때문에 골치 아파 죽겠다니까?

그때 울리는 학교 종소리.

해성　전 이만 가보겠습니다.

김씨　공부 열심히 하고.

꾸벅 인사 후 걸음 옮기는 해성. 그런 해성을 보며 묘한 미소 짓는 김 씨.

#20. 국정원 국내4팀, 병문고 분리수거장 교차 (낮)

테이블에 모여 짜장면 먹고 있는 안 팀장과 미정, 영훈.

안팀장　(스피커폰으로 통화 중인) 병문고 교장?

병문고 분리수거장. 주변 살피며 핸드폰 통화 중인 해성.

해성　예, 구관 지하로 내려가고 있었어요.

미정, 노트북 키보드 두드리면, 모니터, 병문고 구관 지하 도면이 뜬다.

미정　(노트북 안 팀장에게 보여주는)
안팀장　특별한 건 없어. 왜 밑에 내려갔는진?
해성　아직 정확하게는요. 지하에 뭔가 있는 건 분명해 보이고.
안팀장　교장이란 양반이 똥 싸겠다고 거까지 들어갈린 없으니까.
영훈　아, 무슨 똥 먹는데 짜장면 얘기를.
미정　반대야.
안팀장　(핸드폰에) 학교 쪽에서도 침입자의 존재 알고 있어. 주의해서 움직이자.

핸드폰 내리는 해성. 걸음 옮기는 그때,
갑자기 들려오는 쿵, 누군가 통을 발로 차는 소리.
멈칫하는 해성. 저쪽 일각, 쓰레기봉투들 쌓여있는 커다란 쓰레기통
에서 나는 소리다.
해성, 쌓여있는 쓰레기봉투들을 치운다. 쓰레기통 안을 본다.
그 안, 청테이프로 팔다리와 입 막힌 채 누워있는 한 사람. 동민이다...!

눈물 섞인 얼굴로 해성을 보는 동민. 그런 동민을 놀라 바라보는 해성.

#21. 병문고 교정 (낮)

수돗가에서 얼굴과 교복에 묻은 오물들을 씻고 있는 동민.
잠시 후 해성, 동민에게 손수건을 건네주고.

동민　　...고마워.

해성　　그렇게 당하고 사는 거 안 분하냐?

동민　　분해.

해성　　(보는)

동민　　근데 할 수 있는 게 없잖아. 참고 버티는 수밖엔. ...선생님한텐 말하
　　　　지 말아줘. 나 그럼 더 큰일 나.

해성　　저번에 할머니 신분증 얘기하던데, 태수가 그거 땜에 괴롭히는 거야?

플래시백 1화 48씬

　　　동민　　(잔뜩 주눅 들어) 우리 할머니 민증 어디에 쓸 건데?

　　　해성　　(무슨 소린가 싶은, 사람들 바라보고)

동민　　그것도 있고 여러 가지. 근데 아마 재밌어서일 거야. 부모도 없고 할
　　　　머니랑 같이 사는 기생수한텐... 이래도 된다 하니까.

해성　　(동민의 교복에 묻어있는 오물자국 바라보고)

동민　　잘 썼어. 빨아서 돌려줄게.

수아(E)　동민아.

놀란 얼굴로 두 사람을 향해 다가오는 수아.

수아　　어떻게 된 거야? 조퇴했다더니 전화도 안 받고.

동민	(얼버무리는) 아, 그… 병원 갔다가 다시 왔어요.
수아	선생님한테 말도 없이? 너 옷은 또 왜 그래.
동민	쓰레기 버리다가요. (해성에게) 갈게.
수아	(걸음 옮기는 동민 의심스레 바라보는데)
해성	저도 가보겠습니다.
수아	잠깐 스톱. (해성 째려보는) 따라와. (성큼성큼 앞서 걷는)
해성	(불길한 예감) 괜히 불안하네.

수아를 따라 걸음 옮기는 해성.
그리고 일각, 해성을 보며 서 있는 한 사람. 태수다. 기가 찬 듯 픽 냉소 짓는 태수.

#22. 병문고 학생상담실 (낮)

상담테이블을 사이에 두고 마주 앉아있는 해성과 수아.

수아	(팔짱 낀 채 해성 째려보는)
해성	(이 사람이 왜 이래?)
수아	(그저 지그시 해성 째려보고)
해성	…선생님? 하실 말씀 있으시다고…
수아	너 솔직히 말해. …동민이 괴롭히지.
해성	(가만히 수아 보다가) …아, 머리 아퍼.
수아	(해성 바라보고)
해성	(참자…) 그래요. 아까 상황이 충분히 오해는 가능해요, 근데. 저 아닙니다.
수아	그럼 설명해봐. 조퇴했단 애가 왜 너랑 같이 있고 교복은 또 왜 그런걸까?
해성	(아무 말 않는, 표정)

수아   하, 자식, 말 못 하는 거 보소. 너 내가 술 마실 때부터 알아봤어, 이게
누굴 속이려고...!

하다가 멈칫, 가만히 해성을 보는 수아.

플래시백 2화 1씬
모자와 마스크를 쓴 해성의 모습.

갑자기 수아, 일어서 해성에게 다가간다. 그런 수아를 당황스레 보는
해성.
수아, 마스크를 씌우듯 해성의 하관을 가리는 그때!

해성   (화들짝 놀라 물러서는) 지금 뭐 하시는...?
수아   이리 와봐.
해성   예?
수아   와보라니까?
해성   아니 싫다니까?
수아   아니 잠깐이면 된다니까?
해성   아니 뭔 일인지 말은 해줘야지.
수아   근데 이 시키가 자꾸 말을 놓네? 너 이리 와.

해성에게 다가가는 수아. 그러다 그만 바닥에 깔려있던 케이블 몰딩
에 발이 걸려 해성 쪽으로 넘어지고 만다. 순식간에 얼굴이 닿을 듯
가까워지는 두 사람. 포옹 일보직전의 순간! 빠르게 몸을 돌려 수아를
피하는 해성.
수아는 그대로 철푸덕 바닥에 쓰러지고...

해성   (자기도 놀라 수아 보는)
수아   (벌떡 일어나) 이 시키가 돌았나, 이게! 내가 역병이야, 왜 피해, 왜?!

해성	죄송해요, 반사적으로.
수아	(이걸 확!) 반사는 이걸 확 반사적으로 쳐버릴까 보다.
해성	(움찔하고)
수아	와, 얠 진짜 어떻게 하지? 너 내가 두고 본다. 조용히 다녀라.
해성	그건 누구보다 제가. 그럼.

뒤돌아서는 해성. 이내 표정 안도하며 도망치듯 밖으로 나가고.

#23. 국정원 국내4팀 (낮)

다 먹은 짜장면 그릇들을 정리하는 영훈.
미정은 식탁보 대용으로 테이블 위에 깔아놓은 신문지들을 치우고 있고.
그러다가 미정, 어느 한 신문기사 보곤 고개 갸웃,

미정	팀장님, 이거 좀 봐주셔야 될 거 같은데.

안 팀장과 영훈, 무슨 일인가 싶어 미정이 가리키는 신문기사 보면,
이사장실 책상 의자에 앉아있는 명주의 사진과 함께 기사 헤드라인,
'서명주 이사장, 교육시티 프로젝트는 순항 중'

안팀장	(신문기사 읽는) 대한민국 성주시를 국제 교육 도시로 만들겠다는, 병문재단 서명주 이사장의 초대형 프로젝트.
영훈	초등학교부터 대학원 졸업까지 하나의 코스로 이루어진 엘리트 교육 시스템을 만들겠다는 서명주 이사장. 준공을 앞둔 현재 프로젝트 총 비용은 약 8천억이 예상되는... 8천억? 어디서 많이 들어봤는데?
미정	고종 황제의 금괴. (안 팀장 보는) 현재 가치 8천억이라 하셨죠.
영훈	!! 그럼 뭐야, 금괴를 해외로 밀반출해서 돈세탁을 하고, 그 돈으로 이 프로젝트 비용을 메꾸겠단 거예요?

미정	나라 재산을 자기 돈처럼 이용해서.
안팀장	(표정 심각해져 신문기사 속 명주의 사진 바라보고)

#24. 병문고 이사장실 (낮)

소파 상석에 앉아있는 명주.
양옆으론 재문과 광두, 교무부장과 학생주임 선생님이 앉아있고.

명주	최근 학생들의 온라인 도박 문제가 심각하다 하더군요. 혹시 우리 학교에도 적발된 사례가 있을까요?
광두	(아부) 키야, 역시 이사장님의 학교 사랑, 학생 사랑은... 걱정 붙들어 매십시오, 이사장님. 저 교감 백광두, 교직 인생 전부를 걸고 애들 판치기도 못하게 매의 눈으로 지켜보겠습니다.
재문	교감 선생님은 컴퓨터에 고스톱부터 지우세요.
광두	(민망한) 그건 제가 치매예방 차원에서...
명주	다들 아시겠지만 교육시티 사업 준공이 얼마 안 남았어요. 괜한 불미스러운 일로 재단과 학교 이미지 실추되는 일 없게, 각별히 주의 부탁드립니다.
광두	알겠습니다, 이사장님. 맡겨만 주십시오.

이사장실 일각에 놓여있는 교육시티 모형도.
야심 어린 얼굴로 모형도를 바라보는 명주.

#25. 병문고 학생회실 (낮)

한자리에 모여 회의를 하고 있는 예나와 현준, 유정과 승재, 채린.
각각 앞엔 학생회의 안건이 적힌 서류들이 놓여있고.

예나	(서류 다음 장 넘기는) 다음 안건은 교내 벌점제도.

예나 (서류 다음 장 넘기는) 다음 안건은 교내 벌점제도.

승재 (서류 보곤, 놀란) 벌점을 높인다고?

예나 나한테 뭐라 하지 마, 교무회의에서 내려온 거니까. 교감이 우리보고 정해 보래.

승재 아 놔, 교감 미쳐버리겠네. (예나에게) 이사장님한테 어떻게 안 되냐? 광두 확 잘라달라고.

예나 엄마한테 그랬다간 니가 먼저 잘릴걸?

유정 (골치 아프다는 듯 서류 보는)

예나 항목별로 벌점 몇 점씩 올릴지부터 정해 보자. 일단 지각이랑 무단결석... (하는데)

태수 (안으로 들어와) 미안, 늦었다. (승재 옆자리에 앉는)

유정 (담배 냄새에 코 막는)

승재 아, 담배 냄새, 새끼. 너 담배 끊었다며.

태수 원래 끊었다 폈다 하는 거야. (짜증) 그리고 전학생 때문에.

유정 (태수 보는)

현준 걔가 왜?

태수 애가 좀 웃겨. 주인 허락도 없이 동민이 새끼 풀어주고.

승재 적당히 좀 해라, 그 불쌍한 애. 뭐 어디 가둬 놨었어?

태수 (웃음 터뜨리는) 분리수거장 쓰레기통.

승재 (픽 웃는) 미친놈.

불편한 표정의 유정. 예나와 현준은 언제 끝나나 가만히 태수 바라보고.

태수 (신난) 들어가기 싫다 울고불고 난리를 그냥... 영상 보여줄까?

유정 그렇게까지 해야 됐니?

태수 (서늘한) 뭐라 그랬냐?

유정 (떨리지만) 솔직히 너무하잖아. 아무리 그래도 선이란 게 있는데. 그리고 너 이러는 거 애들 되게 싫어해. 이러다 학생회에 민폐라도 끼치면... (하는데)

태수	얘 이거 골 때리는 년이네? 니가 뭔데 나한테 교훈질이냐?
유정	(보는)
태수	같은 학생회라고 말 섞게 해주니까 뵈는 거 없어? 우리랑 같은 급 된 거 같애? 착각하지 마세요, 넌 그냥 예나 빽으로 들어온 쩌리니까.
현준	태수야, 말이 심하다.
태수	왜, 맞잖아. 작년엔 쭉도 못 쓰고 빌빌대던 은따였는데 예나 땜에 사람 된 거.
유정	(표정)
태수	넌 동민이한테 고마워해야 돼. 걔 아니었으면 너였어.
예나	알았으니까 그만하지? 슬슬 짜증 나는데.
태수	너야말로 애 적당히 커버 쳐. 뭐냐 이게, 학생회 물 다 흐리고.
예나	(냉소) 물은 니가 흐리고 있는 거 같은데. 유정이 말 틀린 거 없어. 유정이한테 사과해.
태수	야!
예나	아버님이 여의도 4선 준비하신다 그랬나? 어제 우리 집에 당 대표님 오셨어. 엄마랑 공천 얘기하는 거 같던데?
태수	…!!
예나	아버님 백수 되면 너도 쩌리야. 그렇게 되기 전에 사과하자.
태수	(주저하다가, 결국) …미안하다.

(경과)
단둘이 앉아있는 예나와 유정.

유정	아깐 고마웠어.
예나	안 그래도 벼르고 있었어. 걔가 어디 보통 쓰레기니?
유정	(동의하듯 웃음 짓는데)
예나	근데 유정아, 다음부턴 나서지 마.
유정	어?
예나	(미소로) 아까 태수 말린 거. 그런 말은 내가 할게, 니가 아니라.

유정   (당황과 민망) 어... 조심할게.

#26. 병문고 해성의 반 (낮)

안으로 들어오는 해성. 문득 보면, 아무도 없는 교실 안,
홀로 앉아 웹소설 설정들을 메모하고 있는 동민이 보이고.

해성   밥 먹으러 안 가냐?
동민   (애써 웃는) 좀 이따가. 친구도 없이 혼자 먹는 거 창피하잖아.
해성   ...좋을 대로.

밖으로 나가다 멈칫, 신경 쓰인다는 듯 동민을 바라보다가... 결국 자
리에 앉는 해성.

동민   (??, 해성 보면)
해성   사람 많은 건 질색이라. 이따 갈 때 깨워. (팔짱 낀 채 눈 감는)
동민   (해성 보다가, 다시 웹소설 작업하는데)
해성   (슬며시 눈 뜨곤, 가볍게) 친구란 거 아무 쓸모없다.
동민   (해성 보는)
해성   애들 지내는 거 우정 영원할 거 같지. 졸업하고 나중 가면 백퍼 연락
        안 해. (비꼬는) 이름이라도 기억하면 다행이다.
동민   (바라보고)
해성   어차피 인생 혼자니까 창피해하지 말란 소리야. 그런 기분 느낄 시간
        에 너 성장기잖아. 밥 한 숟갈이라도 더 먹어.
동민   (조심스레) 혹시 저번 학교에서 친구 없었어?
해성   갑자기 왜?
동민   아니라면 미안. 그냥 좀 외로워 보여서.
해성   (동민 보다가, 피식) 그럴 리가. (눈 감는) 친구가 너무 많아 탈이었습

니다~.

동민   ...저번에 구관은 왜 물어본 거야?

해성   형 잔다.

동민   우리 동갑인데. 혹시 말하는데 들어갈 생각 안 하는 게 좋아. 특히 지
         하는 절대.

해성   (놀라 동민 보는)

동민   내가 가봐서 알거든.

해성   ...!!

동민   궁금하면 말해줄 수도 있는데. 밥 먹으면서.

#27. 병문고 급식실 (낮)

테이블을 사이에 두고 마주 앉아있는 해성과 동민.
각자 앞엔 식판이 놓여있고.

해성   (동민 바라보고 있으면)

동민   (밥 먹다가) 안 먹어?

해성   왔으니까 얘기해봐. 구관에 왜 들어가면 안 되는지.

동민   그 전에 이거 안 먹으면... (반찬 가리키는)

해성   (반찬 몽땅 옮겨다주고)

동민   해성이 넌 전학생이라 잘 모를 거야. ...병문고 구관 괴담.

해성   (??, 동민 보는)

동민   이건 오래전 구관을 교실로 쓸 때, 그때 발레부에서 있었던 일이야.

#28. 과거, 병문고 구관 지하 발레연습실 (밤)

1950년대 발레연습실. 클래식음악에 맞춰 홀로 발레 연습을 하고 있

는 여학생.

동민(E) 발레리나를 꿈꾸며 매일 밤늦게 연습하던 여학생.

어느 순간 여학생, 비명을 지르며 바닥에 쓰러진다.
여학생 토슈즈를 보면, 빨갛게 피가 물들어 있고.
토슈즈에서 유리 조각을 꺼내는 여학생. 그때 문이 열리고, 몇몇 학생
들이 들어온다.
킥킥 웃으며 여학생을 보는 학생들. 두려운 얼굴로 그들을 바라보는
여학생.

동민(E) 여자앤 같은 학교 학생들한테 괴롭힘을 당하고 있었어. 근데 어느 날,

#29. 과거, 거리 (밤)

허겁지겁 도망치는 여학생. 뒤에선 학생들이 여학생을 쫓아오고.
여학생, 도로를 가로질러 달리는 순간! 갑자기 여학생을 덮치는 자동
차 경적 소리!
표정 얼어붙은 여학생의 모습에서. 쾅-!

#30. 과거, 병문고 구관 지하 발레연습실 (낮)

휠체어에 탄 채 자신의 절단된 다리를 바라보는 여학생. 그러다 고개
들어 보면,
연습실 한쪽, 옷걸이에 걸려있는 발레복이 보이고.

동민(E) 모든 꿈을 잃은 여학생이 결국 선택한 건...

발레복을 문고리에 걸어 둥글게 만드는 여학생.

(경과)

발레연습실 반대편 문을 통해 안으로 들어오는 학생들. 문고리에 목을 맨 채 죽어있는 여학생의 시신을 보곤 표정 얼어붙는다.

동민(E) 학생들은 죽은 여학생의 시신을... 구관 어딘가에 숨기기로 했어.

서로를 바라보는 학생들. 이내 급히 여학생의 시신을 수습하기 시작한다.

동민(E) 자신들의 잘못이, 세상에 드러나지 않게.

#31. 과거, 병문고 구관 지하 복도 (밤)

손전등을 비추며 복도를 순찰하고 있는 경비.
그때, 갑자기 어딘가에서 들려오기 시작하는 클래식음악 소리.
발레연습실에서 나는 소리다. 고개 갸웃하며 연습실 문을 여는 경비.

#32. 과거, 병문고 구관 지하 발레연습실 (밤)

안으로 들어오는 경비. 멈칫 보면, 바닥에 엎드린 자세로 누워있는 여학생이 보이고.

경비 학생? 여기서 뭐 해, 집에 가야지.
여학생 아저씨... 저 다리가 없어요.

이제야 보이는 여학생의 하체. 양다리가 없다.

헉 놀라는 경비인데, 순간! 팔꿈치로 다다다닥 바닥을 기어 경비를 덮치는 여학생!

#33. 과거, 병문고 지하 복도 (밤)

아무도 없는 어두운 복도. 그 위로 울려 퍼지는 경비의 비명 소리. 아아아악!

#34. 병문고 급식실 (낮)

해성   (긴장한 채 동민 보는)

동민   그때부터였대. 매일 밤 그 학생이 죽은 시간만 되면... 폐쇄된 연습실에 그 애가 나타난단 소문이 돈 게.

해성   (애써 여유) 얘기 재밌네. 믿으라 한 얘긴 아니길 바래.

시크한 해성의 표정. 테이블 밑에 다리는 달달달 떨리고 있고.

해성   난 그런 거 안 믿어. 요즘 시대가 어느 시댄데... (물 마시는데)

동민   내가 봤어.

해성   !! (푸흡! 마시던 물 뱉곤 놀라 동민 보는)

동민   말했잖아, 구관 들어가 봤다고.

해성   진짜 귀신을 봤다고? 니가?

동민   (해성에게 핸드폰 건네주는)

해성 보면, 구관 1층을 찍고 있는 동영상이다.

#35. 회상, 병문고 구관 1층 (밤)

바싹 긴장한 얼굴로 핸드폰 동영상을 켠 채 걸음 옮기고 있는 동민.
순간 어딘가에서 들려오기 시작하는 클래식음악 소리.
바싹 긴장한 얼굴로 지하로 향하는 계단 바라보는 동민.

#36. 회상, 병문고 구관 지하 복도 (밤)

음산하고 공포스런 분위기 속, 발레연습실 앞에 다다르는 동민.
슬쩍 연습실 문 열어보면, 그 안, 바닥에 상체만 남아있는 누군가의 뒷
모습...!
경악으로 표정 얼어붙는 동민인데, 순간 뚝 멈추는 클래식음악 소리.
서서히 동민을 향해 몸을 돌리기 시작하는 누군가.
더 이상 버티지 못하고 으아아 소리 지르며 도망치는 동민!

#37. 병문고 급식실 (낮)

손으로 입 틀어막은 채 영상을 보는 해성.

동민   장담하는데 잘못 본 게 아니었어. 괴담 속 귀신이 확실해.

너무 놀라 말도 안 나온다. 넋 나간 얼굴로 다시 영상을 보는 해성.
동민이 도망치며 찍은 탓인지 빠르게 흔들리는 영상 속 화면.
어느 순간 해성, 영상을 스톱시킨다. 3초 전으로 리와인드. 영상을 확
대시키면,
발레연습실과 복도 반대 방향 끝, 비밀번호 도어락이 보인다.

해성	(표정 날카로워지는데)
동민	괜찮으면 다른 괴담도 알려줄까? 일명 병문고 4대 괴담.
해성	(보는)
동민	우리 학교엔 괴담이 총 네 개가 있어. 그중 첫 번째가 구관이고 나머지는... (하는데)
윤철(E)	와~ 찐따들 밥 먹는다.

테이블을 향해 다가오는 세 사람. 태수와 윤철, 범식이다.
긴장하는 동민의 표정. 세 사람 바라보는 해성이고.

#38. 병문고 교무실 (낮)

리안, 수아의 옆자리에서 빼꼼 고개 내밀곤,

리안	동민이가?
수아	무슨 일 있는 건 아니겠죠? 설마 학폭이라든가 혹시 학폭이라든가, 만약 학폭이라든가!
준호	누가 동민이를요? (번뜩) 전학생이?
수아	아무래도 지금까지는요. 아, 근데 표정 보면 또 아닌 거 같기도 하고.
리안	모르겠음 일단 지켜봐. 기회 있을 때 동민이랑 얘기 한번 해보고.

#39. 병문고 급식실 (낮)

태수	(동민의 식판 밥에 가래침 뱉는) 입맛 없어 보여 꿀 탔다. 먹어.
동민	(표정)
해성	(태수 노려보고)
윤철	와, 미친. 완전 밥도둑.

범식　(학생들에게) 눈 깔고 핸드폰 집어넣어라.

해성, 주변 둘러보면, 모른 척 고개 숙이고 시선 피하는 학생들의 모습...

태수　(동민 어깨동무하며, 능글) 그러게, 동민아. 왜 주인 허락도 없이 쳐 나와서 이런 수모 당해. (해성 보는) 친구 생겼다 막 나가는 거야?

해성　(태수 바라보고)

태수　(슬슬 정색) 우리 동민이 숟가락 들자. 안 그럼 니 바지 벗긴다.

결국 동민, 숟가락으로 밥을 푼다. 밥을 입에 가져가는 순간!

해성　먹지 마.

동민　(멈칫)

윤철　(놀란) 너 뭐라 그랬냐?

해성　계속 보는데 너무 심하네. (태수 보는) 역하다고, 니들.

태수　(피식) 이 새끼 미쳤네. 다시 말해 봐.

해성　(동민 보면)

동민　(불안에 떨며 하지 마라 고갯짓)

태수　다시 말해보라니까? 뭐라 그랬냐고, 새끼야.

해성　(꾸욱 화 참곤) ...미안. 내가 좀 예민했다.

태수　(해성 노려보는)

해성　잘못했고 사과할게. 앞으로 이런 일 없게 할 테니까...

하는 그때, 확 해성의 식판을 테이블 밖으로 던지는 태수.
우당탕 소리에 일제히 해성과 태수를 바라보는 학생들.
핸드폰을 든 호진은 몰래 SNS 라이브 동영상으로 해성을 찍기 시작한다.
마침 급식실 안으로 들어오던 예나와 유정, 현준과 승재도 두 사람을
바라보고.

#40. 병문고 교무실 (낮)

황급히 안으로 뛰어 들어오는 수진.

수진   (수아에게) 샘! 큰일 났어요!

#41. 병문고 급식실 (낮)

태수   (해성에게 다가가) 이름이 정해성이었나?
해성   (난감해졌다 싶고)
태수   (해성의 멱살 잡고 일으켜 세우는) 나와.
해성   이러지 말자. 일단 놓고 나 싸우면 안 되니까... (하는데)
태수   근데 이 새끼가!

기습적으로 해성에게 주먹을 날리는 태수.
그러자 해성, 순간적으로 태수의 주먹을 붙잡는다.
!! 흠칫 놀라 그 모습 보는 윤철과 범식, 동민, 급식실 안 학생들.

해성   이러지 말자 했지.
태수   놔. 놔 이 새끼야! (다른 한 손으로 해성에게 주먹 날리는데)

빠르게 태수의 팔을 꺾어 테이블에 쾅! 태수를 누르며 제압하는 해성.

해성   애들 본다. 진짜 그만하자.
태수   (해성 뿌리치며) 개새끼가! (다시 해성에게 주먹 날리는데)

해성, 가볍게 태수의 공격을 피하곤 퍽! 태수의 복부를 가격한다.
!! 고통에 무릎 꿇는 태수. 숨도 못 쉬고 컥컥댄다.

세상에... 벙찐 얼굴로 해성을 보는 윤철과 범식, 동민과 학생들.
힘겹게 일어서는 태수. 서 있던 학생의 식판을 뺏어들곤 해성에게 덤
벼드는 그때,

수아   둘 다 그만!

수아, 화난 얼굴로 두 사람에게 다가와,

수아   둘이 뭐 하는 거야? 선생님 따라와.
태수   (해성 노려보다가, 밖으로 나가는)

작게 한숨 내쉬곤 밖으로 걸음 옮기는 해성.
그런 해성을 정적 속에서 바라보는 학생들. 이윽고 해성이 나가면, 갑
자기 둑 터진 듯 웅성이기 시작한다.

호진   (핸드폰 보며) 조회수 대박, 미친. (맞은편 앉아있는 수진과 채린에게)
         니들 전학생 눈독 들이지 마라. 내가 팬 1호다.
수진   상관없어, 난 여친 1호니까.
채린   난 여친 0호.

급식실 한쪽, 서 있는 예나와 유정, 현준과 승재.

승재   와우, 나 박태수 발린 거 처음 봄.
현준   당분간 시끄러워지겠다.
예나   (해성이 나간 쪽 보는) 애가 재밌네. 밥 먹자. (걸음 옮기는)
유정   (걱정스레 해성이 나간 쪽 바라보고)

#42. 병문고 학생상담실 (낮)

상담테이블 자리에 앉아 유정에게 온 문자를 보고 있는 해성. 옆엔 태수가 앉아있고.

'오빠 붕어야?', '무슨 반나절도 안 돼 사고를 쳐?!'

태수	니가 무슨 짓 했는지 아직 감 안 오지.
해성	(핸드폰 품에 넣는)
태수	너 사람 잘못 건드렸어. 내가 뼈저리게 후회하게 해줄게.

벌컥 문 열리고, 안으로 들어오는 광두.

광두	박태수. 여기서 뭐 해, 얼른 나와.
태수	잘 지내보자. (웃으며 밖으로 나가는)
광두	(해성에게) 너는 벌써부터 애들한테 쌈박질 걸고... 나중에 뭐 될까 참 궁금하다. (문 닫고 나가는)
해성	...이놈의 학교는 변한 게 없네.

잠시 후 문 열리고, 안으로 들어오는 수아.

수아	왜 혼자야? 박태수는.
해성	교감 선생님이요.
수아	(어떤 상황인지 알겠다, 작게 한숨 내쉬곤 맞은편에 앉는) ...태수랑은 왜 싸운 거야?
해성	그쪽이 시비를 걸었으니까요.
수아	태수가 왜. 너랑 태수랑 부딪힐 게 뭐 있다고.
해성	(보는)
수아	애들 앞에서 멱살 잡고 싸우고 너 이거 그냥 못 넘어가. 그니까 대답해. 둘이 왜 싸웠어.
해성	(바라보고)
수아	시비가 붙었으면 선생님을 부르던가. 너 무슨 깡패니? 양아치야? 대

체 전학 온 지 얼마나 됐다고 벌써부터 애들이랑... (하는데)

해성　　정말 아무것도 모르시네.

수아　　뭐?

해성　　눈치가 없는 건지, 모르는 척하는 건지. 반에 관심 있긴 하세요?

수아　　(바라보고)

해성　　태수가 연기 잘 했구나 생각하겠습니다. (수아 보는) 모른 척 한 거면 너무 실망스러우니까.

수아　　(해성 보는, 표정)

해성　　전 더 드릴 말씀 없습니다. 이제부턴 선생님이 하세요. (나가는)

수아　　(당황스럽고)

#43. 병문고 운동장 스탠드 (저녁)

빵과 우유 든 채 스탠드에 앉는 해성. 잘 뜯기지 않는 빵 봉지를 힘주어 당긴다.
어느 순간 봉지 팍! 열면, 반동으로 튕겨나가 바닥에 떨어지는 빵...
가만히 빵 바라보는 해성. 그때 해성에게 새 빵을 건네주는 누군가.
동민이다.

동민　　내 꺼 사면서 샀어. 나 때문에 밥 못 먹었잖아.

해성　　(빵 받는) 잘 먹을게.

동민　　(옆자리에 앉아) 선생님은 뭐라서?

해성　　그냥 이런저런. 싸우지 말라 뻔한 얘기들.

동민　　미안해. 괜히 나 때문에.

해성　　니가 미안할 게 뭐 있냐. 정작 사과할 놈들은 따로 있는데. (번뜩) 그리고 미리 말하는데 오해하지 마라. 개인적으로 그런 애들이 싫은 거지 너 도와준 거 아니다.

동민　　(다 안다는 듯 미소) 오해 안 할게. 근데 저번에 윤철이가 때릴 땐 왜 가만있었어?

해성 뭐라 그러더라? 힘을 숨긴...

동민 힘순찐?

해성 어, 그거. 그런 거야.

그렇구나... 고개 끄덕이곤 자신의 빵 먹기 시작하는 동민. 그러다 목
막힌 듯 가슴 쿵쿵 때리면, 해성, 슬쩍 자신의 우유를 건네주고...
나란히 앉아 빵과 우유를 먹는 해성과 동민.
노을 속 두 사람의 모습에서.

#44. 수아모의 가게 (밤)

홀로 테이블에 앉아 소주를 마시고 있는 수아.

플래시백 2화 42씬

해성   눈치가 없는 건지, 모르는 척하는 건지. 반에 관심 있긴 하세요?

수아 문제아 주제에 지가 뭘 안다고. 내가 반에 관심이 없긴 왜 없어. 나도
내가 우리 애들 챙기고 싶어서 정교사 되겠다는 거잖아, 그래서 손발
다 닳도록 알타리 무한테 지금, (버럭 성질) 아오, 아까 이 말 했어야
했는데 왜 이제 떠오르고 오수아 이 멍청한 기집애...!

수아모 (이상하게 수아를 보는 손님들에게) 죄송해요, 좀 아픈 애라.

수아 하여튼 싹퉁바지 없는 시키. 두고 봐, 정해성. 없애버릴 거야.

수아모 (수아에게 다가와) 원래 거기선 부서버릴 거야 아니냐?

수아 그거나 그거나. (자기 잔에 술 따르는, 탄식) 학생한테 야지나 먹고 내
인생도 참 개탄스럽다.

수아모 그대가 선택한 길입니다, 버티세요. 너 초임 때 학생 누구야, 민지?

수아 (표정 쓸쓸해지는)

수아모	걔 때문에라도 정교사 꼭 되겠다며. 걔한테 못해준 거 다른 애들한텐 해주고 싶다고.
수아	(아픈 미소) 내가 그런 얘기까지 했어?
수아모	술 먹고 펑펑 울면서. 적당히 마시고 들어가. (자리 옮기는)
수아	(무거운 얼굴로 소주 마시는)

#45. 국정원 국내4팀 (밤)

테이블에 모여 컵라면을 먹고 있는 안 팀장과 미정, 영훈.

영훈	근데 팀장님, 정 선배 괜찮겠죠?
안팀장	너 또 교복 입고 싶다 그딴 소리 해봐. 가뜩이나 인력 없어 죽겠는데. (말하다 보니 화나고) 그리고 너는 액면가가 임마, 뭔 학생주임처럼 생겨가지고.
영훈	(뜨끔하지만) 난 그런 게 아니라 진심으로 걱정돼서~. 정 선배 뭔가 불같은 구석 있잖아요, 사고 칠까 봐~.
안팀장	딴 사람 다 걱정해도 해성인 걱정하지 마. 걔는 누구보다 내가 알아.
미정	함께 지낸 시간이 길다 들었습니다. 선배 어렸을 때부터 알고 지낸 사이라고.
안팀장	(흐뭇한 미소) 시간 참 빨라. 그 쪼그맣던 애가 벌써 이렇게. 여하튼 걘 절대 함부로 사고 칠 애 아니야. 난 해성이 믿어.

훈훈하고 따뜻한 분위기 속, 서로를 보며 신뢰의 눈빛 보내는 세 사람인데,
그때 벌컥! 문 열고 안으로 들어오는 김 국장과 공 팀장.

김국장	야, 안석호!
안팀장	(벌떡 일어나, 당황) 국장님, 무슨 일로?

공팀장 직접 보시죠. (핸드폰 보여주는)

핸드폰을 보는 안 팀장과 미정, 영훈. 이내 표정 헉! 해성이 태수의 복부를 때려 무릎 꿇리는 영상이다...!

#46. 구 사장의 사무실 (밤)

컴퓨터들이 죽 설치되어 있는, 불법도박사이트 운영 사무실.
지폐계수기에 5만 원 지폐들을 넣는 부하들. 몇몇은 백 장 단위로 지폐들을 묶고 있다.
소파에 앉아 김치찌개 백반을 먹고 있는 구 사장. 맞은편엔 태수가 앉아있고.

구사장 (웃으며) 이야, 전학생 멋있다. 딴 사람도 아니고 태수 너를.
태수 나 웃을 기분 아니다. 아, 그 새끼 어떻게 조지지?
구사장 (자기 잔에 소주 따르며) 우리 태수 그런 거 또 못 참잖아. 어떻게, 형이 한번 도와줘?
태수 됐어, 사이즈도 안 나오는 새끼 뭘 형까지.
구사장 니가 그렇다면. (슬며시) 근데 너 돈은 언제 갚을 거냐?
  (슬쩍) 갚기 뭐하면 저번처럼 민중이라도 갖고 오든가.
태수 (짜증) 누가 떼어먹는대? 안 그래도 노인네 꺼 하나 작업 중이니까 기다려.

#47. 골프연습장 주차장 (밤)

멈춰 서는 해성의 차. 정장 차림으로 차에서 내리는 해성.

#48. 골프연습장 (밤)

안으로 들어오는 해성.
저쪽, 스윙 연습 중인 김 국장이 보인다. 김 국장의 근처엔 안 팀장이
서 있고.
김 국장을 향해 걸음 옮기는 해성.

#49. 동민의 집 앞 (밤)

떵동- 빌라 반지하 현관벨을 누르는 누군가.
"누구세요?" 동민의 할머니 현관문을 열면, 서 있는 한 사람. 태수다.

태수	안녕하세요, 할머니. 저 동민이 친구 해성인데요.
할머니	동민이 친구가 이 시간에 무슨 일로? 동민이 일하러 갔는데.
태수	다름이 아니라 동민이 부탁 때문에요.
할머니	부탁?
태수	얘기 못 들으셨구나... 이번에 동민이 학교에서 격려 장학금 받거든요. 근데 그게 받으려면 할머니 신분증 꼭 필요하다고, 저보고 대신 받아 달라 하더라고요.
할머니	아이고, 그런 고마운 일이... 잠깐만. (방 안에서 신분증 찾아 헤매는)

태수, 그런 할머니를 보며 입가에 비웃음 짓고.
이윽고 할머니, 동민과 함께 찍은 작은 사진액자 근처에서 신분증 발
견하곤,

할머니	어, 여기 있다. (신분증 들고 와) 이거면 돼?
태수	(신분증 건네받곤) 고맙습니다, 할머니. 건강하세요. (걸음 옮기는)
할머니	조심히 가요. (흐뭇이 웃음 짓고)

#50. 골프연습장 (밤)

김국장	너 나오는 영상 봤어. 대체 뭔 짓을 하고 다니는 거야?
해성	(아무 말 못 하고)
김국장	안 팀장이 주의 안 준 거야? 임무에 방해되니까 학교는 조용히 다니라고.
해성	죄송합니다.
김국장	간단하게 말할게, 정해성 요원. 한 번만 더 이런 일이 있을 시 그 즉시 작전은 중단. 넌 국보급 국가유산 파손 혐의로 검찰 수사를 받게 될 거야. 당연히 국정원 신분증은 반납해야 될 거고... (안 팀장에게) 니네 팀도 끝장나겠다.
해성	...!!
김국장	너 아버지 따라 국정원 요원 된 거라며.
해성	(김 국장 보는)
안팀장	(해성 바라보고)
김국장	나중에 아버지 찾으면 뭐라 그러게. 작전 중 일 못해서 짤렸다 그러게?
해성	(아무 말 못 하는, 표정)
김국장	그건 좀 쪽팔리지 않겠냐? 가봐. (자세 잡곤) 아, 내일 중요한 라운딩 있는데. (헛스윙) 왜 이렇게 또 공이 안 맞아.

#51. 골프연습장 주차장 (밤)

밖으로 걸어 나오는 해성과 안 팀장.

안팀장	말씀을 하셔도 꼭 저렇게... 니 아버지 얘기 신경 쓰지 마. 앞으로 신중하게 잘하면 돼.
해성	부탁한 건요?
안팀장	(카드 스타일의 도어락 해제기 건네주는) 시중에 있는 도어락들 웬만하면 다 열 수 있는 거. 문 너머에 창고 있을 확률 크다며. 오늘 작전

마무리 짓자.

힘내라는 듯 해성의 어깨 툭툭 쳐주곤 걸음 옮기는 안 팀장.
가라앉은 얼굴 표정의 해성.

#52. 해성의 차 안 (밤)

도로를 달리고 있는 해성의 차. 생각에 잠긴 얼굴로 운전 중인 해성.

#53. 회상, 해성의 집 거실 (낮)

카네이션을 가슴에 달고 있는 해성부와 어린 자신의 모습.

어린해성 (어린이용 캐릭터 시계 들어 보이는) 짠! 아빠 어버이날 선물.
해성부 뭐야, 이게?
어린해성 보면 몰라, 시계잖아. (아빠의 손목에 시계 차주는) 아빠 맨날 나랑 약
속 까먹고 시간 안 지켜서 주는 거니까 꼭 차고 다녀.
해성부 이야, 멋있는데? 아빠 평생 차고 다녀야겠다. (아들의 머리 쓰다듬는)
어린해성 근데 아빠, 나 직업체험 숙제해야 되는데 아빠 공무원이랬잖아. 아빠
무슨 일 하는지 뭐라 써야 돼?
해성부 글쎄? 나침반 같은 일?
어린해성 나침반?
해성부 나라의 번영과 미래를 제시하는 이름 없는 나침반. 음지에서 일하고
양지를 지향하며, 국가와 국민의 안위를 위해 충성과 헌신을 다한다.
어린해성 (뭔 소린지 모르겠지만) ...그렇구나. 나도 그거 할래. 아빠랑 같이.
해성부 자식이 아빠처럼 되는 게 쉬운 줄 아나. 너 그럼 공부 열심히 해야 돼.
지금처럼 받아쓰기 하나 맞고 그럼 안 돼.

어린해성　(진지한) 몇 개 맞아야 되는데?

해성부　다 맞아야지. 올백.

어린해성　(진지한) 쉽지 않은데.

해성부　뭐? 너 이리 와, 혼나야겠어.

서로 장난치며 행복한 웃음 짓는 어린해성과 해성부.

#54. 회상, 해성의 집 안방 (밤)

시무룩한 얼굴로 아빠의 국정원 신분증을 보고 있는 어린해성.
해성부의 사진과 함께 이름, **'정재현'**

해성부　(거울 보며 양복을 입고 있으면)

어린해성　지금 가면 언제 와? 나 내일 생일인데.

해성부　아빠가 잊어 먹었을까 봐? 갔다 와서 깨울 테니까 우리 아들 좋아하는
　　　　천문대가자.

어린해성　이번엔 꼭 약속 지켜. 안 그럼 나 아빠랑 다신 말 안 할 거야.

해성부　(새끼손가락 내미는) 약속.

해맑게 웃음 지으며 아빠와 약속하는 어린해성.

#55. 회상, 해성의 집 밖 (밤)

대문을 나와 걸음 옮기는 해성부. 그때,

어린해성　(대문 밖으로 나와) 아빠! 이거 가져가야지. 아빠 수첩.

아버지에게 스티커가 붙어있는 낡은 수첩을 건네는 어린해성.
고맙다는 듯 미소로 어린해성의 머리 쓰다듬는 해성부. 걸음을 옮긴다.
어느 순간, 뒤돌아 아들을 보며 손을 흔든다.
웃으며 손 흔드는 어린해성. 대문이 닫힌다.

#56. 회상, 해성의 집 거실 (아침)

잠에서 깬 듯 눈 비비며 거실로 나오는 어린해성.

어린해성 (아무도 없는 걸 보곤) 하여튼 이 아빠, 말을 지키는 날이 없어요.

(경과)
식탁에 앉아 콩밥에 콩들 골라내고 있는 어린해성.
문득 벽시계를 보면, 이미 오후를 가리키고 있는 시계.
고개 절레절레 저으며 밥 먹는 어린해성.

(경과)
밤. 초코파이에 꽂혀있는 생일 촛불.
소원 빌듯 기도하곤 후-, 촛불을 끄는 어린해성.
혼자서 "와아아" 박수 치다가 멈칫, 벽시계를 본다. 11시가 넘었다.
거실 전화기로 아빠에게 핸드폰 전화를 거는 어린해성.
"고객님의 전화기가 꺼져 있어 소리샘으로..."
무슨 일 있나? 불안함 느끼는 어린해성의 표정.

(경과)
새벽. 소파에 잠든 채 누워있는 어린해성. 어느 순간, 밖에서 들려오는 덜컹 소리.

어린해성　(벌떡 몸 일으키는) 아빠?

어린해성, 밖으로 나가 대문을 열면, 신문 하나 덩그러니 놓여있고.

#57. 회상, 해성의 집 밖 (아침)

신문을 든 채 밖으로 나오는 어린해성. 애타게 주위를 둘러본다. 아무
도 없다.
사람 하나 없는 텅 빈 골목, 홀로 서 있는 어린해성의 모습에서.

#58. 해성의 차 안 (밤)

결연한 얼굴로 꾸욱 액셀을 밟는 해성. 부아앙 빠르게 달려 나가는 차.

#59. 당구장 (밤)

카운터에 배달음식을 올려놓는 동민.

동민　맛있게 드세요. (밖으로 나가는)

#60. 병문고 밖 일각 (밤)

건물에서 나오는 동민. 오토바이 시동을 걸려다 멈칫,
도로 맞은편을 보면, 학교 담을 따라 걸음 옮기고 있는 해성이 보이고.
검은 옷과 모자 차림의 해성. 그런 해성을 보며 고개 갸웃하는 동민.

#61. 병문고 밖 일각-2 (밤)

홀쩍 담을 넘어 학교 안으로 들어가는 해성.
잠시 후 모퉁이에서 모습을 드러내는 동민. 의문스런 얼굴로 학교 담을 바라보고.

#62. 병문고 구관 앞 (밤)

마스크 쓴 채 현관문 앞에 서는 해성. 열쇠 따는 도구로 잠겨있는 자물쇠를 푼다.
현관문 열고 안으로 들어가려 하는 그때,

동민(E)   해성아.

!! 해성 돌아보면, 민망한 듯 웃음 지으며 서 있는 동민.

동민   여기서 뭐 해?
해성   (마스크 벗곤) 넌 뭐 하는데.
동민   난 아까 알바 하다가 너 보고. 담은 왜 넘은 거야?
해성   (뭐라 말해야 할지 난감한데)
동민   너 설마... 그거 때문이야?
해성   ...!!
동민   (해성의 표정 보곤) 맞구나. 그거 땜에 온 거였어. ...구관 괴담.
해성   ...어?
동민   (깨달음 얼굴 고개 끄덕끄덕) 그래서 몰래 들어온 거구나... 출입금지 구역 갈 건데 방명록에 이름 남기면 안 되니까.
해성   어... 비슷해.
동민   나도 같이 들어가면 안 될까?

해성   (정색) 안 돼.

동민   (멈칫, 해성 보는)

해성   어렵게 들어온 학교잖아. 여기 있다 징계 먹으면 너만 손해고 할머니 슬퍼하실 거야. 이만하고 들어가. (현관문 열고 안으로 들어가는)

동민   (입 비죽) 지는 뭐 징계 안 먹나. (잠시 있다가, 결심한 듯 들어가는)

#63. 병문고 구관 1층 (밤)

해성   (걸음 옮기다 멈칫, 뒤따라온 동민 보곤) 난 가라 말했다.

동민   너 따라온 거 아닌데? 나 내 갈 길 가는 건데?

해성   얘 은근히 고집 있네? 됐으니까 내일 와, 내일. 다음에 니 길 걸어.

동민   잠깐. ...이 소리 들려?

       갑자기 어딘가에서 들려오기 시작하는 클래식음악 소리.
       !! 해성과 동민, 바싹 긴장한 얼굴로 지하로 향하는 계단 바라보고.

#64. 병문고 구관 지하 복도 (밤)

       발레연습실을 향해 걸음 옮기는 동민과, 그 뒤를 바싹 따라붙어 가는 해성.
       어느 순간 뚝, 클래식음악 소리가 멈춘다. 뭐지 싶어 서로를 보는 해성과 동민인데,
       갑자기 탕! 복도에 울려 퍼지는 누군가의 망치질 소리...!

#65. 병문고 구관 지하 발레연습실 (밤)

조심스레 발레연습실 문을 여는 해성과 동민.
두 사람 안을 보면, 나무 바닥을 향해 망치질을 하고 있는 남자의 뒷모습이 보이고...!
(추리닝과 모자를 쓰고 있는 김 씨. 얼굴은 보이지 않는다)

동민   ...!!
해성   (긴장해 남자 바라보는데)

순간 멈칫, 망치질을 멈추고 몸을 일으키는 남자. 그런 남자를 노려보는 해성.
긴장감 도는 정적 이후, 갑자기 남자, 해성과 동민의 근처에 망치를 던진다!
두 사람이 움찔하는 사이, 재빨리 반대편 문을 통해 복도로 달려 나가는 남자. 그 뒤를 쫓아 달려가는 해성!

#66. 병문고 구관 계단 (밤)

계단을 달려 올라가는 남자. 해성 또한 남자를 쫓아 계단을 올라가고.

#67. 병문고 구관 1층 복도 (밤)

계단에서 올라와 복도를 달려 나가는 남자. 그 뒤를 쫓아 달려가는 해성.
어느 순간 남자, 복도 모퉁이를 돌며 해성의 시야에서 사라진다.
호흡 가다듬곤 하나하나 교실 안을 확인해 나가는 해성.
하지만 남자의 모습은 어디에도 보이지 않는다.
이제 남은 교실은 하나. 복도 끝에 위치한 마지막 교실 팻말을 보는 해성.

#68. 병문고 구관 1층 교실 (밤)

한쪽 벽 일부분이 검은 천으로 가리어진 교실.
문가에 서서 안을 바라보는 해성. 하지만 남자의 모습은 보이지 않는다.
이게 어떻게 된 건가 싶은 해성인데, 그 순간 눈에 띄는, 문가 한쪽 무
릎 높이 정도에 작게 튀어나와 있는 못. 찢어진 추리닝 조각이 걸려있다.
추리닝 조각에 묻어있는 작은 혈흔. 바라보는 해성의 표정.

#69. 병문고 구관 지하 복도 (밤)

계단을 내려와 지하 복도에 서는 해성. 잠시 발레연습실을 바라보다
가, 반대편 도어락이 설치된 문을 향해 걸음 옮긴다.
도어락에 다가가 해제기를 갖다 대는 해성. 철컥, 문의 잠금이 풀린다.
짧게 심호흡, 문을 열고 안으로 들어가는 해성.

#70. 병문고 구관 지하 방 안 (밤)

안으로 들어오는 해성. 눈앞에 펼쳐진 광경을 보곤 표정 멈칫,
잠시 당황스레 서 있다가, 무선 이어폰을 누른다.

해성   정해성입니다. 아무래도 이 작전... 좀 더 걸릴 거 같습니다.
안팀장(E) 무슨 말이야?
해성   제 생각엔 이사장도... 금괴를 찾고 있는 거 같아요.

이제야 보이는 방 안 풍경. 초대 이사장 서병문과 고종 황제의 금괴에
대한 자료,
신문 스크랩 등이 한쪽 벽면을 가득 채우고 있다.

#71. 몽타주

/ 병문고 구관 지하 발레연습실 (밤)

망치를 주워 드는 동민. 방금까지 남자가 망치질하던 나무 바닥을 바라보고.

/ 병문고 구관 지하 방 안 (밤)

천천히 방 안을 둘러보는 해성의 모습.

/ 병문고 구관 지하 발레연습실 (밤)

망치를 이용해 나무 바닥에 박힌 못들을 뜯어내기 시작하는 동민.

/ 병문고 구관 지하 방 안 (밤)

핸드폰으로 자료들을 사진 찍는 해성.

/ 병문고 구관 지하 발레연습실 (밤)

이윽고 나무 바닥을 뜯어낸 동민. 바닥 아래 무언가를 보고 표정 얼어붙는다.

#72. 병문고 구관 지하 복도 (밤)

걸음 옮겨 발레연습실 앞에 서는 해성.
연습실 안 보면, 바닥을 내려다보며 서 있는 동민의 뒷모습.

해성 이동민. 가자.

얼어붙은 듯 움직이지 않는 동민. 그런 동민을 의아하게 보는 해성.

#73. 병문고 구관 지하 발레연습실 (밤)

해성   (동민에게 다가가) 나가자. 더 있으면 위험해.
동민   (떨리는 얼굴로 바닥만 바라보고)

동민의 시선을 따라 바닥을 보는 해성. 확 표정 얼어붙는다. 그 위로

동민(E) 그때부터였대.

플래시백 2화 30씬
휠체어에 탄 채 자신의 절단된 다리를 바라보는 여학생.

해성을 보는 동민의 표정. 그 위로

동민(E) 매일 밤 그 학생이 죽은 시간만 되면... 폐쇄된 연습실에 그 애가 나타
        난단 소문이 돈 게.

플래시백 2화 32씬
경비   학생? 여기서 뭐 해, 집에 가야지.
여학생   아저씨... 저 다리가 없어요.

뜯어낸 나무 바닥 아래, 무언가가 묻혀있다.
50년대 병문고 여학생 교복을 입고 있는, 양다리가 없는 백골시신이다...!
백골시신 근처엔 학생이 목을 매달 때 쓴 듯, 둥그렇게 말린 발레복과
토슈즈가 놓여있고...!

동민   ... 진짜였어. 우리 학교 괴담.

백골시신 바라보는 해성의 모습에서...!!

#74. 에필로그, 병문고 이사장실 (낮)

'병문고 심화반 학생 명단'을 보고 있는 명주. 책상 맞은편엔 재문이
서 있다.
명주, 펜으로 심화반 학생들의 석차 위에서부터 쭉 내리다가, 가운데
에서 멈칫, 체크.

명주   이 아이까지. (서류 재문에게 주는) 따로 모아 특별반 만드는 걸로.

재문   (우려스러운) 이미 있는 심화반을 다시 나누시겠다는...?

명주   할 수 있는 최상의 스터디 공간 제공해주세요. 특별활동 지원이랑 진
학컨설팅 준비해주시고. 심화반이랑 차별되게.

재문   이사장님, 학교 정책에 학생들의 불만이 늘어나고 있습니다. 특히 상
위 10프로 심화반에 들지 못한 학생들 사이에서요.

명주   자기들이 경쟁에서 이길 생각은 안 하고. 하긴, 그러니까 90프로겠지.

재문   이런 상황에서 반을 나누는 건 불만을 더 커지게 할 우려가 있습니다.
재고해 보심이 어떨지.

명주   미국에서 흑인 노예제도가 성행했을 때, 하도 노예들이 주인들을 죽
이고 도망가니 누가 이런 책을 냈다더군요. '노예를 만드는 법'.

재문   (보는)

명주   책의 내용은 간단해요. 밭일, 집안일, 사무적 업무, 집사. 노예들 간 다
양하게 계층을 만들고, 계층 간 차이를 명확히 하고 차별대우를 해라.
필드 노예에겐 집사가 될 수 있단 희망을 심어주고, 집사한텐 대우를
해주며 필드 노예를 깔보게 해라.

재문   노예들 간에 분란을 일으켜서...

명주   그들의 불만이 옆을 향하게 하라. (정리하듯) 90프로 애들 나누세요.
심화반이랑 비슷한 이름 붙여 30프로 세 개씩.

재문   알겠습니다. 그리고 구관 카메라 세팅 끝냈습니다.

명주, 마우스 클릭하면, 모니터, 구관 지하 방 안을 찍고 있는 CCTV

영상이 나온다.

지금은 아무도 없는 CCTV 영상 속 방 안. 이내 화면 하단 타임코드 빠르게 지나가기 시작하더니(시간 경과의 느낌), 잠시 후 안으로 들어오는 한 사람. 해성이다...!

#75. 에필로그, 병문고 구관 지하 방 안 (밤)

2화 71씬 연결

핸드폰으로 자료들을 사진 찍는 해성.

그리고 보이는 방 안 물건들 사이... 붉게 점멸하며 해성을 찍고 있는 작은 카메라.

#76. 에필로그, 병문고 이사장실 (밤)

컴퓨터 모니터로 해성을 바라보며 앉아있는 명주.

명주, 해성을 바라보며 의미심장한 미소 짓는 데서.

- 2화 끝 -

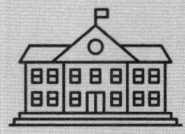

3화
괴담에 관심이 많았나 봐요?

#1. 병문고 구관 지하 발레연습실 (밤)

백골시신을 바라보며 서 있는 해성과 동민.

동민   나 일단, 일단 경찰에 신고할게.

떨리는 손으로 품에서 핸드폰 꺼내는 동민.
얼어붙은 채 백골시신을 바라보는 해성. 그러다 표정 멈칫,
토슈즈 안에 들어있는 무언가를 본다. 오래된 구식 열쇠(괘종시계를
여는 열쇠)다.
해성, 열쇠를 품에 챙긴다. 손가락으로 백골의 촉감을 확인해본다. 뭔
가 이상하다.

해성   신고하지 마.
동민   ('112'번호 누르다 멈칫, 해성 보는)
해성   사람 뼈 아니야. 모형이야.

핸드폰으로 백골 모형과 교복, 발레복과 토슈즈를 사진 찍는 해성.

해성 핸드폰 품에 넣으면, 잠시 후 확 그들을 덮치는 플래시라이트.
해성과 동민 뒤돌아보면, 문가에 서 있는 한 사람. 재문이다.

재문   문이 열려있기에 와 봤더니만, 학생들이 무슨 일이지?
동민   교장 선생님.

재문에게 묵례하는 해성과 동민.
둘에게 다가와 나무 바닥 아래 백골 모형을 보는 재문. 표정 멈칫 심각해지는데,

해성   백골 모형입니다. 동민이랑 같이 괴담 확인하러 왔다 발견했습니다.
재문   (처음 듣는 얘기다) 괴담?
해성   구관 괴담이요. 발레실에 나타난다는...
재문   누가 이런 짓을 했는진?
동민   사실 저희가 들어왔을 때... (하는데)
해성   (손가락으로 툭 동민의 손등 건들며) 모르겠습니다.
동민   (??, 해성 보는)
해성   허락 없이 들어온 점 죄송합니다. 반성하겠습니다.
재문   ...앞으론 주의해. (플래시라이트로 나가라 손짓)

꾸벅 인사 후 동민을 데리고 나가는 해성.
재문, 잠시 백골 모형을 바라보다가, 어딘가 핸드폰 전화를 건다.

재문   박재문입니다, 이사장님. 드릴 말씀이 있습니다.

#2. 병문고 구관 밖 (밤)

밖으로 걸어 나오는 해성과 동민.

동민	방금 왜 말 못 하게 한 거야? 우리 말고 한 명 더 있었다는 거.
해성	정확히 누군지도 모르니까. 말했다간 일만 커질 거 같고.
동민	니가 봤을 땐 누구인 거 같애?
해성	두고 보면 알겠지. (뒤돌아 구관 바라보고)

#3. 명주의 집 전경 (밤)

고급 주택가 사이 위치한, 깔끔하고 커다란 주택.

#4. 명주의 집 서재 (밤)

컴퓨터 모니터로 구관 지하 방 안 CCTV 속 해성을 보고 있는 명주.
앞엔 재문이 서 있고.

명주	금괴를 찾으러 왔다가 백골 모형을 발견했다... (재문 보는) 괴담을 확인하러 간 거라고요.
재문	그 과정에서 백골 모형을 발견했다 합니다.
명주	(피식) 재밌네요. 꿈에도 생각 못 했어. 역시 학교를 제일 잘 아는 건 학생이라니까.
재문	이번 일은 어떻게 마무리 지을까요.
명주	일단 두고 보는 걸로 하죠. 뜻밖의 방법으로 일이 풀릴 수도 있으니까.
재문	(보는)
명주	학교 괴담이라... 하여튼 독특한 양반이야.

차를 마시는 명주. 의미심장한 얼굴로 벽에 걸려있는 서병문의 초상화 바라보고.

#5. 국정원 국내4팀 (밤)

테이블에 모여 앉아있는 안 팀장과 미정, 영훈.
벽면 스크린 앞엔 해성이 서 있고.

해성   1950년대 병문고 교복, 발레연습실, 그리고 발레복과 양다리 없는 백골 모형. 구관 발레리나 괴담을 충실히 재현해 놓은 현장입니다.

해성, 리모컨 누르면, 벽면 스크린, 백골 모형 사진과 현장 사진들이 뜨고.

안팀장   괴담을 왜, 누가.

품에서 오래된 구식 열쇠와 토슈즈 꺼내 테이블 위에 올려놓는 해성.
놀란 얼굴로 열쇠를 보는 국정원 사람들.

해성   백골 모형과 함께 발견한 열쇠입니다. (구식 열쇠의 끝부분, 서병문의 직인을 보여주는) 여기 열쇠에 찍혀있는 직인,

해성, 리모컨 누르면. 벽면 스크린, 서병문의 직인 사진이 뜨고.

해성   서병문의 직인과 정확히 일치합니다. 특히 주목해야 할 부분은,

벽면 스크린 향해 리모컨 누르면, 열쇠 옆면에 새겨져 있는 글귀가 확대되어 나타난다.
'金怪の始め'

해성   열쇠 옆면의 글귀, 해석하면 '금괴의 시작'이라 새겨져 있단 점입니다.
미정   '괴' 자가 금괴의 한자랑은 다르네요? 저건 '괴이할 괴' 자잖아.

해성	그리고 괴담의 괴 자이기도 하고.
영훈	그럼 선배 말은... 금괴랑 괴담이랑 연관이 있다는...?
해성	지금까지로선.
안팀장	(읊조리는) 괴담 자체가 금괴로 가는 열쇠다. 금괴를 숨긴 서병문은 괴담을 수수께끼처럼 세팅해 놨다.
해성	괴담을 다 풀어야 금괴에 접근할 수 있도록요. (정리하는) 아직까진 대답보다 질문이 많은 상황이지만 적어도 두 가지만큼은 확실합니다. 첫째, 이사장 서명주보다 저희가 먼저 금괴를 찾아야 한다는 것. 둘째, 금괴와 괴담이 연관이 있다는 걸 안 이상, 저흰 먼저 병문고 괴담에 집중해야 한다는 것.
사람들	(해성 바라보고)
해성	구관 괴담을 포함해 병문고엔 총 4가지 괴담이 있다 합니다. 병문고 괴담 조사, 허락해주십시오.
안팀장	(잠시 고민하다가, 결심한) 진행해. 다른 괴담 파악부터.
해성	(결연한 표정에서)

#6. 국정원 비상계단 (밤)

심각한 얼굴로 벽에 기댄 채 서 있는 해성. 잠시 후 해성에게 다가오는 안 팀장.

안팀장	따로 할 얘기란 게 뭔데.
해성	재단이 금괴 밀반출하려 한단 첩보, 출처 파악 아직 안 된 거죠.
안팀장	국장님이 알아보시는 중이야. 뭐가 이상해?
해성	이사장은 아직 금괴를 찾지 못했어요. 근데 찾지도 못한 걸 밀반출하려 한다? 앞뒤가 안 맞아요.
안팀장	(작게 한숨 내쉬곤) 일단 금괴랑 괴담, 눈앞의 일부터 집중하자. 괴담에 대해 알아볼 사람은? 있어?

해성	마침 한 사람이요.
안팀장	첩보 진위 여부는 국장님한테 확인할게. 넌 들어가서 쉬어.
해성	(여전히 뭔가 의심 가시지 않고)

#7. 국정원 김 국장 사무실 (밤)

책상 의자에 앉아 업무를 보고 있는 김 국장. 잠시 후 노크 소리.

김국장	들어와.
공팀장	(급히 들어와) 국장님.

책상 위에 팔 한쪽 날아간 반가사유상을 올려놓는 공 팀장. 곧이어 김 국장에게 서류철을 건네준다.
김 국장 서류철 열어보면, 반가사유상에 대한 감정 평가서다.
서류 맨 아래, '위조품' 세 글자를 보곤 표정 꿈틀하는 김 국장.

공팀장	국가유산청 문화재위원에 의뢰한 감정입니다. 위조품이 확실합니다.
김국장	(생각에 잠기고)
공팀장	이미 정해성 요원은 작전에 투입됐는데... 이를 어떻게 해야 할지...?
김국장	나가 봐.

당황스레 꾸벅 인사 후 밖으로 나가는 공 팀장.
일어서 파쇄기 앞으로 걸어가는 김 국장. 서늘한 얼굴로 파쇄기에 서류를 집어넣고.

#8. 병문고 옥상 (낮)

마주 서 있는 해성과 동민.

동민 우리 학교 괴담은 왜?

해성 (대수롭지 않은 척) 어제 일 겪고 나니까 궁금해서. 또 알고 있는 거 있어?

동민 진짜 괴담 좋아하는 거 맞구나. (자조적인 웃음) 그런 건 나 같은 애만 좋아하는 줄 알았는데.

해성 너 같은 애?

동민 빽도 없고 친구도 없고. 이상한 웹소설만 쓰는 방구석 왕따.

해성 야, 니가 어때서. 그리고 친구 같은 거 다 필요 없어. 어차피 사회 나가잖아? 인생 독고다이 혼자야.

동민 그걸 니가 어떻게 알아?

해성 (뭐라 말하지 싶다가) ...있어, 그런 게. 그래서 다른 괴담은 뭔데.

#9. 병문고 교무실 (낮)

자신의 자리에 앉아 업무 중인 수아. 그때 진동 울리는 핸드폰.

수아 (번호 보곤, 전화 받는) 예, 동민이 할머님, 잘 지내셨어요?

할머니(E) 다름이 아니라 학교에서 가져간 제 신분증 말이에요. 언제 주는 건가 해서.

수아 신분증이라니 그게 무슨... 학교에서요?

할머니(E) 동민이 친구가 어제 그랬는데? 학교에서 주는 장학금 있으니까 제 신분증 달라고.

수아 동민이 친구 누구...? (놀란) ...정해성이요?

#10. 병문고 1층 (낮)

병문고 사진과 발전상, 교복과 물품 등이 전시되어 있는 곳.
이미 작동이 멈춘, 오래된 50년대 괘종시계 앞에 서 있는 해성과 동민.

동민 구관 괴담을 빼면 나머지 학교 괴담은 세 개. 그중 두 번째가 이거, 괘
종시계에 얽힌 이야기야.

해성 괘종시계 보면, **'병문재단 초대 이사장 서병문 기증'** 문구가 쓰여
있고.

동민 사람들은 고장 나서 소리가 안 나는 줄 아는데 꼭 한 번씩 울릴 때가
있대. 밤에 학교에 나 혼자, 한 사람만 남았을 때.

해성 (괘종시계 보는)

동민 우리 학교 애들이 제일 무서워하는 얘기기도 해. 혼자 절대 학교에 있
지 마라. 시계가 울리면, 새빨간 눈이 너를 잡으러 올 것이다.

해성 새빨간 눈?

동민 옛날에 전교 1, 2등 사이에 있었던 일인데...

하는 그때, 갑자기 나타나 확 해성의 옆머리를 잡아 올리는 수아.

해성 (아픈) 아, 아! 아!

수아 너, 너 딱 걸렸어, 일루와. 이젠 하다 하다 사기를 쳐?!

해성 샘 잠깐만, 나 진짜 아퍼, 진짜!

수아 아퍼는 반말이고, 임마!

#11. 병문고 교정 (낮)

해성의 옆머리 잡은 채 본관 밖으로 끌고 나오는 수아.

수아	(옆머리 잡은 손 풀곤) 너 똑바로 말해. 동민이 할머니 신분증 왜 가져 갔어.
해성	할머니 신분증이요?

플래시백 1화 48씬

동민	(잔뜩 주눅 들어) 우리 할머니 민증 어디에 쓸 건데?

혹시 박태수가? 표정 심각해지는 해성인데, 그때 울리는 학교 종소리.

수아	하마터면 속을 뻔했네. 너 이거 보통 심각한 문제 아니다. 방과 후 바로 나한테 와라.
해성	(엥?) 저요?
수아	(성큼성큼 걸음 옮기는)
해성	샘 저 오늘 안 돼요! 할 일 많어!
수아	(무시하고 성큼성큼)
해성	(답답하고 억울하고) 내가 진짜 늙는다, 늙어. 아, 박태수 이 새끼.

그리고 보이는 본관 입구 쪽... 당황스런 얼굴 표정의 동민.

#12. 병문고 분리수거장 (낮)

인적 없는 으슥한 곳. 서 있는 태수와 윤철, 범식.

윤철	(긴장) 대박, 동민이 할머니를 직접 찾아갔다고.
태수	(피우던 담배꽁초 떨어뜨리는) 학교에서 격려장학금 준다니까 좋다고 갖고 오던데? 어으, 하여튼 없는 것들 공짜라면 사족을 못 써요.
범식	(불안) 근데 이러다 큰일 나면 어떡해? 남의 신분증 그렇게 갖고 오는 거 범죄잖아.

윤철	태수야 옛날부터 궁금했는데, 신분증 갖고 뭐 하려 그러는 거야?
태수	몰라도 돼, 새끼들아. 그리고 걸렸을 때 문제되는 건 니들같이 뭣도 없는 것들이고~. 나는 달라요, 정해성 그 새끼랑 한판 했을 때도 교감이 바로 빼주잖아.
윤철	(쓸쓸한 웃음) 우리가 뭣도 없긴 하지.
승재	박태수. (저쪽에서 다가와) 여기 있었냐? 가자.
태수	어딜?
승재	교장이랑 특별 면담. 아, 귀찮아 죽겠는데 뭔 포트폴리오를 만들어 주겠다고. (문득 윤철과 범식 보면)
윤철,범식	(멋쩍은 듯 손드는) 안녕.
승재	(인사 무시하고 두 사람 보다가, 태수에게) 가자. (태수와 걸음 옮기다가, 어느 순간) 쟤들은 누구야?
태수	있어.
승재	챙겨주는 건 좋은데 너무 놀지 마. 애들 버릇 나빠진다.
태수	(웃는) 븅신, 꼰대 같은 소리하고 있네.

낄낄대며 걸음 옮기는 승재와 태수.
쓸쓸한 얼굴로 두 사람을 바라보는 윤철과 범식이고.

#13. 병문고 교무실 (낮)

씩씩거리며 교무실 안으로 들어오는 수아. 자신의 자리에 앉으며,

| 수아 | 이번엔 절대 그냥 안 넘어간다. 어우, 스트레스, 머리 아퍼. |

책상 서랍을 뒤져 두피 지압기 꺼내다가 멈칫, 안에 들어있는 무언가를 보는 수아.
핑크색 유선 이어폰이다. 순간 어두워지는 수아의 표정.

#14. 회상, 어느 고등학교 교실 (낮)

교탁에 서서 학생들에게 인사하는, 과거 초임교사 시절의 수아.
칠판엔 이름 '오수아'가 적혀있고.

수아　(긴장과 설레임) 안녕, 얘들아. 난 오늘부터 너희 반 담임을 맡게 된
　　　 오수아 선생님. 잘 부탁해.

수아를 반기며 박수 치는 학생들.
수아, 문득 교실 맨 끝자리 보면, 불량한 일진 느낌의 민지가 보인다.
관심 없다는 듯 핑크색 유선 이어폰 끼곤 창밖을 보는 민지.
수아, 그런 민지를 바라보고.

#15. 병문고 교무실 (낮)

서랍을 닫는 수아. 어두운 얼굴로 작게 한숨 내쉬고.

#16. 병문고 복도, 국과수 밖 교차 (낮)

학생 상담실을 향해 걸음 옮기고 있는 해성. 그때 진동 울리는 핸드폰.
해성 보면, 영훈에게 온 전화다.

국과수 밖. 토슈즈 감식 결과 서류를 보며 핸드폰 통화 중인 영훈.

영훈　예, 선배. 분석 결과 나왔습니다. 우선 토슈즈. 실제로 50년대경 거기
　　　 묻혀있던 게 맞답니다. 선배 말대로 서병문이 넣어놓은 거 같아요.
해성　구관에서 도망친 놈은.

영훈   혈흔 감식결과 나왔습니다. 직접 보시는 게 빠를 거 같으니까 신상이
        랑 사진 보내드릴게요.

        잠시 후 진동 울리는 해성의 핸드폰.
        영훈에게 온 내용을 보는 해성. 학생상담실 문을 열려다 멈칫, 표정
        날카로워지고.

#17. 병문고 학생상담실 (낮)

수아   ...애는 왜 이렇게 안 와?

        수아, 손목시계 보는 그때, 문자 알림 진동 울리는 핸드폰. 해성에게
        온 문자다.
        '선생님 죄송합니다. 제가 집에 가스불을 켜고 와서...'

수아   (핸드폰 보다가) ...술 땡기게 하네.

#18. 병문고 경비실 (낮)

        책상 의자에 앉아 지루한 듯 하품하는 김 씨.
        그때, 열려있는 작은 창문을 통해 쑥 들어오는 박카스 한 병.
        김 씨 작은 창문 밖 보면, 착한 아이 미소 지으며 서 있는 한 사람. 해
        성이다.

해성   드세요. 많이 피곤해 보이신다.
김씨   아이고, 고마워라. 잘 마실게. (박카스 마시는데)
해성   잠을 잘 못 주무셨나봐요. 어제 구관에 계셔서 그런가?

김씨	...!!
해성	망치 던진 사람. 아저씨 맞죠.
김씨	이 학생이 큰일 날 소릴, 내가 거길 왜 가, 교장 선생님한테 혼날려고.
해성	(김 씨의 뒤편 가리키는) 어제 본 추리닝.

!! 김 씨 휙 뒤돌아보던, 아무것도 없다. 아차 싶어 해성 보면,

해성	우리 내기할까요? 아저씨 다리에 못에 긁힌 상처가 있다, 없다.
김씨	(눈에 띄게 초조한 모습)
해성	구관 뒤편 안 쓰는 파티션. 그쪽으로 왔다 갔다 하신 거죠.

#19. 회상, 병문고 구관 1층 교실 (밤)

2화 68씬 연결

해성, 주위를 둘러보다 멈칫, 검은 천으로 가려놓은 벽을 바라보고.

#20. 회상, 병문고 구관 뒤편 (밤)

쿵- 벽에 기대어 서 있던 파티션들이 밀려 넘어진다.
잠시 후, 구관 안에서 박으로 모습을 드러내는 해성.
해성 흙바닥을 보면, 선명하게 찍혀있는 발자국 하나가 보이고.

#21. 병문고 경비실 (낮)

어느새 경비실 안에 들어와 있는 해성.
해성, 핸드폰으로 찍은 발자국 사진 보여주면, 당황스레 침 꿀꺽 삼키

는 김 씨.

해성	제가 궁금한 건 하나입니다. 아저씬 거기서 뭘 하고 계셨던 걸까.
김씨	(뭐라 말해야 할지 난감한데)
해성	그 안에 가짜 백골 있다는 거 알고 계셨죠.
김씨	!! 가짜?
해성	모르셨구나.
김씨	야이씨, 누가 그딴 장난질을...! 난 진짜인 줄 알았단 말야, 내가 첨 봤을 때 얼마나 깜짝 놀랐는데...! 하 참, 대체 어떤 미친놈이...!
해성	(계속하라 손짓)
김씨	(진정하곤) ...내가 처음 백골, 아니 그 가짜 발견한 건 고양이 밥 줄 때였어.

#22. 회상, 병문고 구관 뒤편 (밤)

길고양이에게 사료를 주고 있는 김 씨.
사료를 다 먹은 고양이, 어디론가 걸음을 옮기기 시작한다.
쪽 벽에 기댄 채 놓여있는 파티션들 사이 공간으로 사라지는 고양이.
김 씨, 파티션들을 들춰내면, 검은 천으로 가려져 있는 구멍이 보이고.

김씨(E)	구관에 괴담 얘긴 나도 알고 있었으니까... 심심하던 차에 한번 가보자 했는데...

#23. 회상, 병문고 구관 지하 발레연습실 (밤)

조심스레 안으로 들어오는 김 씨. 주변을 살피다가 멈칫, 자신이 밟고 있는 나무 바닥을 본다. 이상함을 느끼곤 다른 쪽 바닥을 밟아보면,

소리가 다르다.

(경과)
못을 뽑아 뜯어낸 나무 바닥. 옆에는 망치가 놓여있고.
바닥에 묻혀있는 백골 모형을 보며 표정 얼어붙는 김 씨.
그때 갑자기 들려오는, 끼익 끼익 누군가 나무 바닥을 밟으며 다가오는 소리.
헉 놀라는 김 씨의 표정. 그 순간 울리는 핸드폰 클래식음악 벨소리!
070스팸이다.
우왕좌왕 어쩌지 하다가, 쑥 발을 헛디뎌 백골이 묻혀있는 구덩이 속에 빠지는 김 씨.
그 모습 마치 상체만 바닥에 붙어있는 것 같다.
올라가기 위해 낑낑대는 김 씨. 그 순간, 뒤편 연습실 문을 여는 누군가.
동민이다.
핸드폰 클래식음악 벨소리가 꺼진다.
긴장한 채 천천히 뒤돌아보는 김 씨. 그러자 동민, 으아아 소리 지르며 도망치고...

김씨   아니 저기, 난 좀 꺼내주고... (올라가기 위해 낑낑대고)

#24. 병문고 경비실 (낮)

김씨   내가 뭔 수가 있나... 겁도 나고 일도 짤릴까 봐 아무한테도 말 못 한 거지. 어젠 못질하러 갔다 니들 만나고, 무서워서 망치 그런 거고.
해성   처음 모형 봤을 때 이상한 건 없었습니까? 사소한 거라도 아무거나.
김씨   글쎄, 다른 건 잘... (농담조) 근데 학생 경찰이야? 그런 걸 왜 물어?

그때 진동 울리는 해성의 핸드폰. **'아저씨'**에게 온 전화다.

해성	없으면 됐습니다. 파상풍 주사 맞으세요. 안 그럼 큰일 나서.
김씨	(나가는 해성 향해) 학교엔 말 안 할 거지? 비밀 지켜야 돼.

헤실헤실 웃으며 해성 바라보다가, 어느 순간 웃음기 걷어내는 김 씨.
김 씨, 책상 서랍을 연다. 무언가를 꺼내 페이지를 넘기기 시작한다.
(해성부의 수첩이지만 화면엔 보이지 않는)
수첩 페이지, 누군가(해성부)의 친필이 적혀있다.
'1, 발레리나. 2, 새빨간 눈. 3, 혼자 우는 피아노.'
수첩 안 내용을 보는, 서늘한 얼굴 표정의 김 씨.

#25. 병문고 교정 (낮)

캔 음료수 마시며 걸음 옮기고 있는 수아.

수아	평계를 대려면 제대로 대든가. 가스불? 가~~스불? 이노무 시키 내일 학교 오기만 해봐. 아주 그냥 작살을 내버릴...

그때 수아의 눈에 보이는, 구관 쪽을 향해 걸음 옮기고 있는 태수와 동민의 모습.
두 사람을 보며 고개 갸웃하는 수아.

#26. 병문고 구관 뒤편 (낮)

서 있는 태수와 동민.

태수	이 새끼가 돌았네. 뭘 돌려줘?
동민	(두렵고 떨리지만) 우리 할머니 신분증... 돌려줘.

태수	(보는)
동민	니가 가져간 거 알아. 경찰에 신고하기 전에...

하는 그때, 퍽! 동민의 배를 때리는 태수. 컥컥대며 바닥에 쓰러지는 동민.

태수	(동민의 머리채 잡고 흔드는) 얘가 아주 재미진 새끼네? 너 요즘 왜 이렇게 기어오르냐? 하던 대로 하자, 동민아.
동민	(울먹이는) 돌려줘. 나만 괴롭히면 되잖아. 우리 할머닌 상관없잖아.
태수	지랄, 병신. (품에서 할머니의 신분증 꺼내는) 옜다, 기분이다. 필요 없으니까 가져가라. (신분증 바닥에 떨어뜨리는)

동민, 할머니의 신분증 줍는 그때, 콰악 동민의 손을 밟는 태수.

동민	...!!
태수	근데 이렇게 끝나면 또 재미가 없지? 작가님 오른손잡이죠. 이제 글은 왼손으로 쓰세요. (발 치켜드는, 확 동민의 손 밟으려 하는데)
수아(E)	뭐 하는 거니?

멈칫하는 태수. 뒤돌아보면, 건물 모퉁이에서 걸어 나오는 수아.

태수	(예의 바른) 선생님 안녕하세요.
수아	묻잖아. 여기서 뭐 하는 거냐고.
태수	저도 방금 와가지고요. (동민 일으키는) 동민아 괜찮아? 왜 그래.
동민	(태수 눈치 보며 아무 말 못 하고)
수아	선생님 다 봤어. 박태수, 넌 상담실 가 있어.
태수	(표정 서늘해지고)
수아	가라니까 안 들려? 부모님한테 전화할까?
태수	아, 진짜 짜증 나게 하네.

수아	...!!
태수	그냥 못 본 척하시죠? 기간제면 기간제답게.
수아	(태수 노려보는)
태수	내가 오늘은 샘이 예뻐서 넘어간다. 다음엔 이러지 마세요. (은근히 수아의 어깨 만지곤 걸음 옮기는)
수아	(태수 노려보다, 동민에게) ...동민아.
동민	(고개 숙인 채 아무 말 못 하는)
수아	혹시 지금까지... 태수한테 괴롭힘 당하고 있었던 거니?
동민	(표정)
수아	(동민의 손에 신분증 보곤) 할머니 전화 오셨어. 할머니 신분증도 태수가... (하는데)
동민	아니에요, 선생님. 태수랑은 장난친 거고 저 괜찮아요.
수아	(동민 보는)
동민	죄송해요, 저 때문에. 죄송합니다. (꾸벅 인사 후 걸음 옮기는)
수아	(걱정스레 동민 바라보고)

#27. 샌드위치 가게 (낮)

테이블에 옹기종기 머리 맞대고 앉아있는 해성과 영훈, 미정.

영훈	그 경비 아저씨, 구관엔 왜 들어간 거래요?
해성	수상한 이유가 있는 거 같진 않아. 아직까진.
미정	도망간 이유는요?
해성	출입금지 구역이고 오해받기 싫어서. 백골이 진짜인 줄 알았대. ...근데 궁금한 게, 우리 여기 왜 있는 거냐?

이제야 보이는 세 사람이 앉아있는 곳. 샌드위치 가게 안이다...!

영훈   뭘 당연한 걸 물으세요, 회의하러 왔지.

해성   아니 그니까. 작전 회의를 왜 여기서... (하는데)

안팀장(E)   어서 오세요.

들어오는 손님에게 인사하는 한 사람. 앞치마 입고 있는 안 팀장이다?

안팀장   (세 사람에게 다가와, 영훈에게) 샌드위치랑 콜라 대짜. 양파는 빼고.

영훈   (샌드위치 만들러 가는)

해성   아니 이게 대체 뭔... (황당하기만 한데)

안팀장   (영훈의 자리에 앉아) 본론만 말할게, 잘 들어. 앞으로 여기가 우리 국내4팀의 작전본부가 될 거야.

미정   이왕 정 선배 서포팅할 거면 저희 또한 현장과 붙어있는 게 낫다. 이렇게 판단했습니다.

해성   아무리 그래도 뭔 이게 영화도 아니고, 원래 사장님은요.

안팀장   작전 끝날 때까지 미국여행. 퇴직금 땡겼다.

해성   미쳐버리겠다, 진짜... 유정이도 알아요?

안팀장   용돈 10만 원 인상으로 합의봤어. 니 이모한테 걸리면 나 뼈도 못 추리니까 입조심하고, 괴담 알아본다는 건? 학교에선 별일 없고?

해성   알아보고 있는 중이에요. 학교에선 뭐... (멈칫)

플래시백 3화 11씬

수아   너 이거 보통 심각한 문제 아니다. 방과 후 바로 나한테 와.

해성   ...없어요, 별일.

미정   뜸 들이는 거 수상한데.

안팀장   (불안한) 너 또 뭐 애들 팼냐?

해성   누가 들으면 깡패줄, 아무 일 없으니까 걱정하지 마요. (나가는데)

안팀장   어디가, 밥 먹고 가.

해성   나이 먹고 공부하니까 피곤해. 갈게요.

#28. 거리, 샌드위치 가게 교차 (낮)

생각에 잠긴 채 걸음 옮기는 해성.

수아(E) 너 똑바로 말해. 동민이 할머니 신분증 왜 가져갔어.

해성, 어느 순간 걸음 멈칫, 결심한 듯 핸드폰 전화를 건다.

영훈(E) 예, 선배. 뭐 놓고 가셨어요?
해성 옆에 누구 있어?

샌드위치 가게. 샌드위치 만들며 핸드폰 통화 중인 영훈.

영훈 !! (주변 둘러보곤, 은밀히) 따로 시키실 일이라도.
해성 알아볼 게 있어. 2학년 1반 박태수... (멈칫)

플래시백 2화 50씬
김국장 한 번만 더 이런 일이 있을 시 그 즉시 작전은 중단.

김국장(E) 나중에 아버지 만나면 뭐라 그러게. 작전 중 일 못해서 잘렸다 그럴 거야?
해성 (표정)
영훈 여보세요?
해성 ...아냐, 됐어. 잊어.

핸드폰 내리는 해성. 무거운 얼굴로 작게 한숨 내쉬는데,
그때 들려오는 빵~! 자동차 클락션 소리. 해성 보면, 횡단보도 한가운데,
리어카에서 쏟아진 폐지들 보며 어쩔 줄 몰라 하는 동민의 할머니와
고급 승용차 한 대가 보이고.

#29. 예나의 차 안, 거리 교차 (낮)

기사   (운전석 차창 열곤, 버럭) 할머니! 비켜요, 비켜!

할머니   미안해요, 미안합니다. (폐지들 리어카에 주워 담고)

기사   (신경질적으로 빵-! 클락션 누르면)

예나   (뒷좌석에서, 문제집 풀며) 시끄러운데 조용히 좀 있죠?

기사   미안. 난 너 스터디 늦을까 봐.

쌩쌩 달리는 다른 차선의 차들. 위험천만한 상황 속에서 끙끙대며 리어카에 폐지를 주워 담는 할머니. 하지만 그럴수록 리어카에선 자꾸 폐지들이 흘러내리고.

기사   거참, 비키라니까.

옆 차선으로 핸들을 트는 기사. 그대로 할머니를 지나쳐 가려 하는데, 갑자기 나타난 누군가 때문에 급히 브레이크를 밟는다. 끼익!
깜짝 놀라 앞을 보는 예나. 차 앞에 서 있는 한 사람. 해성이다.
미안하다 양해 구하곤 할머니에게 다가가는 해성. 함께 폐지를 줍기 시작한다.
차 안에서 그런 해성을 보는 예나.

예나   (미소로) 볼수록 특이하네.

#30. 동민의 집 앞 (밤)

허름한 빌라 앞에 리어카를 멈춰 세우는 할머니.

할머니   고마워요, 학생. 내가 덕분에 편하게 왔어. 마실 거라도 줄까?

해성	(미소로) 괜찮습니다. 가보겠습니다.
동민	(두 사람에게 다가와) 할머니.
할머니	동민이 왔어?
해성	(동민이의 할머니라고?)
동민	(해성 보곤) 어떻게 된 거야? 왜 둘이 같이...?
할머니	(반색) 우리 동민이 친구였어? 아이고, 가만있어 봐.

주머니에서 꼬깃꼬깃 손때 묻은 이천 원 꺼내 해성에게 건네는 할머니.

할머니	우리 손주랑 친하게 지내라 주는 거니까 받어. 가서 맛난 거 사 먹어.
동민	(해성에게 창피한) 이천 원 갖고 누구 코에 붙이라고... 이걸로 과자 하나 못 사 먹는다.
할머니	그래? 내가 쌈짓돈이 더 없는데.
해성	충분해요, 할머니. (공손히 이천 원 받는) 잘 쓰겠습니다.
동민	(해성 보는)
해성	가보겠습니다. (동민에게) 내일 보자.

걸음 옮기는 해성. 잠시 후, 그런 해성을 부르는 동민.

동민	해성아!

#31. 동민의 집 밖 거리 (밤)

동민	우리 할머니 도와준 거, 고마워.
해성	운동도 할 겸. 별거 아니니까 고마워하지 마.
동민	사실 아까 낮에 들었어. 너랑 선생님이랑 하는 얘기.
해성	(보는)
동민	할머니 신분증 가져간 사람 너 아니라 말했어야 했는데, 어떻게 해야

할지 몰라서 말 못 했어. 미안.

해성 됐어, 뭘 그런 걸. 태수 맞지?

동민 어... (불안하지만) 근데 태순 별로 신경 안 쓰려고. 어차피 민증도 다시 받았고.

해성 ...니가 그렇다면. 들어가, 할머니 기다리시겠다. (걸음 옮기는)

동민 (그런 해성 바라보는데)

해성 (걸음 옮기다 멈칫, 되돌아와 손 내미는) 핸드폰.

동민 핸드폰은 왜?

해성 줘봐.

동민이 핸드폰 건네면, 자신의 번호 찍곤 통화 누르는 해성.
잠시 후 진동 울리는 해성의 핸드폰.

해성 내 번호 저장해. 무슨 일 있으면 연락하고. (핸드폰 건네는)

동민 (핸드폰에 찍혀있는 해성의 번호 바라보고)

해성 남자끼리 이러니까 되게 남사스럽네. 진짜 간다.

걸음 옮기는 해성. 그런 해성을 보며 고맙다는 듯 미소 짓는 동민.

#32. 버스 안 (밤)

퇴근길 승객들로 꽉 찬 버스 안. 손잡이를 잡고 서 있는 수아. 무거운 얼굴 표정.

#33. 회상, 병문고 계단 (낮)

아무도 없는 계단. 마주 서 있는 수아와 리안.

리안	(심각한) ...태수가 동민이를.
수아	교감 선생님한테 말씀드려야겠죠?
리안	아서라, 그 양반이 잘도 들어주겠다. 어떻게든 라인 잡아 교장 될 생각만 하는 위인인데.
수아	그럼 동민인 어떻게...?
리안	(무거운) ...모른 척 넘어가.
수아	(보는)
리안	태수 아버지 국회의원 삼선이고 학부모 임원이서. 그리고 수아샘 우리 학교 어떤지 알잖아. 부모가 누구냐 급으로 나눠서 챙길 사람만 챙긴다는 거. 그게 학연이든 기부금이든 이득이 되니까.
수아	아무리 그래도 이건... 이게 무슨 학교예요, 이건 아니지.
리안	그러게, 나도 그런 생각 든다. 근데 어떻게 하든 결과는 바뀌지 않는다는 거, 수아샘도 알잖아.
수아	교육청에 진정서라도...
리안	순진한 소리하고 있네. 그리고 누가 누굴 챙겨. 수아샘 정교사 안 될 거야?
수아	...!!
리안	나도 이런 말 하는 내가 싫지만... 이번엔 눈 감자.
수아	(복잡한 표정)

#34. 버스 안 (밤)

머릿속 복잡한 듯 작게 한숨 내쉬는 수아.

#35. 편의점 (밤)

도시락을 들고 전자레인지 앞에 서는 해성.

핸드폰 문자 알림 진동이 울린다. 보면, 동민에게 온 문자다.

'사실 나 친구들 번호가 없었거든. 한 사람 태수 빼곤. 고마워.'

문자를 보며 엷게 웃음 짓는 해성. 도시락을 전자레인지에 넣고.

#36. 편의점 앞 (밤)

복잡한 얼굴로 편의점 향해 걸음 옮기는 수아.

#37. 편의점 (밤)

냉장고에서 음료수를 고르는 수아. 하나 남은 음료수를 향해 손을 뻗는 그때,

슥 갑자기 음료수를 향해 뻗는 누군가의 손.

동시에 음료수를 집는 수아와 누군가. 두 사람 서로를 보면, 수아네? 해성이네?

외나무다리에 선 원수들처럼, 비장한 긴장감 속에서 서로를 보는 해성과 수아.

수아	내가 먼저 집었습니다만?
해성	제가 좀 더 빨랐습니다만.
수아	집이 근천가 봐?
해성	댁이 근처신가 봐요?
수아	(리듬 넣어) 별로 알려주고 싶지 않은 사실.
해성	(리듬 넣어) 별로 알고 싶지 않은 사실.
수아	근데 이게 라임으로 말대꾸를, (음료수에서 손 떼곤) 야, 정해성. 정신 차려, 넌 학생이고 난 선생이야!

갑자기 흘러나오는 드라마 **'로망스'** OST. 음악 속에서 서로를 바라보는 해성과 수아.

해성   (수아 보다가, 대뜸) 손 떴으니까 내 꺼. (음료수 쏙 챙겨 가는)
수아   (허! 기가 차 바라보고)

#38. 편의점 밖 (밤)

도시락을 들고 야외테이블에 앉는 해성. 잠시 후 맞은편에 앉는 수아.
수아, 해성이 가져간 음료수랑 같은 음료수 보란 듯 탁 내려놓으며,

수아   사장님이 새로 채워주셨어. 원 플러스 원 잘 마실게~.
해성   (인상 구기며 비닐포장 뜯는)
수아   (음료수 마시곤) ...너 알고 있었지. 태수랑 동민이.
해성   (수아 보는)
수아   알면서 말하지 못한 건, 내가 못 미더워서고.
해성   동민이 부탁이었어요.
수아   (사과하기 민망한) 할머니 신분증도 그렇고 오해해서 미안하다. 니들
         일 빨리 알아채지 못한 것도.
해성   그다음은요?
수아   (해성 보는)
해성   이제 다 아셨으니까, 다음은 어떻게 하실 거냐고요.

차마 아무 말 하지 못하는 수아.
해성, 그런 수아를 보다가, 할머니의 이천 원을 꺼낸다. 수아에게 천
원을 건넨다.

수아   뭐야?

해성	동민이 할머니가 주신 거예요. 동민이랑 친하게 지내라고.
수아	...나 받을 자격 없는데.
해성	차차 만들어 봐요.

꼬깃꼬깃 손때 묻은 천 원 바라보다가... 결국 건네받는 수아.
도시락 뚜껑을 여는 해성. 밥에 들어있는 완두콩을 골라내기 시작한다.
그런 해성을 보는 수아의 표정.

인서트
낮. 초등학교 교실.
도시락의 콩밥을 골라내고 있는 누군가(어린해성)의 손.

수아	(피식) 닮았다. 그때 걔랑.
해성	누구를요?
수아	있어. 인생의 원수 같은 놈.
해성	뭔 짓을 했길래 원수까지...
수아	많이 먹어.

미소로 해성을 보는 수아. 그 위로 들리는, 쾅쾅쾅 현관문 두드리는
소리.

#39. 동민의 집 앞 (밤)

"누구세요?" 현관문을 여는 동민. 그 앞, 형사 두 명이 서 있다.

형사1	(경찰신분증 보여주는) 강남서에서 나왔습니다. 최복순 씨 댁 맞죠.
동민	왜 그러세요?
형사1	최복순 씨 안에 계십니까?

할머니	(다가와) 제가 최복순인데, 경찰이시라고요?
형사1	불법도박사이트 수사 중 최복순 씨의 이름이 나왔습니다. 도박사이트 총책 명의로요.
동민	...!!
형사1	(형사2에게) 연행해.
동민	!! 잠깐만요, 뭔가 오해가...!
형사1	(동민 가로막고)
형사2	이쪽으로. (반강제로 할머니 데리고 나가는)
할머니	갑자기 저는 왜, (동민에게) 동민아 이분들 왜 이러신다니?
동민	잠시만요, 말도 안 돼! 우리 할머니가 왜요! 할머니, 할머니!

#40. 편의점 밖 (밤)

해성	(쓰레기통에 빈 도시락 버리는)
수아	시간 많이 늦었다. 집은 어디야?
해성	집 저기 주택가 쪽... (멈칫)
미정(E)	정 선배 거주지는 학교 근처 옥탑방.
수아	주택?
해성	... 건너 건너 옥탑방이요. 가까워요.

그때 진동 울리는 해성의 핸드폰. 동민에게 온 전화다.

해성	(받는) 어, 동민아. (표정 심각해지는) ...뭐?
수아	(??, 해성 바라보고)

#41. 경찰서 (밤)

급히 안으로 뛰어 들어오는 해성과 수아.

두 사람 보면, 형사1과 마주 앉아 조사를 받고 있는 할머니, 그 옆에
동민이 보이고.

수아　　동민아. 무슨 일이야?
동민　　(울먹울먹) 선생님…

#42. 몽타주

/ 학원가 (밤)

핸드폰으로 불법도박사이트 사다리 게임을 하고 있는 태수.
사다리 중 3번을 누른다. 초조와 흥분 가득한 표정.

/ 구 사장의 사무실 (밤)

마스크팩 붙인 채 사장 자리에 앉아있는 구 사장. 컴퓨터 모니터 보다가,

구사장　이래서 노름이 무서워요. 왜 이걸 딸 수 있다 생각하지?

구 사장, 키보드의 엔터 가볍게 탁 누르면, 모니터, 2번 사다리가 당첨
이 되고.

/ 학원가 (밤)

베팅에 실패한 듯 "아아악!" 고함을 내뱉는 태수. 이내 어딘가 핸드폰
전화를 걸고.

/ 구 사장의 사무실 (밤)

구사장　(핸드폰 통화 중) 그럼요, 고객님, 당연히 충전해드려야죠. 이천 바로

갑니다~! (핸드폰 내리곤, 마우스 클릭 후 엔터) 에라이, 호구쒜끼.

#43. 경찰서 밖 (밤)

고개 숙인 채 벤치에 앉아있는 동민. 그 앞엔 해성과 수아가 서 있고.

수아 도박사이트 총책이라니 뭔 일이야.

해성 아마 박태수랑 연관 있을 거예요. 할머니 신분증.

수아 (측은히 동민 보는데)

해성 이대로면 할머니 구속될지도 몰라요.

수아 (해성 보는) 말도 안 돼. 경찰들도 아닌 거 뻔히 알 건데?

해성 증거는 그렇다 나왔으니까.

수아 (후우... 한숨 내쉬는)

해성 이제 학폭 수준의 문제가 아니에요. 심각한 범죄고 누군가는 나서야 돼요. (수아 보는)

수아 (누구 말하는 거지 싶다가, 번뜩) ...나?

해성 선생님 학생이잖아요.

수아 (우물쭈물) 그치, 그렇지. (동민에겐 안 들리게, 눈치 보며) 그래도 이게 참 고민되고 복잡한 그 어떤...

해성 자꾸 이러실 거예요?

수아 알았어, 알았어, 내가 하면 되잖아. 내가 이참에, 어? 참스승이 뭔지 제대로 보여줄게.

#44. 수아의 집 방 안 (밤)

초조한 얼굴로 손톱 물어뜯으며 이리저리 왔다 갔다 하는 수아.

수아   아, 이게 아닌데, 어떻게 하지? (번뜩) 그래! 도망치자! 병가 내자! (주
       머니에서 핸드폰 꺼내는) 리안샘 코로나 양성 키트 있다고...

       멈칫, 주머니에서 떨어진 무언가를 보는 수아. 아까 해성이가 준 할머
       니의 천 원이다.
       물끄러미 손때 묻은 천 원 바라보는 수아. 그러다 결국,

수아   (푸우 깊은 한숨) 아, 미치겠네, 진짜. (노트북 앞에 앉는) 나 원래 이런
       캐릭 아닌데~. (노트북 여는) 나 정교사 돼야 되는데~.

       울상으로 키보드 두드리기 시작하는 수아의 모습.

#45. 병문고 이사장실 (낮)

       책상 의자에 앉아 업무를 보고 있는 명주. 잠시 후 똑똑 노크 소리.

명주   예.
재문   (급히 들어와) 이사장님, 학교 게시판을 보셔야 할 거 같습니다.

#46. 병문고 화장실 (낮)

       변기에 앉아 핸드폰으로 도박을 하고 있는 태수.
       잠시 후 울리는 핸드폰 진동. 윤철에게 온 전화다.

태수   (받는) 새끼가 중요한 순간에. 왜. (놀란) ...뭐?

#47. 병문고 해성의 반 (낮)

수진   (급히 안으로 뛰어 들어와) 야야, 게시판 대박! 누가 태수 꼰질렀어!

       !! 놀라는 유정과 예나, 채린과 학생들 각각의 표정.
       수아가 했구나 싶은 해성과 동민은 옅게 미소 짓고.

#48. 병문고 교무실 (낮)

광두   (교무실 한가운데 서서) 대체 누구야?! (프린트된 종이 흔드는) 어떤
       놈이 학교 게시판에 이딴 글 썼어, 어?!

수아   (초조... 눈치...)

광두   (종이 보는) 뭐야, 이게. 태수가 동민이를 학폭? 불법도박? 이것들이
       학교 말아먹으려고 작정을 했나. 어떤 미친놈이 이따위 짓을... (번
       뜩) 아니지. 이거 선생 중 있는 거 아냐?

수아   (초조... 눈치...)

광두   오 선생! 이거 설마 오 선생이... (하는데)

수아   (벌떡 일어나) 대체 누굽니까!

선생님들   (놀라 수아 바라보고)

수아   대체 누가 우리 대병문고에 누가 되는 이런 반동분자 같은 행위를!
       누구야, (선생님들 지목하며) 샘이야? 샘이에요? 교감샘?!

광두   (되려 놀란) 아니 나는 아니지. 오 선생, 너무 흥분하지 말고...

수아   아뇨! 저는 이대로 못 넘어갑니다. 교감샘의 일은 제 일이기도 하니까
       요! 감히 겁도 없이 교감샘의 심기를 거스른 자! 제가 반드시 발본색
       원하여! 그 역적의 목을 바치겠습니다!

광두   아냐, 그러지 마, 진정해. (헛기침) 그 뭐야, 태수랑 동민이 양쪽 학부
       모님들 내일 면담하기로 했어. 이사장님이 직접. 수아샘이 연락해.

수아   (안타까운 척) 결국 그렇게... 알겠습니다. (자리에 앉는)

광두	어떤 놈인지 잡히기만 해봐라. 일들 봐요. (밖으로 나가는)
리안	글 올린 거 수아샘이지?
수아	...티 났어요?
리안	조금. 51프로.
준호	이러다 걸리기라도 하면 어쩌시려고...
수아	몰라요, 나도 이제. 내일 일은 내일의 내가 수습하겠지.

#49. 카페 (밤)

앉아 있는 예나와 현준, 승재와 채린.
잠시 후 유정, 커피를 들고 네 사람에게 다가온다.
서빙을 하듯 각자의 앞에 커피 놔주는 유정.

예나	땡큐.
유정	(예나의 옆자리에 앉고)
승재	상황 골 때리게 돌아가네. 개교 이래 처음이지? 이사장님 특별 면담.
예나	아마 그러겠지? 누가 게시판에 폭로글 쓴 것도 처음이라 하니까.
승재	누군지 알아볼까? (키보드 두드리는 시늉) 나 정도면 금방 알아볼 수 있는데.
예나	됐어, 귀찮게. 박태수 본인이 저지른 일이니까 알아서 하겠지.
현준	정해성은 어떻게 할 거야?
유정	(멈칫, 현준 보는)
승재	어, 맞아, 급식실. 아무리 태수가 쓰레기긴 해도 그래도 학생흰데, 애들 앞에서 그런 망신을 줬다는 건 어떻게 좀 놔두면 안 되지 않나? 학생회 권위 문제도 있고.
채린	(핸드폰으로 셀카 찍으며) 왜, 난 화끈해서 좋던데? 잘생겨서 질투하는 거?
승재	넌 뽀샵 이렇게 할 거면 성형을 해.

채린	아이돌이 욕하면 안 되니까. (승재에게 네 번째 손가락 날리고)
유정	(조심스레) 꼭 그럴 필요가 있을까? 약간 또라이 같던데 무시하는 건 어때?
승재	너한테 말한 거 아니거든요? (예나 보는) 생각 어때?
예나	일단 두고 보는 걸로. 재밌잖아, 그런 애가 학교에 있는 것도. 어떤 앤지 호기심도 생기고. (미소로 커피 마시는)

예나가 신경 쓰이는 현준의 표정.
유정은 예나가 오빠한테 관심 갖고 있단 것이 괜히 조마조마하고.

| 예나 | 너무 쓰다. (마시던 커피 유정에게 주는) 나 시럽. |
| 유정 | 잠깐만. (픽업대 향해 걸음 옮기고) |

픽업대. 커피에 시럽을 넣는 유정. 다시 자리로 돌아가려 하는데,
마침 가방을 챙겨 걸어 나오는 네 사람.

예나	미안, 먼저 갈게. 우리 스터디 있는 거 깜빡했다.
현준	기사님 오신다 했어. 내 차 타고 가자.
예나	유정이 넌? 바로 집에 가는 거?
유정	난 좀만 있다 갈게.
예나	그래, 그럼. 학교에서 봐.

밖으로 나가는 예나와 현준, 승재, 채린.
그런 네 사람을 바라보다 테이블로 돌아가는 유정.
테이블, 애들이 먹다 남긴 커피잔이 그대로 놓여있다.
씁쓸한 얼굴로 자리에 앉는 유정. 가방에서 교과서를 꺼내 펼치고.

#50. 경찰서 (밤)

유치장 안, 기력 다 쇠한 듯 힘없이 벽에 기대앉아 있는 할머니.
그런 할머니를 바라보며 앉아있는 동민.

동민   너무 걱정하지 마, 다 괜찮을 거야. 할머니 잘못 없잖아. 오해만 풀면
      금방 나올 수 있어.

할머니 내 새끼 저녁은 먹었어?

동민   당연하지. 그니까 할머니도 밥 거르지 말고 꼭 챙겨 먹어. 내가 꼭 빼
      줄 테니까 좀만 참고. 할 수 있지? (할머니의 손 꼭 잡는)

그리고 일각, 동민을 바라보며 서 있는 한 사람. 해성이다.
잠시 동민을 바라보다가, 뒤돌아 밖으로 나가는 해성.

#51. 병문고 1층 (밤)

고장 난 괘종시계를 바라보며 서 있는 해성.
해성, 주위를 둘러보면, 아무도 없다. 음산한 분위기 속의 병문고 1층.
벨트차단봉을 넘어 괘종시계에 가까이 가는 해성. 시계 이곳저곳 살
펴보다가, 멈칫 표정 굳는다.
시계 뒤편, 구식 열쇠를 넣을 수 있는 열쇠 구멍이 보인다.
품에서 구식 열쇠를 꺼내는 해성. 구멍에 열쇠를 넣으려 하는데, 모양
이 달라 안 들어간다. 당황스레 잠시 있는 해성인데, 그때,

명주(E) (부드러운) 뭐 하시는 거세요?

해성 놀라 보면, 자신에게 다가오고 있는 한 사람. 명주다.

명주   (미소) 거긴 넘어가면 안 되는 곳인데.

해성   죄송합니다. (동전 보여주는) 동전을 떨어뜨려서.

명주	우리 처음 보죠. 이사장 서명주예요. (악수 청하는)
해성	정해성입니다. (악수하는)
명주	교장 선생님한테 얘기 들었어요. 백골 모형 발견한 게 동민 학생이랑 해성 학생이라고.
해성	(보는)
명주	평소 괴담에 관심이 많았나 봐요? 학칙을 어기면서까지 굳이 구관에 들어간 걸 보면.
해성	제가 호기심이 많아서요.
명주	호기심이 많다... 좋네요.
해성	(보는)
명주	(해성에게 다가가며) 해성 학생처럼 호기심 많은 친구, 전 바람직하다 생각해요. (의미심장한 눈빛) 요즘 애들은 궁금한 게 없어.
해성	(가까이 서 있는 명주 바라보고)
명주	(해성의 비뚤어진 넥타이 바로 잡아주는) 도움이나 상담 필요하면 제 방 놀러 와요. 전 학생들 편이에요.
해성	말씀 감사합니다. 그럼. (꾸벅 인사 후 나가는)

명주, 뒤돌아 걸음 옮기다가, 문득 떠오른 생각에 멈칫, 괘종시계 뒤편으로 향한다.
구식 열쇠를 넣을 수 있는 열쇠 구멍을 발견하는 명주.
명주, 의미심장한 얼굴로 해성이 나간 쪽을 바라보고.

#52. 수아모의 가게 (밤)

수아	(위풍당당 안으로 들어와) 사장님! 감자 대짜!
수아모	아이고, 세상천지 대짜 혼자 먹는 애가 또 있을까. 너 살 뺀다며, 시집 안 가?!
수아	(엄마 입술에 쉿! 검지 갖다 대는, 그윽한) 오늘은 잔소리 금지. 난 나

수아모	학교에서 뭔 일 있었어?
수아	(거만한) 아, 이거 말해도 될까 모르겠네. 뭐 일단 내가 내 학생 구했다는 정도.
수아모	(흐뭇하지만 새침하게) 좋은 일 했네. 시래기 좋아하니까 많이 넣어줄게. (주방 들어가는데)
수아	공깃밥은 주지 마. 이따 볶아먹을 거야.
수아모	(헐... 고개 절레절레 주방 들어가는)
수아	(콧노래 부르며 수저 세팅하고)

에게 상을 줘야겠으니까.

#53. 동민의 집 앞 (밤)

자신의 집을 향해 걸음 옮기는 동민. 그때, 동민을 부르는 태수의 목소리. "동민아~"
동민 보면, 일각에서 나타나는 한 사람. 태수다.
비릿하게 웃음 짓는 태수. 그런 태수를 보며 흠칫 놀라는 동민.

#54. 병문고 이사장실 (낮)

소파 상석에 앉아있는 명주. 한쪽 소파엔 동민과 수아. 맞은편엔 태수와 태수의 부모가 앉아있다. 태수부는 양복에 국회의원 뱃지를 달고 있고.

명주	바쁘신 와중에 귀한 발걸음 감사드립니다. 동민 학생, 할머님께선...?
수아	아직 경찰 조사 중입니다. 제가 대신 보호자 자격으로...
태수모	누가 썼는지도 모를 똥 글 하나 때문에 뭔 고생이야. 쓴 사람은 잡으셨어요?

수아	(초조... 눈치...)
명주	(부드러운 미소) 따로 알아보진 않았습니다. 루머든 팩트든 이 자리에서 정리될 일이니까요.
태수모	그래도 이건 아니죠. 우리 태수가 뭐? 신분증 갈취에 학교폭력? 말 자체가 안 되잖아요...!
수아	태수 어머님, 진정하시고 애들 얘기부터 들어보심이...
태수부	(태수모 진정시키는) 여보 잠깐만. 이사장님이 알아서 잘 해주실 건데 왜 그래~.
명주	(옅게 미소)
수아	(그런 명주 바라보고)
태수부	이동민이라 그랬나? 아저씨도 게시판에 올라온 글 읽어봤어. 구타니 신분증이니 내용이 아주 가짜로 점철되어 있던데. 니가 한번 말해볼래?
동민	(긴장해 태수부 보는)
태수부	우리 신경 쓰지 말고 솔직하게. 정말 우리 아들이 널 괴롭혔니?
동민	(표정)
태수	그래, 니가 말 좀 해주라, 동민아. 나 정말 너무 억울해.
수아	(기가 차고)
태수	우리 그래도 잘 지냈잖아. 근데 왜 갑자기 그런 글이... (감정 울컥해 말 잇지 못하는)
태수부	(무거운 얼굴로 태수 토닥여주고)
태수	섭섭하게 한 게 있다면 사과할게. 미안해.
동민	(태수 바라보고)
태수	내가 더 잘할게. 대신 여기선 꼭... 진실만 말해줬음 좋겠어.
수아	(왜 얘기를 안 하지?, 동민 보는)
동민	(태수 보는 표정)
명주	동민 학생?
동민	(태수 보다가, 결국) 게시판에 올라온 글... 가짜예요.
수아	동민아.
동민	태수는 절... 때리지 않았어요.

태수   (남몰래 웃음 짓고)
동민   진짜 절 때린 사람은...

#55. 병문고 옥상 (낮)

난간에 기댄 채 서 있는 해성. 작게 한숨 내쉬고.

#56. 병문고 학생상담실 (낮)

상담테이블에 마주 앉아있는 수아와 동민.

수아   동민아, 왜 아까 솔직하게 말하지 않은 거야?
동민   (고개 푹 숙인 채 있고)
수아   선생님한테만이라도 말해줄래? 갑자기 왜 해성이 이름 말했는지.
동민   (울컥하는 표정에서)

#57. 회상, 동민의 집 앞 (밤)

동민을 벽에 밀어붙이는 태수. 커터칼을 동민의 입가에 갖다 대며,

태수   내일 한번 씨부려 봐. 아가리 확 찢어줄게.
동민   (두려운 얼굴 표정)
태수   그리고 하나 더. 지금까지 너 괴롭힌 사람은 누구다? 정해성이다.
동민   !! 안 돼, 그건.
태수   못 하겠음 별수 없고. 대신 니 할머니는... 빵에서 늙어 죽을 수도?
동민   ...!!

태수   내 말 잘 들으면 금방 나오게 할 수도 있을 거 같은데. (능글) 우리 동민이 그래도 할무이한테, 두부는 먹여야지~!

동민   (표정에서)

#58. 병문고 학생상담실 (낮)

수아   동민아, 선생님이 너 도와주고 싶어 이런 거니까... (하는데)

동민   아니에요.

수아   (보는)

동민   저 안 도와주셔도 되니까... 그냥 계셔주세요. 아무것도 하지 말아주세요.

결국 끄윽 끄윽 눈물 흘리며 오열하는 동민.
수아, 그런 동민을 안타까이 바라보고.

#59. 병문고 해성의 반 (낮)

어수선한 분위기 속, 비어있는 해성의 자리를 보며 수군거리는 학생들.

호진   일이 또 이렇게 흘러가네. 태수가 정해성 엿 먹인 거 맞지.

수진   이제 우리 해성이 어떻게 되는 거야? 진짜 퇴학당하는 거야?

채린   (하아...) 간만에 학교 다닐 맛 났는데.

자리에 앉아있는 유정과 예나.

유정   아무래도 징계는 못 피하겠지?

예나   (공부하며) 현재 스코어는. 중요한 건 엄마 결정이겠지만.

문득 예나, 유정을 보면, 유정, 걱정스레 해성의 빈자리 바라보고 있고.

예나   해성이 자린 왜 그렇게 봐?

유정   아무것도 아냐.

설마 유정이가 해성이를...? 유정을 바라보는 예나의 표정.

#60. 병문고 이사장실 (낮)

소파 상석에 앉아있는 명주. 옆엔 태수부와 태수모가 앉아있고.

태수부   (명주에게) 정해성인가 그놈, 학폭위 열어 퇴학시켜 주십시오.

명주   (퇴학?, 태수부 보는)

태수부   애가 아주 질이 안 좋은 거 같아요. 우리 태수도 걔한테 맞았다 그러고 이대로 넘기기엔 힘들 거 같습니다.

명주   (골치 아프게 됐다 싶은) 정해성 학생을 퇴학이요.

태수부   나 참, 내가 이 학교 다닐 때만 해도 그런 놈은 교문 문턱도 못 넘었는데. (농담조로) 이사장님 애들 관리 좀 하셔야겠습니다?

명주   (순간 표정 서늘해지면)

태수부   (아차 싶은) 죄송합니다, 제가 술이 덜 깨서...

태수모   어쨌든 부탁드릴게요, 이사장님. 이이가 이사장님 교육시티 통과시키려고 애쓴 거 아시잖아요.

명주   그 점은 감사하게 생각하고 있습니다.

태수부   (눈치 보며 일어서는) 그럼 저희 전부 싱크 맞은 걸로 알고 있겠습니다. 연락 주십시오.

꾸벅 인사 후 태수모와 밖으로 나가는 태수부.
명주, 작게 한숨 내쉬며 잠시 고민하다가, 탁자 위에 인터컴 누르곤,

명주   오수아 선생님 오라 하세요.

(경과)
무거운 침묵 속, 소파에 앉아있는 명주와 수아.

명주   정해성 학생. 학폭위 준비하세요.
수아   어... 그게 이사장님, 아시겠지만 학폭위가 열리게 되면 어떤 처분을
       받든 생기부에 기록이 남습니다. 적어도 상담을 통해 사실관계를 파
       악하고 학폭위 개최 여부를 결정하는 것이... (하는데)
명주   오수아 선생님? 지시에 따르세요.
수아   (명주 보다가, 결국) 알겠습니다. (인사 후 나가는)
명주   ...조금은 지켜보려 했는데, 아쉽게 됐네. (서늘한 얼굴 표정)

#61. 한강변 (밤)

땀 흘리며 조깅을 하고 있는 해성.
어느 순간 해성, 숨 몰아쉬며 걸음을 멈춘다. 생각에 잠긴다. 호흡이
돌아온다.
결심한 듯 뒤돌아 다시 달리는 해성.

#62. 배달 업체 사무실 앞 (밤)

오토바이를 몰고 사무실 앞에 도착하는 동민. 시동 끄는 그때, 해성이
앞에 선다.

동민   (시선 피하는, 해성 지나쳐 가려는데)
해성   왜 그런 거야?

동민	...미안. 나 들어갈게.
해성	협박당한 거야?
동민	...!!
해성	(동민 보면)
동민	맞아. 협박당했어. 너한테 누명 안 씌우면 우리 할머니 평생 교도소 갇히게 해주겠대. 이런 상황에서 내가 뭘 할 수 있는데? 난 싸움도 못하고 성적도 바닥이고 왕따에 등신 천치인데, 내가 뭘 어떻게 해야 되는데.
해성	(바라보고)
동민	나라고 생각 안 해본 줄 알아? 경찰에 신고할까, 선생님한테 말씀드릴까 아님 확 정말... 칼로 죽여버릴까. 하루에 수십 번은 넘게 그 새끼 죽이는 상상했어. 차라리 학교보단 감옥이 더 편할 거 같았으니까. 근데 내가 그렇게 가면, 우리 할머니는?
해성	(보는)
동민	그중 특히 분한 게 뭔지 알아? 현실은 동화가 아니라는 거. 난 그 자식한테 당한 상처와 트라우마 때문에 영원히 밑바닥 찐따로 살겠지만! 걔는 나를 괴롭혔다는 거조차 잊고 행복하게 잘 살 거라는 거.
해성	세상은 불공평한 법이니까. 난 니가 잘 이겨냈음 좋겠다.
동민	겪어보지도 않았으면서 그딴 소리 하지 마. 넌 내가 어떤 기분인지 절대 몰라.
해성	(동민 보는, 표정)
동민	(해성 노려보고)
해성	...그럴지도. 확인했으니까 간다.
동민	(걸음 옮기는 해성 바라보다가) 정해성. ...왜 나한테 뭐라 안 해?
해성	니 잘못 아니니까. 뭐가 됐든 전부.

잠시 동민을 바라보다 걸음 옮기는 해성. 어딘가 핸드폰 전화를 건다.

| 영훈(E) | (받는) 여보세요? |

해성	(성큼성큼 걸으며) 저번에 내가 말한 놈.
영훈(E)	박태수요?
해성	신원이랑 신상, 주변 인물 전부 파악해.

#63. 병문고 1층 (낮)

해성에 대한 학교폭력심의위원회 개최 공고가 붙어있는 학교 게시판.

> 대상 : 2학년 1반 정해성
> 사유 : 교내 학교폭력 및 학부모 신분증 갈취

#64. 병문고 회의실 (낮)

자리에 명패를 놓고 물컵 세팅하고... 학폭위 개최 준비를 하는 교직
원들의 모습.

#65. 병문고 이사장실 (낮)

소파에 앉아 차를 마시고 있는 명주와 예나.

명주	반 친구들 반응은 어떻니? 정해성 학생 학폭위 소집 관련해.
예나	학교 결정이잖아요. 별말은 없어요.
명주	다행이구나.
예나	(조심스레) 근데 그런 소린 있더라고요. 해성이가 누명을 쓴 게 아니냐는...
명주	중요한 건 피해자가 그렇게 진술을 했다는 거니까. 학교 입장에서 우

선순위는 태수 아버님 박민철 의원이고. 예나 니가 분위기 잡아줘.

예나   ...예, 엄마. 가볼게요. (꾸벅 인사 후 나가는데)

명주   교수님한테 연락 왔어.

예나   (뒤돌아선 채 멈칫, 긴장)

명주   과외 때 잠깐 졸았다며.

예나   (교복 재킷 위로 왼손 손목을 긁고)

명주   예나야? 엄마가 말하는데 여기 봐야지?

예나   (명주 보는) 다음부턴 조심할게요.

명주   (미소로) 그래. 믿는다, 우리 딸.

#66. 병문고 복도, 해성의 집 드레스 룸 교차 (낮)

교실 창문으로 보이는, 비어있는 해성의 책상.
미치겠다 싶은 얼굴로 핸드폰 통화 중인 수아.

수아   여보세요? 너 어디야.

해성의 집 드레스 룸. 스피커폰으로 수아와 통화하며 교복을 입고 있는 해성.

해성   시작했습니까?

수아   얘는 뭘 남 얘기하듯이, 너 빨랑 안 와?

광두   오 선생! 정해성이 아직 안 왔어?!

수아   예, 오고 있답니다! (핸드폰에) 들었지. 10초 준다, 당장 뛰어 와라.

해성   조금 늦을 거 같습니다. 시간 끌어주세요.

수아   너 자꾸 헛소리 당당하게 할래? 너 안 오면 퇴학이야...!

해성(E)   믿습니다.

수아   여보세요? 여보, (이미 끊긴 핸드폰 기가 차 바라보고)

#67. 해성의 집 차고 (낮)

드르륵 자동으로 열리기 시작하는 차고 문. 그 앞에 서 있는 해성.
해성의 모습 위로 깔리는, 해성과 영훈의 대화 소리.

해성(E) 구상태?

영훈(E) 애꿎은 사람들 민증 사서 걔들 명의로 도박사이트 운영 뛰는 놈이에
요. 박태수 관련 자료 중 이거다 싶은 건 그놈 하납니다.

차고 안으로 들어가는 해성. 커버가 덮여져 있는 무언가를 향해 다가
간다.

영훈(E) 최근 한 명이 총책 명의로 잡혔는데 성함이 최복순 씨. 선배랑 같은
학교 이동민이라고 있죠. 그 학생 할머니예요.

해성, 커버 확 젖히면! 모습을 드러내는 멋들어진 바이크 한 대...!

영훈(E) 구상태 소재 보내드릴까요?

바이크에 올라타 시동을 거는 해성. 그 위로

해성(E) 지금 바로.

#68. 도로 (낮)

빠른 속도로 도로를 질주해 나가는 해성의 바이크!

#69. 병문고 회의실 (낮)

중앙 테이블, 명주와 재문, 광두, 수아가 앉아있다.
옆의 테이블엔 학부모 운영위원회 소속 관계자 몇 명과 태수부, 태수
모가 앉아있고.
비어있는 테이블 앞 의자를 당황스레 바라보는 광두.

광두　　이게 벌써 시간이 오래됐는데... 오 선생?
수아　　(난처한) 예, 그... 해성이 금방 온다고...
태수부　언제까지 기다릴 수도 없고 시작하시죠.
광두　　그래도 이게... 학생이 없으면 진행이 안 되는 거라... (머리 긁적긁적)
태수모　켕기는 게 있으니까 안 오는 거 아니겠어요? 정 그러시면 태수랑 걔
　　　　누구야, 없이 사는 애. 둘이 불러서 얘기 듣든가요.
태수부　그렇게 갈음하시죠, 이사장님. 제가 이따 의원총회가 있어서.
명주　　...오수아 선생님? 두 학생 데려오세요.

#70. 구 사장의 사무실 (낮)

쾅! 문을 박차고 안으로 들어오는 해성. 멀뚱히 해성을 보는 구 사장
과 부하들.

구사장　댁은 뉘쇼?
해성　　고등학생.

#71. 병문고 회의실 (낮)

테이블 앞에 서 있는 동민과 태수.

태수	...동민이가 한 말은 전부 사실입니다. 저 또한 급식실에서 해성이한테 이유 없이 맞았고요.
동민	(고개 숙인 채 서 있는)
태수	고마워, 동민아. 용기 내줘서.
광두	그럼 이동민 학생한테 마지막으로 묻겠습니다. (확인하듯) 방금 전에 정해성 학생에 대한 진술, 거짓은 없는 거죠?
동민	(갈등하는)
광두	이동민 학생? 아까 한 진술 틀림없는 거죠?
수아	(간절히 동민 보는데)
동민	...전부 해성이가... 한 거 맞습니다.
재문	마무리하시죠, 이사장님.
명주	(잠시 있다가, 결국 고개 끄덕이는) ...그렇게 하세요.
광두	에, 그럼... 학교폭력 사건 관련 정해성 학생에 대한 학폭위 징계는, 정해성 학생에 대한 퇴학 조치를 내리는 것으로... (의사봉 두드리려 하는데)
수아	(벌떡 일어나) 잠시만요!!

#72. 구 사장의 사무실 (낮)

구 사장의 부하들과 격투를 벌이는 해성의 모습!

#73. 병문고 회의실 (낮)

명주	하실 말씀 있으신가요?
수아	어, 그니까 그게... 금강산도 먹고 보란 말이 있습니다.
광두	(황당히 수아 바라보고) 뭐?
수아	그니까 뭐냐... 오늘 점심이 돈가스거든요. 제가 돈가스를 무지하게

좋아하고 어머, 시간이 벌써 밥때가 다 되었네?

사람들　(뭐라는 거야?, 이상하게 수아 바라보고)

수아　한국인은 밥심! 마침 밥 먹을 때 다 돼가고 해성이도 좀 있으면 올 거니까... (하는데)

광두　됐어, 됐어, 앉아. 금강산을 왜 먹어, 말 같지도 않은 소릴.

수아　(미치고 팔짝 뛸 노릇이고)

광두　에, 그럼 이걸로... 학교폭력 사건 관련 정해성 학생에 대한 학폭위 징계는, 정해성 학생에 대한 퇴학 조치를 내리는 것으로...

광두, 의사봉 두드리려 하는 그때, 창밖에서 들려오는 빠아앙!! 바이크 클락션 소리!

광두　또 뭐야, 뭐!

#74. 병문고 해성의 반 (낮)

빠아앙!! 바이크 클락션 소리에 일제히 창가로 몰려드는 학생들.
창밖, 교복에 헬멧을 쓴 남자가 바이크를 타고 운동장에 들어오고 있는 모습!
남자의 뒤엔 헬멧 쓴 구 사장이 타 있고.

#75. 병문고 운동장 (낮)

본관 앞에 멋지게 드리프트 하며 멈춰 서는 바이크.
그 모습 창가에 붙어 구경하는 병문고 학생들.
학폭위 회의실 안 명주와 수아, 사람들.

수진	누구야?
채린	누군진 몰라도 존멋탱.

바이크 탄 채 헬멧을 벗는 남자. 이제야 드러나는 남자의 정체. 해성이다!

| 수아 | (입 떡 벌어지는) …미친놈. |

수아의 말이 끝나기 무섭게, 일제히 해성을 향해 환호성 지르는 병문고 학생들!
그 와중에 수진과 채린은 "오빠~~~~~!!" 난리 났고.
재밌다는 듯 픽 웃음 짓는 예나. 아이고야 싶어 이마에 손 짚는 유정.
2학년 2반. 탐탁지 않게 해성을 보는 현준과 승재.
학폭위 회의실 안 수아와 명주, 사람들 각각의 표정.
콘서트장을 방불케 하는 환호성 속, 서 있는 해성!

#76. 병문고 회의실 (낮)

벌컥 문 열고 안으로 들어오는 해성. 한 손엔 헬멧 쓴 구 사장이 붙잡혀 있고.

| 해성 | 죄송합니다. 늦었습니다. |

각자 자리에 앉아 해성을 바라보는 수아와 명주, 사람들. 일각에 동민과 태수.

| 해성 | 그럼 이제… 시작하죠. |

자신만만한 웃음 짓는 해성의 모습에서...!!

#77. 에필로그, 수아의 집 방 안 (밤)

침대에 앉아 사진 앨범을 보고 있는 수아.
앨범 속 사진 한 장, 교실에서 어린수아와 어린해성이 함께 찍은 사진
이다.
사진 속 어린해성 바라보는 수아의 모습에서.

#78. 에필로그, 수아의 어린 시절, 초등학교 교실 (낮)

책상을 사이에 두고 마주 앉아 도시락을 먹고 있는 어린해성과 어린
수아.
어린해성, 콩밥에서 콩을 골라내고 있으면,

어린수아 시현이 너 그러다 나중에 후회할걸? 우리 엄마가 콩 안 먹으면 키 안
큰대.
어린해성 나 봉자 너보다 큰데?
어린수아 나중에 이 멍충아. 그리고 봉자라 하지 말라니까.
어린해성 왜? 난 니 이름 예쁜데.
어린수아 (얼굴 화악 달아오르고)

계속해서 콩을 골라내는 어린해성. 그런 어린해성을 보다가,
새침한 얼굴로 자기 동그랑땡 해성의 밥에 올려주는 어린수아.

어린수아 나 다이어트 중이야. 어차피 버릴 거 너 먹어. (어린해성 보며 미소 짓고)

#79. 에필로그, 수아의 집 방 안 (밤)

수아   (사진 속 어린해성 보며, 아련한 미소) ...얘는 잘 지내려나.

- 3화 끝 -

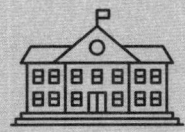

4화
정해성을 학생회로

#1. 구 사장의 사무실 앞 (낮)

허름한 건물 앞. 멈춰 서는 해성의 바이크. 헬멧을 벗는 해성, 건물을
바라보고.

#2. 샌드위치 가게 밖 골목 (낮)

들고 있던 구 사장 관련 서류를 바지춤에 넣는 영훈.
영훈, 걸음 옮겨 골목 밖으로 나가는데,
모퉁이 너머 떡하니 서 있는 두 사람. 안 팀장과 미정이다...!
영훈의 바지춤에서 서류 꺼내 안 팀장에게 건네는 미정.

안팀장   (서류 보다가) ...이럴 때 딱 너한테 어울리는 말이 있어, 영훈아.
              (영훈에게 다가가는) 니 죄를, 니가, 알렷다.
영훈   (뒤로 밀리다 벽에 부딪히면)
미정   (탕! 영훈에게 벽치기 선사하며) 정 선배 어딨어.

#3. 구 사장의 사무실 (낮)

쾅! 문을 박차고 안으로 들어오는 해성. 멀뚱히 해성을 보는 구 사장과 부하들.

구사장 댁은 뉘쇼?

해성 고등학생.

뚜벅뚜벅 사무실 안으로 들어오는 해성. 잠시 구 사장과 부하들 바라보다가,

해성 여기서 내가 구상태다. 거수.

부하들 (일제히 구 사장 바라보고)

해성 그쪽이 구상태?

구사장 아니 뭐 내가 맞긴 한데, 고삐리가 왜? 알바?

해성 박태수 알지. 걔랑 관련된 자료 전부 갖고 와.

부하1 근데 이게 자꾸 반말을 찍찍, 니 몇 살이야?!

구사장 아아, 됐어, 됐어. 요즘 애들은 가정교육 판타지로 배운다더라. (마스크팩 붙이며) 참교육 시켜주고 보내.

야구방망이와 각목 든 채 해성에게 접근해 가는 부하들. 차분히 그들 바라보는 해성.
곧바로 이어지는 부하들과 해성의 격투.
부하들의 공격 막고 피하며 하나씩 제압해 나가는 해성.
한 명 두 명 바닥에 쓰러져 나가는 부하들.
뭔가 이건 아니다 싶은 구 사장. 근처에 있던 골프채를 집어 든다.
구 사장, 몰래 해성의 뒤로 접근, 확 해성의 뒤를 후려치려 하는 순간!
사무실 문 벌컥, 안으로 뛰어 들어오는 영훈과 안 팀장, 미정!

영훈	선배!!

영훈, "이야아아아!" 힘껏 뛰어올라 구 사장을 향해 날아차기!
근데 거리가 짧다! 구 사장에 한참 못 미치는 곳에 떨어지고 마는 영훈...
황당히 영훈을 보는 구 사장과 해성. 순간 둘의 눈이 마주친다.
구 사장, 해성을 향해 다시 골프채 휘두르는데! 몸을 피하며 퍽! 돌려
차기로 구 사장의 머리를 가격하는 해성. 우당탕 나가떨어지는 구 사
장. 기절한 듯 축 늘어지고.

해성	여긴 어떻게 오신 거예요?
안팀장	(영훈 가리키는)
해성	(아오, 저걸...!)
안팀장	오면서 대충 얘기 들었어. 일단 시간 없으니까 자료부터 확보해.
미정	(컴퓨터 앞에 앉아 키보드 두드리기 시작하는)
안팀장	넌 자식아, 학폭위 그 중요한 거 왜 얘기 안 했어. 얘한테 안 들었으면 평생 모를 뻔했잖아.
해성	죄송해요.
안팀장	남한테 폐 안 끼치려 하는 마음 아는데 가끔 우리한테 의지 좀 하고 그래. 힘들면 좀 기대고 나누고. 우리 팀이잖아.
영훈	(고개 갸웃) 다 좋은데 이상하게 낯을 가려.
해성	(멋쩍은 미소)
미정	됐습니다. (컴퓨터에서 USB 뽑아 해성에게 던져주는)
안팀장	여긴 우리가 정리할 테니까 먼저 가. (구 사장 가리키는) 학폭위 중인 필요할 수도 있으니까 얘 같이 데려가고. 근데 너 뭐 타고 왔냐?

#4. 도로 (낮)

빠르게 도로를 달리는 해성의 바이크. 해성의 뒤엔 헬멧 쓴 구 사장이

타 있고.

#5. 병문고 교정 (낮)

운동장으로 들어오며 빠아앙! 클락션을 누르는 해성.
교실 안 학생들, 일제히 창가에 몰려들어 그 모습 바라보고.

#6. 병문고 운동장 (낮)

본관 앞에 멋지게 드리프트 하며 멈춰 서는 바이크.
그 모습 창가에 붙어 구경하는 병문고 학생들, 학폭위 회의실 안 명주
와 수아, 사람들인데,
바이크 탄 채 헬멧을 벗는 남자. 이제야 드러나는 남자의 정체. 해성
이다!
일제히 해성을 향해 환호성 지르는 병문고 학생들!
콘서트장을 방불케 하는 환호성 속, 서 있는 해성!

#7. 병문고 회의실 (낮)

벌컥 문 열고 안으로 들어오는 해성. 한 손엔 헬멧 쓴 구 사장이 붙잡
혀 있고.

해성   죄송합니다. 늦었습니다.

각자 자리에 앉아 해성을 바라보는 수아와 명주, 사람들. 일각에 동민
과 태수.

해성　그럼 이제... 시작하죠. (자신만만하게 웃음 짓고)

광두　정해성 학생, 지금 이게 무슨 경웁니까? 늦게 온 것도 모자라 학폭위에 외부인을 데려와요? 저 사람 누굽니까?

구 사장이 쓰고 있던 헬멧을 벗기는 해성.

태수　...!!

해성　이번 일에 중요한 증인이라서요. 설득하는 데 시간이 걸렸습니다.

명주　그게 무슨 소리죠? 증인이라니?

해성　(구 사장에게 귓속말) 지금부터 솔직히 다 털어놓는 거야. 안 그럼 너 한 대 더 맞는다.

구사장　(황급히 고개 끄덕이고)

해성　불법도박사이트의 실질 운영자 구상태 사장님? 여기 아는 사람 있죠.

구사장　예, 있습니다. (태수 가리키는, 어린애가 꼰지르듯) 쟤요.

태수　!! 뭔 개수작이야. 아저씨 나 알아?

해성　둘이 어떻게 아는 사이죠?

구사장　저희 사이트 VIP 고객입니다. 저한테 돈 되게 많이 빚졌어요. 그거 탕감해준다 하니까 회원도 데려오고 신분증도 갖고 오고, 이번에 경찰서 간 할머니도 쟤 때문이에요.

태수　아니에요 아버지, 저 새끼 다 구라예요. 저 믿어주세요.

태수부　(침착하게) 가만있어. (해성에게) 그래서, 자네가 데려온 저놈이 말하는 거랑 여기 학폭위가 무슨 관계가 있단 거지?

해성　(보는)

태수부　착각하나 본데 여긴 우리 아들 학폭위가 아니야. 자네 때문에 열린 학폭위지.

해성　제가 동민이한테 폭력을 가했냐 여쭤보시는 거라면... 아니요. 전 그런 적 없습니다.

명주　(해성 보는)

해성　그럼 누가 동민이를 괴롭혔냐고요? (사람들에게) 다 알고 계시잖아.

(태수에게 다가가며) 학교 애들 협박해 사이트 가입시키고, 그들 가족 신분증 뺏어 범죄에 사용하고. 자기보다 약하단 이유로, 넌 이래도 된단 이유로, 한 학생을 때리고 짓밟고 밤에 가래 뱉고 쓰레기통에 가두고. (태수 노려보는) 이 개새끼야.

태수 와, 나 열라 어이없네. 야, 이동민. 니가 말해 봐.

동민 ...!!

태수 뭐 해, 말해보라니까? 너 괴롭힌 거 이 새끼 맞잖아.

해성 (차분히 동민 바라보고)

태수부 이사장님, 계속 이렇게 있을 수도 없고 이제 그만 정리하시죠.

명주 동민 학생? 학폭위에서 피해자의 증언은 증거와 같은 효력을 가져요. 지금부턴 발언에 신중하길 바랍니다. 아까 한 진술 관련 할 말 있으세요?

동민 (끝내 아무 말 못 하고...)

명주 ...알겠습니다. 교감 선생님?

광두 에, 그럼... 학교폭력 사건 관련 정해성 학생에 대한 학폭위 징계는, 정해성 학생에 대한 퇴학 조치를 내리는 것으로... (의사봉 집는데)

동민 아니에요.

광두 (미쳐버리겠네...)

동민 해성이 아니에요. 다 박태수가 시킨 거예요. 지금까지 태수가 저한테 한 짓! 해성이한테 덮어씌우라고 우리 할머니 갖고 협박했어요!

태수 너 그 입 닥쳐라.

동민 (움찔)

태수 (동민에게 다가가) 이게 보자 보자 하니까 어디서 헛소리를. (쿡쿡 동민 찌르는) 야, 너 니 말 책임질 수 있어? 책임질 수 있냐고, 어?!

동민 (서럽지만 눈물 꾹 참고) 니가 이런다 해서 사실이 변하진 않아. 남들은 증거 없이 우기는 거라 해도, 난 끝까지 그렇게 얘기할 거야.

해성 동민아. 고마워. 너 이제 충분해.

동민 (결국 눈물 터지는) 내가 진짜 미안해.

해성 울지 마, 못생겨진다. (미소로 동민 머리 헝클이는) 방금 멋있었어. 이제부턴 내가 할게. (품에서 USB 꺼내는) 방금 구상태 사장의 증언을 뒷받침할 박태수 관련 증거들입니다.

태수   ...!!

해성   (수아에게 USB 건네며) 열어주세요.

수아   (??) 어디서 난 거야?

해성   (거참...) 묻지 말고 빨리.

수아, USB를 회의실 컴퓨터에 꽂으면, 회의실 벽면 스크린에 뜨는
USB 속 파일들.
**'박태수 환전 내역', '병문고 사이트 가입자 리스트(박태수 배당)', '박태
수 CCTV'.**
수아, **'박태수 CCTV'** 클릭해서 영상 재생하면,
구 사장의 사무실 안, 동민의 할머니 신분증을 구 사장에게 건네는 태
수의 모습.

해성   증거(USB), 증인(구 사장), 피해자(동민)의 진술. 이야, 이 정도면 이거,
       학폭위가 아니라 경찰서를 가야 될 거 같은데?

태수   너 저거... 저거 당장 꺼.

해성   축하해, 태수야. 너 끝났어.

태수   이 개새끼야!

해성에게 달려들어 퍽! 주먹을 날리는 태수. 헉 놀라는 사람들인데,

해성   (씨익 웃는) 니가 먼저 때렸다.

곧바로 퍽! 태수의 얼굴에 주먹을 날리는 해성.

태수모   !! 태수야!!

태수부   이런 미친놈이...! 이게 감히 누구 아들을!

해성의 뺨을 날리려 드는 태수부. 그때! 덥석 태수부의 팔을 붙잡는 수아.

수아 제 학생입니다.
태수부 넌 또 뭐야! (수아의 뺨 날리려 드는데)

그 순간 수아, 태수부의 팔을 붙잡아 엎어치기! 바닥에 태수부를 꽂아 버린다. 쿵!

태수모 여보! 태수야!!

난리법석 한 상황 속 태수부에게 몰려드는 광두와 학폭위 관계자들.
그 가운데 피식 미소로 해성을 보는 명주.
뿌듯한 표정의 해성과 용기 낸 동민의 어깨를 토닥이며 미소 짓는 수아.

#8. 병문고 복도 (낮)

회의실 밖으로 나와 걸음 옮기는 해성.

동민 (회의실 밖으로 나와) 해성아.
해성 (멈칫, 동민 보면)
동민 나 때문에 미안해. 처음부터 솔직하게 말했어야 했는데.
해성 나중에 매점에서 빵이나 사. 그때 그 빵 맛있더라. (걸어가려 하는데)
동민 왜 나한테 잘해주는 거야?
해성 (표정)
동민 사실 예전부터 궁금했거든. 나 같은 애 전부 학교에서 투명인간 취급 하는데... 넌 안 그러니까.
해성 (잠시 있다가, 따스한 미소로 동민 보는) ...누구랑 닮아서.

무슨 말인가 싶은 동민. 그런 동민을 미소로 바라보다가 걸음 옮기는
해성.

#9. 병문고 이사장실 (낮)

소파에 앉아있는 명주와 태수부. 각자의 앞엔 차가 놓여있다.
명주의 옆엔 재문이 서 있고.

명주	아무래도 태수 학생은... 퇴학조치를 시켜야 할 거 같습니다.
태수부	!! 이사장님.
명주	형사 사건에 연루됐어요. 제가 허용할 수 있는 선 밖이고 태수 학생을 안고 가기엔 저희 학교가... 리스크가 너무 큽니다.
태수부	(허! 기가 찬 듯 헛웃음 짓곤) 단물이란 단물은 싹 다 빼먹어 놓고, 이 제 와 쓰니까 뱉으시겠다?
명주	(동요 없이 찻잔 드는데)
태수부	이사장님 이러시면 곤란하지~. 교육시티 허가 누구 때문에 받았는지 잊으셨어?
명주	(차 마시려다 멈칫, 표정 서늘해지는)
태수부	미지급한 공사 대금이 몇천 억은 된다며. 안 그래도 투자자들 발 빼려 고 각 보고 있단 소리 들리던데, 야야, 이거 소문 잘못 나면 우리 이사 장님, 평생 숙원사업 목전에서 엎어질 수도 있겠습니다?
명주	(바라보고)
태수부	좋게 좋게 갑시다, 이사장님. 알아들었으면 우리 아들 퇴학은 없던 걸 로... (하는데)
명주	정치하는 것들은 이게 문제야.
태수부	뭐?
명주	지들이 그 자릴 어떻게 올라갔는지, 누가 올려줬는지 올챙이 적 생각 을 못해.

태수부   (벌떡 일어나) 이런 미친년이!

다가와 태수부의 입에 손수건을 쑤셔 넣는 재문. 이내 태수부를 넘어 뜨리곤, 일상을 대하듯 담담히 마구 태수부의 배를 때린다. 퍽-! 퍽-! 차분히 차를 마시다가, 어느 순간 슥 손을 드는 명주. 재문, 명주의 사인에 주먹질 멈추면, 꺽꺽대며 바닥을 뒹구는 태수부.

명주   (태수부에게 다가가) 사람이 문제를 해결할 때요, 의원님. 제일 간단한 방법이 뭔지 아세요? 그 사람을 치우는 거예요. 다신 내 앞에 안 보이게.

태수부   (두려움 섞인 얼굴로 명주 보는)

명주   앞으론 제 말에 토 안 다는 걸로. (애교스레 인상 찡그리는) 나 무례한 사람 싫어하잖아.

(경과)
생각에 잠긴 얼굴로 소파에 앉아있는 명주.

명주   ...초대 이사장님께서 남기신 금괴.

재문   (명주의 찻잔에 차 따라주다가, 명주 보는)

명주   조금은 서둘러야겠어요.

살짝 초조한 얼굴로 차를 마시는 명주.

#10. 병문고 교정 (낮)

보랏빛 꽃송이들 몽글몽글 매달려 있는, 등나무 그늘 아래 벤치.
해성의 입가 상처에 소독약 발라주고 있는 수아.

해성　(쓰라린) 스읍, 아퍼, 아퍼.

수아　하여튼 엄살은. 태수는 퇴학처리 됐어. 사안이 워낙 세서 국회의원도 커버가 안 되나 봐.

해성　다행이네요.

수아　아무리 의도가 좋다 해도 어디 가서 사람 막 패고 그럼 안 돼. 벌점 대신 주의.

해성　(미소로) 주의하겠습니다.

해성의 상처에 소독약 발라주다가... 문득 해성을 보는 수아.
해성 또한 수아를 바라보고...

수아　(괜히 해성의 시선 피하는, 응급함 뒤적이며) ...소독 끝! 밴드는 니가 붙여.

해성　...고마워요.

수아　뭐가?

해성　게시판에 글 써주신 거요. 자신 있게 말하는데 아무나 할 수 있는 일 아니었어요. (미소로 수아 보는) 칭찬합니다.

수아　(시치미) 내가 쓴 거 아닌데? 어떤 훌륭하신 분이 쓴 거지. 그리고 얘가 어디 선생님한테 칭찬이다 뭐다, 너 은근히 건방져?

그때, 슥 손을 내밀어 수아의 머리칼에 꽃잎을 떼어주는 해성.

수아　...!!

해성　(꽃잎 보여주는) 머리에 붙어있어서.

놀란 얼굴로 해성을 바라보다가, 갑자기 벌떡! 성큼성큼 걸음 옮기기 시작하는 수아.
당황과 긴장, 설렘과 두근거림 등 온갖 감정이 짬뽕된 표정.

해성   (수아의 뒷모습 바라보다가) …왜 저래?

#11. 병문고 1층 (밤)

건물 안 모든 불이 꺼진, 아무도 없는 병문고. 1층 현관문을 안쪽에서
잠그는 김 씨.
그리고 한쪽에 보이는… 음산하고 불길한 괘종시계의 모습. 그 위로

동민(E)   항상 1등이었던 친구한테 밀려 2등만 하던 여학생.

#12. 몽타주

/ 과거, 병문고 교실 (낮)

50년대 병문고 교실.
자리에 앉아 중간고사 성적표를 보고 있는 여학생1. 석차, 전교 2등이다.
여학생1 고개 돌리면, 교실 한쪽 자리, 친구들의 축하를 받고 있는 여
학생2가 보인다.
그런 여학생2를 노려보는 여학생1. 성적표를 마구 구겨 버리고.

동민(E)   친구에 대한 질투로 눈이 먼 여학생은, 해선 안 될 짓을 하고 말았어.

/ 과거, 병문고 옥상 (밤)

난간에 기댄 채 서 있는 여학생2. 잠시 후 여학생1이 여학생2에게 다
가온다.
여학생2, 여학생1에게 반가운 미소 짓는데,
순간 확! 여학생2를 난간 밖으로 밀어 버리는 여학생1. 쿵-!
본관 현관문 근처, 새빨갛게 충혈된 눈 부릅뜬 채 절명하고 만 여학생2.

그런 여학생2의 모습... 본관 1층 괘종시계 유리에 반사되어 나타나고...
그리고 울리기 시작하는, 불길하고 섬뜩한 뎅- 괘종시계 소리.

동민(E) 바닥에 머리부터 떨어져 죽은 친구. 친구를 보며 여학생은 생각했대.
여학생1 (난간 밖 보며, 떨리는 얼굴로 미소 짓는)
동민(E) 이젠 내가 1등이다.

/ 과거, 병문고 교실 (밤)

홀로 자리에 앉아 공부를 하고 있는 여학생1.
교실 밖에선 뎅- 괘종시계 소리가 섬뜩하게 울려 퍼지고 있고.
괘종시계 소리가 멈춘다. 잠시 후 들려오는, 쿵! 무언가 떨어지는 소리.
무슨 소리인가 싶어 고개를 드는 여학생1. 다시 소리가 들려온다. 쿵-!
점점 가까워지는 소리. 바싹 긴장한 얼굴 표정의 여학생1.

/ 과거, 병문고 화장실 (밤)

황급히 안으로 들어오는 여학생1. 칸막이 중 마지막 칸으로 들어간다.
바닥에 주저앉아 덜덜 떠는 그때, 갑자기 들려오는 쿵-, 끼익 화장실 문을 여는 소리.
점점 더 가까이 다가오는 소리에 눈을 질끈 감는 여학생1.
어느 순간, 소리가 뚝 끊긴다. 불길한 정적.
조심스레 눈을 뜨는 여학생1. 칸막이 아래 틈으로 밖을 보면!
옥상에서 떨어질 때 모습 그대로, 거꾸로 선 채 여학생1을 노려보고 있는 누군가.
새빨갛게 충혈된 눈의 여학생2다...!

#13. 샌드위치 가게 (밤)

불 꺼진 어두운 가게 안, 촛불 하나 켜 놓은 채 마주 앉아있는 해성과 동민.

동민   친구를 죽인 여학생은 시신으로 발견됐고, 그때부터 소문이 돌기 시작했대.

해성   (긴장) 시계가 울릴 때 절대 학교에 있지 마라,

동민   새빨간 눈이 널 잡으러 올 것이다.

해성   (긴장한 채 있다가 한숨 돌리는) ...이런 게 두 개나 더 있단 거지.

동민   4대 괴담이니까. 근데 신기한 게 뭔지 알아? 마지막 괴담은 아무도 모른다는 거.

해성   동민이 너도?

동민   인터넷이며 책이며 아무리 찾아도. 계속 찾고 있긴 한데 아직은 오리무중.

해성   (흐음... 생각에 잠기는데)

동민   ...근데 해성아, 이 사람들은 여기 왜 있는 거야?

동민, 촛불 들어 옆 테이블 비추면, 어둠 속에 앉아있는 안 팀장과 영훈, 미정...!

해성   아이, 깜짝이야, 뭐 하는 거예요...!

안팀장   어우야, 얘기가 너무 무섭다. (영훈에게) 불 켜, 불 켜.

영훈이 실내등을 켜면, 이제야 보이는 사람들이 있는 곳. 안 팀장의 가게다.

동민   (해성에게) 아는 분들이야?

해성   내가 얘기 안 했나? 나 여기서 알바 하잖아.

영훈   (테이블에 샌드위치 놔주며) 아이고, 우리 해성이 친구. 이름이 뭐예요.

해성   (픽 웃고)

동민	이동민입니다.
영훈	오케이, 기억하겠스. 혼자도 괜찮으니까 자주 놀러 와요. 서비스 많이 줄게.
해성	배고프겠다. 내가 살 테니까 많이 먹어.
동민	잘 먹을게. (샌드위치 먹는, 놀란) 맛있다.
해성	방금 구운 거니까 따뜻할 때 먹어. (샌드위치 한입 먹곤, 놀라 안 팀장에게) 왜 이렇게 맛있어?
세사람	(해성에게 엄지척!)

샌드위치 맛있게 먹는 동민. 그런 동민을 흐뭇이 보는 해성.
함께 샌드위치 먹는, 보기 좋은 두 사람의 모습.

#14. 샌드위치 가게 밖 (밤)

동민에게 들고 있던 봉투 건네주는 해성. 동민 보면, 청심환과 몸살약 등이 들어있다.

해성	할머니 많이 놀라셨을 거야. 가서 잘 챙겨드려.
동민	고마워. (빤히 봉투 보다가) 친구 생기니까 좋긴 좋다.
해성	(순간 멈칫, 이내 대수롭지 않게) 넌 왜 자꾸 전부터 오글거리게. 그리고 고등학교 때 친구 어차피 다 한때야. 졸업하면 다 찢어지고 연락도 뜸해져. 이름도 기억 못 해.
동민	(웃음 짓는) 나는 너 할 건데?
해성	아이고, 퍽이나 그러시겠다. 나중에 두고 본다.
동민	나 갈게.
해성	(걸음 옮기는 동민 미소로 바라보는데)
안팀장	(해성에게 다가와, 농담조로) 그러니까, 쟤 때문에 오늘 그 생고생을 한 거라 이거지.

| 해성 | 우리 팀 실적 올렸잖아요. 걸로 퉁 칩시다. |

인서트

국정원 취조실.

당황스런 얼굴로 자리에 앉아있는 구 사장. "...제가 왜 국정원에?"

맞은편엔 미정이 앉아있고. "이름."

안팀장	...아까 재랑 있을 때 니 표정, 좋아 보이더라.
해성	(옅게 웃는) 그랬나?
안팀장	사실 너 옛날에 학교 때려친다 했을 때, 말렸어야 했나 후회 좀 했거든. 고등학교 3년, 인생에 다시 없을 10대. 그 나이, 그 시간 때만 가질 수 있는 추억들 뭐 그런 게, (괜히 울컥) 넌 없으니까.
해성	우리 아저씨 진짜 갱년기네. 눈물 너무 많다.
안팀장	너도 나이 먹어봐.
해성	밥부터 먹읍시다. (안 팀장 어깨동무하곤 가게 들어가는)

#15. 수아모의 가게 (밤)

마주 앉아 라면을 먹고 있는 수아와 수아모.

수아	(먹는 둥 마는 둥 멍하니 있으면)
수아모	애가 또 왜 이래? 고사 지낼 거면 딴 데 가서 지내. 밥맛 떨어지게 하지 말고.
수아	(하아... 땅이 꺼져라 한숨)
수아모	에에? 너 뭔 일 있냐?
수아	아니 그냥... 그냥 자꾸 가슴이... 선덕거려.
수아모	(뭔 소리야?) 두근이랑은 다른 거야?
수아	달라, 달라, 뭔가 좀... 여튼 있어.

수아모	너 남자 생겼냐?
수아	바빠 죽겠는데 남잔 무슨... 아, 몰라, 엄마 다 먹어. (물 마시는데)
수아모	학생은 아니지?
수아	(푸웁! 마시던 물 뿜어버리는)
수아모	(세상에...) 맞아?
수아	엄마 오해하지 마, 엄마가 생각하는 그런 게 절대 아니라... (하는데)
수아모	(수아에게 가 등짝스매시!) 이놈의 기집애가 미쳐가지고! 선덕은 니가 선덕여왕이야? 너 오늘 뒤졌어. (근처 빗자루 주워드는)
수아	(벌떡 일어나) 엄마, 잠깐만, 엄마.
수아모	한 대 맞을 거 열 대 맞는다. 일로 와라.
수아	(휙 밖으로 도망가는)
수아모	야!!

#16. 백화점 전자기기 스토어샵 (밤)

최신 핸드폰과 스마트워치 등 전자기기들을 구경하고 있는 예나.
유정은 쇼핑백들 잔뜩 든 채 한 걸음 뒤에서 기기들 구경하고 있고.

예나	(진열대 안 어느 스마트워치 보곤) 그나마 제일 낫네. 얼마예요?
직원1	780만 원입니다.
유정	(우와... 입 벌어지는)
직원1	(진열대에서 스마트워치 꺼내며) 전 세계 100개만 출시된 한정판입니다. 고객분들 중에도 VIP분들에게만 판매하고 있는 상품이고요.
예나	(직원1에게 카드 건네주며) 일시불로. 패키징은 하지 말고.
유정	(부럽다는 듯 예나 바라보고)
예나	아, (다른 스마트워치 가리키는) 저것도 같이.
직원1	이 상품도 패키징 빼드릴까요?
예나	선물용이니까 포장해주세요. 특별히 신경 써서.

#17. 백화점 밖 (밤)

백화점 앞 도로변에 서 있는 유정과 예나.
선물용 스마트워치 들어있는 작은 쇼핑백을 들고 있는 예나.
반면 유정은 어깨에 쇼핑백들 잔뜩 메고 있고.

유정 (힐끔 예나가 들고 있는 작은 쇼핑백 보는)

예나 유정아 미안해. 힘들었지.

유정 아냐. 구경도 하고 재밌었어.

예나 너무 내 꺼만 샀나? 넌 왜 안 샀어, 뭐라도 사지.

유정 필요한 게 없어서. 괜찮아.

예나 우리 다음 주에 또 같이 오자. (번뜩, 투정) 아니다. 당분간 중간고사 때문에 정신없겠다.

유정 너야 뭐 항상 전교 1등이잖아. 미리 축하해.

예나 (기분 좋으면서) 지난 성적이 뭐가 중요해, 중요한 건 지금이지. 유정 이 넌? 시험 준비 잘 하고 있어?

유정 나름 열심히. 2학년 내신 중요하잖아.

예나 (장난스레 유정 흘기는) 엄청 열심히 하는 거 같던데... 이번에 나 이 기는 거 아냐?

유정 설마. 내가 널 어떻게.

예나 (미소로) 그런가?

유정 (예나의 작은 쇼핑백 보는, 슬며시) 이건 누구 주려고 산 거야?

예나 이거? 해성이.

유정 혹시 해성이한테 관심 있어?

예나 굳이 말하자면 많이. 어? 왔다.

예나의 앞에 멈춰 서는 고급 승용차. 트렁크 안에 쇼핑백들을 넣는 유정.

예나 계속 걸어 다녔더니 피곤하다. 나 먼저 갈게.

유정　잘 가. (예나의 차 바라보다가, 한숨 푹 내쉬고)

#18. 안 팀장의 집 거실 (밤)

안으로 들어오는 유정. "다녀왔습니다."
장 여사는 식탁에 저녁 밥상 차리고 있고,

장여사　왔어? 씻고 밥 먹어.
유정　(방에 들어가려 하다가) 저기 엄마.
장여사　(보는)
유정　오빠 작전 언제까지 하는 거래? 막 몇 달 걸리고 그런 건 아니지.
장여사　그걸 낸들 아니? 왜, 해성이 학교에서 뭔 일 있어?
유정　아니 그런 건 아니고오... 아, 됐어, 여튼 그냥 짜증 나. 가뜩이나 스트레스 장난 아닌데 걔는 우리 학교 왜 와가지고.
장여사　(숟가락 들고 확!) 이노무 기집애가 오빠한테 말버릇.
유정　(뚱한) 엄만 맨날 나한테만 그러냐? 안 먹어! (휙 방으로 들어가는)
장여사　저거 진짜 성격 지 아빠 닮아서...! 너 이따 배고프다 하기만 해봐!

#19. 수아의 꿈, 병문고 교정, 초등학교 교정 교차 (낮)

슥 손을 내밀어 수아의 머리칼에 꽃잎을 떼어주는 해성.

해성　(꽃잎 보여주는) 머리에 붙어있어서.

놀란 얼굴로 해성을 보는 수아.
화면 서서히 오버랩 되면서... 꽃잎을 들고 있는 해성의 모습, 어린해성으로 바뀐다.

장소 또한 초등학교 교정으로 바뀐다.

어린해성 (꽃잎 보여주는) 머리에 붙어있어서.

웃음 짓는 어린해성과 어린수아. 서로를 보며 서 있는 두 아이의 모습.

#20. 병문고 교무실 (낮)

중앙 회의테이블, 선생님들 사이에 숨어 꾸벅꾸벅 졸고 있는 수아.
그 밖에 리안과 준호, 다른 선생님들은 교사회의를 하고 있고.

광두 에... 학생회 지도교사 선출안. 다들 아시겠지만, 태수 학생 문제로 학교가 좀 시끄러웠어요. 이러다 보니 위에서 학생회 지도교살 뽑으라네? 지원할 사람?

리안 (작게) 말로만 지도교사지 학생회 시다를 누가 한다고.

준호 (작게) 학교 실세들이잖아요. 샘들 누구도 못 건드리는.

광두 에에? 샘들 자꾸 이럴 거야? 이거 못 정하면 회의 안 끝나.

그때 갑자기 들려오는, 쿵 짧게 코 고는 소리.
광두와 선생님들 보면, 숨어서 졸고 있는 수아가 보이고...

광두 ...지도교사 안 할 사람 일어서.

일제히 일어서 제 자리로 돌아가는 선생님들.
이제야 부스스 눈을 뜨는 수아. 뭐야, 뭐야? 어리둥절한데,

광두 키야, 역시 오 선생의 희생정신. 이러니 오 선생을 사랑할 수밖에.

수아 (정신없는) 아니 뭐가... 뭐가 저를 왜 사랑...

리안	(지나가다가) 학생회 지도교사. (걸음 옮기고)
수아	예?!
광두	땅땅땅 결정! 회의 끝!

후다닥 도망가는 선생님들과 광두. 휑한 회의 테이블 홀로 남은 수아.

#21. 병문고 1층 (낮)

고장 난 괘종시계를 바라보며 서 있는 해성.
해성, 주위를 둘러본다. 아무도 없다. 괘종시계에 다가가 힘껏, 강제로 시계를 열려고 하는데, 하지만 꿈쩍도 하지 않는 괘종시계...
요놈 봐라? 목과 손 풀어주곤 재도전에 임하는 해성. 젖 먹던 힘 다해 용쓰는 그때,

유정	(어느새 다가와) 뭐 하냐?
해성	(자연스레 재킷 소매로 시계 닦는) 어우야, 먼지가 이게 너무, 기관지 괜찮아?
유정	가지가지 한다, 가지가지 해. 비켜, 길막하지 말고.

학교 게시판에 다가가 들고 있던 공고문을 붙이는 유정.
'학생회 임원 모집.'

해성	학생회 임원 모집?
유정	대단하신 누구 덕분에. 고맙기도 하고 걱정되기도 하고 복잡해.
해성	걱정은 왜?
유정	학생회 눈에 띄었으니까? (들고 있던 사진들 중 예나의 사진 붙이는) 특히 우리 학생회장님한테.
해성	(큼... 헛기침) 내가 붙일게.

유정에게 학생회 활동사진들 받아 게시판에 붙이는 해성.
유정, 그런 해성을 잠시 바라보다가, 주변 둘러보곤 가까이 붙어,

유정   오빠, 너 여기 언제까지 있을 거야?
해성   갑자기 왜?
유정   (쩝...) 아니 그냥. 뭐가 되게 꼬인다~ 싶어서.
해성   뭔 일 있어?
유정   아무 일도 없습니다. 손 논다, 빨리 붙여.

들고 있던 사진을 붙이다가 멈칫, 표정 날카로워지는 해성.
학생회 학생들이 학생회실에 앉아있는 사진. 그런데 사진 속,
1층의 괘종시계와 똑같은 괘종시계가 있다?

유정   뭘 그렇게 봐?
해성   (사진 속 괘종시계 가리키는) 이 시계 원래 두 개야?
유정   쌍둥이 시계?
해성   (유정 보는)
유정   우리끼린 그렇게 불러. 원래 처음부터 두 개 있었다고.

사진 속 괘종시계를 바라보는 해성. 그 옆에 유정.
그리고 보이는... 두 사람의 모습 일각에서 바라보고 있는 한 사람. 예
나다.
묘하게 기분 나쁜 얼굴로 유정을 보는 예나.

#22. 병문고 복도 (낮)

학생회실 문 앞. 도어락을 바라보며 서 있는 해성. 고개 돌려 보면, 복
도 한쪽, 학생회실 문을 비추고 있는 CCTV 카메라가 보이고.

해성, CCTV를 등진 채 품에서 도어락 해제기를 꺼낸다. 도어락에 갖다 대보지만,
여전히 열리지 않는 문. 해제기 품에 넣곤 작게 한숨 내쉬는 해성인데, 그때,

예나 정해성.
해성 (보면, 예나가 다가오고 있고) 안녕.
예나 여기서 뭐 해?
해성 혹시 구경 좀 할 수 있을까 해서. 학생회실 견학차.
예나 학생회에 관심 있는 줄은 몰랐네?
해성 어, 뭐... 조금?
예나 (픽 웃는) 근데 어떡하지? 일반 학생은 학생회 출입금진데.
해성 어떻게 안 될까? 매점에서 빵 살게.
예나 (해성이 재밌는) 차라리 학생회 임원 되는 건 어때?
해성 (보는)
예나 그럼 다 해결될 거 같은데. 니가 여기 들어오는 것도, (도발적인) 내가 너랑 친해지는 것도.
해성 나랑 친해지는 거?
예나 (스마트워치 박스 건네는) 내 꺼 사는 김에 같이 샀어.
해성 (예나 보는)
예나 나 팔 아퍼, 빨리 받아. 얼마 안 하니까 부담 갖지 말고... (하는데)
해성 얘가, 얘가 학생이 돈이 어딨다고. 됐으니까 빨리 가서 환불받아. 영수증 있지.
예나 (당황) 응?
해성 이런 거 살 돈 있으면 마, 문제집을 사. 너 어머니가 이사장님이라고 돈 이렇게 막 쓰면 안 돼.
예나 아니 난... 난 너랑 잘 지내려고...
해성 친해지고 싶으면 방법부터 새로 배워. 너 한 번만 더 이래 봐. 나한테 혼나.

걸음 옮기는 해성을 바라보는 예나. 뭔가 억울하고 당황스럽기도 한데, 그런데 해성, 어느 정도 걸음 옮기다 다시 되돌아온다?
예나, 그런 해성을 보면,

해성   어떻게 해야 돼? 학생회 임원 되려면.

#23. 병문고 학생상담실 (낮)

상담테이블에 마주 앉아있는 해성과 수아.

수아   학생회 지원 자격?
해성   지도교사님께 여쭤보라 해서요.
수아   갑자기 웬 학생회?
해성   평소에도 원래 고민이 많았어요. 내가 이 학교를 위해 해줄 수 있는 것은 무엇일까. 학교를 향한 내 사랑과 열정을 어떻게 보여줘야 될까.
수아   (기가 찬) 그게 학생회다?
해성   (핑거스냅 딱!) 정답.
수아   참 말은 청산유수예요. 기다려봐. (일어서는, 책꽂이에서 내규집 꺼내 훑다) ...여기 있다. 학생회칙 3장 14조, '병문고 학생회에 지원코자 하는 학생은 다음의 자격요건을 충족하여야 한다. 첫째, 최근 내신 석차 전교 10등 이내. 둘째, 학생회 임원 지원자 추천인 서명 100명.'
해성   (작게 한숨 내쉬는데)
수아   그리고 마지막.
해성   또?
수아   '학생회 임원 선발에 관한 최종 권한은, 해당연도 학생회장이 갖는다.' (내규집 덮는) 대충 이 정도.
해성   (쉽지 않겠다 싶은, 표정에서)

#24. 병문고 1층 (낮)

라운지 테이블. 마주 앉아있는 해성과 동민.
추천인 명단 첫 번째 칸에 자신의 이름을 쓰는 동민. 명단 해성에게
넘겨주며,

동민   학생회 임원 응원할게. 파이팅.
해성   땡큐.
동민   나머지 99명은 어떻게 받을 거야?
해성   (자신 없지만...) 잘 받아봐야지. 혹시 아는 사람 있어?
동민   (멀뚱) 나한테 묻는 거?
해성   ...미안하다.
윤철(E) 싸인은 또 형이 전문이지.

해성의 옆에 앉는 윤철. 동민의 옆엔 범식이 앉고.

윤철   뭐야, 어따 하면 돼. 여기 하면 돼? (추천인 명단에 이름 적고)
해성   넌 왜 갑자기 친한 척이야?
범식   요. (동민과 착착 핸드셰이크 하는)
해성   저긴 언제 친해졌고.
윤철   (표정 아련...) 묻지 마. 많은 일이 있었다.

#25. 회상, 병문고 분리수거장 (낮)

야구방망이를 든 채 당황스레 서 있는 동민.
그 앞엔 윤철과 범식이 덮드려뻗쳐를 하고 있고...

윤철   그동안 미안했다, 동민아. 화 풀릴 때까지 우릴 마구 쳐!

동민	애들아 이러지 마. 나 괜찮아.
범식	우리가 죽을죄를 졌다. 정말 미안하다.
윤철	우린 맞아도 싼 놈들이야. 우릴 쳐!
동민	(주저하다가, 결국) ...그럼 한 대만 칠게.

순간 돌변하는 동민의 눈빛. 이내 풀스윙으로 윤철의 엉덩이를 강타!
떪!! 너무 아파 소리도 못 지르는 윤철이고...

#26. 병문고 1층 (낮)

윤철	가끔 똥꼬 풀리긴 하는데 괜찮아. 기저귀 찼어.
해성	(윤철의 엉덩이 바라보고...)
범식	근데 이거 다 채울 수나 있겠냐? (벌떡 일어나) 우리가 도와줄게!
윤철	(벌떡 일어나) 우린! 친구니까!
해성	아니 난 너희 같은 친구 별로...

해성의 말이 끝나기도 전에 명단 한 장씩 들곤, 어기적어기적 근처 학
생들 향해 흩어지는 윤철과 범식.
두 사람 학생들에게 뭐라 뭐라 말하면, 학생들, 손사래 치며 황급히 자
리를 피하고...

동민	별로 도움 안 될 분위기지?
해성	(고개 끄덕이고)

결국 어기적어기적 다시 자리로 돌아오는 윤철과 범식...

윤철	난 그렇게 생각해, 해성아. 중요한 건 마음이다.
범식	난 이거 맞다고 봐.

해성 (머리 지끈한 듯 이마에 손 짚고)

#27. 샌드위치 가게 (밤)

한자리에 모여 있는 해성과 안 팀장, 미정과 영훈.

안팀장 뭔 놈의 학교가 대통령 뽑겠단 것도 아니고 뭔 심사가 그리 ᵗᵗ빡빡해?

영훈 (자신만만) 에이, 인기투표는 얼평인데 우리 선밴 문제없죠.

미정 추천인 명단부터 보죠. 몇 명 받으셨어요?

민망한 얼굴로 입회 추천서 슥 내미는 해성.
세 사람 보면, 추천 서명 받은 사람, 딸랑 동민과 윤철, 범식 세 명이다?

영훈 얼굴이 다가 아니구나...

안팀장 아니 이게... 이게 말이 되는 교우관계야? 니네 반 애들만 다 받아도 20명이잖아.

해성 그, 제가 낯가리는 그런 지점이 있으니까... 내일부터 받을 거야, 내일부터.

미정 중간고사는요? 전교 10등 자신 있으신지.

해성 (자신만만) 고등학교 중간고사 까짓거. 나 국정원 공채야~.

(경과)
40점, 50점, 30점... 충격과 공포로 시험문제지 채점 점수를 바라보는 해성.

영훈 (툭툭 해성의 어깨 쳐주곤) ...힘내십시오. (걸음 옮기는)

미정 (툭툭 해성의 어깨 쳐주곤) ...수학 집합만 맞은 건 의지 문제예요, 선배. (걸음 옮기는)

안팀장	그 일단... 야, 이거 어떡하냐, 큰났네.
해성	(시험문제지 보며 중얼중얼) 이럴 리가 없어. 교육과정이 바뀌어서 그래.
안팀장	(저쪽에 영훈에게) 중간고사 얼마 남았다고?
영훈	(손가락으로 '7' 만드는)
안팀장	정해성, 정신 차리고 아저씨 봐. 서명받는 건 우리가 어떻게든 해볼 테니까 그동안 넌 무조건, 무조건 중간고사 집중해.
해성	말도 안 돼... 나 공챈데...
안팀장	알았으니까, 좀. 원래 공부머리 있으니까 좀만 하면 될 거야. 집중해서 오케이?
해성	(정신 차리고, 결연한) 알겠습니다.

툭툭 해성의 어깨 처주곤 걸음 옮기는 안 팀장.
해성, 결연한 얼굴로 시험문제지 바라보다가... 다시 또 한숨 푹 고개 숙이고...

#28. 서점 (밤)

명상 관련 책을 고르고 있는 수아. 문득 보면, 저쪽 일각,
양손에 각기 다른 참고서를 들고 있는 한 사람. 해성이다?

해성	(끄응...) 똑같은 거 같은데 가격은 왜 이렇게...
수아	(해성이 기특한) ... 열심히 하네.

서점 계산대. "감사합니다." 직원2에게 책과 카드, 영수증을 건네받는 수아.
수아, 밖으로 나가다 멈칫, 다시 해성을 보면, 참고서 보며 서 있는 해성의 모습.

수아   (그 모습 보다가, 직원2에게 다가가) 죄송한데 부탁 하나만 드려도 될
        까요? 이따 저 학생이 사는 책 이걸로 계산해주세요. (5만 원 건네는)

#29. 샌드위치 가게 앞 (새벽)

황량함만이 감도는 새벽의 가게 앞. 각각 바바리코트와 선글라스 걸
친 채, 비장함 가득한 얼굴로 한데 모이는 안 팀장과 미정, 영훈.

안팀장 준비는 됐겠지?
미정,영훈 (고개 끄덕이고)
안팀장 좋아, 시작하자.

#30. 거리 (아침)

등교하는 학생들 사이, 교과서를 보며 걸음 옮기고 있는 해성.
그때 어딘가에서 들려오는, 시끌벅적한 음악소리.
해성 보면, 가게 앞, 나레이터 옷을 입고 춤추고 있는 두 사람. 미정과
영훈이다…!
곰돌이 탈을 쓴 채, 명단에 사인한 학생들에게 샌드위치 하나씩 건네
주고 있는 안 팀장. 그리고 뒤편에 붙어있는 커다란 플래카드.
'정해성을 학생회로!'
들고 있던 교과서를 스르르 떨어뜨리는 해성. 입 떡 벌어진 채 그 모
습 바라보는데,

영훈   (나레이터 말투) 여러분들 해성이를 위해 사인해 주시면요. 샌드위치
        와 사이다 무료, 샐러드와 콜라도 무료. 완전 무료 이벤트 진행하고
        있습니다. 이쪽으로 오셔서 간단한 사인과 함께 맛있는 빵 함께하세요.

미정	(노트북 두드리면)

일각에 커다란 모니터, 갑자기 팟 켜지더니 어떤 영상이 나오기 시작한다.
유산슬의 **'사랑의 재개발'**을 배경으로 한, 해성의 사진을 이용해 만든 로고송 영상이다...! "싹 다~ 갈아 엎어주세요~."

해성	(책 줍는, 할 말을 잃은 채 바라보고 있으면)
미정	(나레이터 말투) 병문의 자랑 정해성, 한다면 하는 정해성, 학교를 지키는 정의의 사도, 우리의 영웅, 우리의 희망. 국민의 일꾼은 국회로, 학교의 일꾼은 학생회로. (해성 가리키며) 여러분 해성이한테 박수 한 번 주세요.

곧바로 해성에게 쏟아지는 열화와 같은 성원들. "정해성!", "정해성!"
책으로 얼굴 가린 채 후다닥 걸음 옮기는 해성.

#31. 병문고 학생회실 (낮)

한자리에 모여 커피 마시고 있는 예나와 유정, 현준과 승재, 채린.

채린	아까 낮에 샌드위치 가게 봤어? 나 개웃겨 죽는 줄.
승재	그러게, 확 죽었어야 했는데. 근데 그렇게 사인받는 건 반칙 아냐? 돈으로 서명 사는 거잖아.
예나	난 승재 너도 산 걸로 알고 있는데?
승재	(민망하지만) 나는 개랑 다르지~.
채린	(우쭈쭈) 아유, 우리 승재 어린이 불안하세요. 해성이 학생회 들어올까 봐.
유정	(불안한 표정)

승재 넌 내가 데뷔 무조건 막는다.

채린 (웃으며 네 번째 손가락 날리고)

현준 만약 정해성이 정식으로 지원 서류 낸다 해도, 개인적으로 난 반대.

예나 이유는?

현준 태수 아웃시킨 게 정해성이니까. 애들한텐 영웅이라도 우리한텐 반역자나 다름없는데, 그런 앨 여기 앉히는 건 아닌 거 같다.

승재,채린 (서로 바라보며 오~)

예나 유정이 넌 어떻게 생각해?

유정 어, 난… (조심스레) 들어온다 하면 나도 별로?

예나 (뭐?, 표정)

유정 전학 온 지도 얼마 안 됐고 우리가 아직 걔 모르잖아. 적어도 조금은… 시간이 필요하지 않을까?

예나 의외네? 니가 그런 말 할 줄은 몰랐어.

유정 어?

예나 넌 찬성할 줄 알았거든. 내가 아는 유정이는.

유정 (예나 눈치 보이고) 예나야 나는 그냥… (하는데)

예나 내가 착각했나 보다. (학생들에게) 그래서? 명수는 다 채웠대?

#32. 병문고 후문 (낮)

후문 틈 사이로, 100명 꽉 채운 추천인 명단을 밀어 넣는 안 팀장. 이를 건네받는 해성. 챠르륵 명단 훑으며 확인 후, 안 팀장에게 고개 끄덕.

안팀장 중간고산?

해성 준비 중입니다.

안팀장 나 샌드위치 백 개 만들고 로고송 만들고 힘들어 죽는 줄 알았다. 이젠 니 차례니까 무조건 전교 10등 안에 들어.

해성	그럴게요.
안팀장	행운을 빈다. 공부 열심히 해. (곰돌이 탈 쓰고 걸음 옮기는)

그런 안 팀장을 미소로 바라보는 해성인데, 그때 진동 울리는 핸드폰.
유정이다.
얘가 갑자기 왜? 바라보는 해성의 표정.

#33. 병문고 옥상 (낮)

안으로 들어오는 해성. 저쪽 난간, 서 있는 유정이 보이고.

해성	(유정에게 다가가) 갑자기 왜 각을 잡고 있냐? 그러지 마, 안 어울려.
유정	너 학생회 들어올 거냐?
해성	근데 얘는 오빠한테 버릇없이... (하는데)
유정	들어오지 마.
해성	(멈칫, 유정 보는)
유정	추천인 명단 다 찢어. 학생회 쪽은 보지도 말고 듣지도 말고 아예 발 디딜 생각조차 하지 마.
해성	(조심스레) ...유정아, 너 혹시 무슨 일... (하는데)
유정	그냥 오지 말라고오!
해성	...!!
유정	너랑 엮이는 거 싫고 그냥 다 싫다고, 왜 자꾸 사람 짜증 나게...!
해성	(당황과 걱정으로 유정 바라보고)
유정	(진정하곤) 나 분명 말했어. 절대 학생회 들어오지 마. 오빠 만약 들어오잖아? 나 오빠 정체 다 말해버릴 거야.
해성	(유정 보는)
유정	내가 못 할 거 같지. 그럼 한번 해보든가.

해성을 노려보다 밖으로 나가는 유정. 그런 유정을 보는, 걱정스런 해
성의 표정.

#34. 병문고 해성의 반 (밤)

야간자율학습을 하고 있는 학생들. 예나와 유정, 채린은 자리에 없다.
비어있는 유정의 자리 바라보다가, 핸드폰으로 문자를 쓰는 해성.
'이따 잠깐 볼 수 있을까? 내가 집에 갈게.'

#35. 독서실 (밤)

공부를 하고 있는 유정. 잠시 후 문자 알림 진동 울리는 핸드폰.
유정, 복잡한 얼굴로 오빠의 문자 보다가... 그대로 핸드폰을 뒤집고.

#36. 병문고 해성의 반 (밤)

핸드폰 잠시 바라보다가... 작게 한숨, 공부에 집중하기 시작하는 해성.
단어를 외우고, 문제집을 풀고, 책에 밑줄을 긋고... 열심히 공부하는
해성의 모습.

동민　나 알바 때문에 가볼게.
해성　조심히 가.

계속해서 공부를 해 나가는 해성. 하나둘 자리를 뜨기 시작하는 학생들.
이윽고 밤 10시를 가리키는 벽시계.
후우... 피곤한 듯 눈을 비비는 해성. 가방에 책상 위 책들을 넣는다.

가방을 챙겨 일어서다 멈칫, 여전히 자리에 앉아있는 학생들을 본다.
미동 하나 없이 공부 중인 학생들의 모습.
잠시 학생들의 모습 바라보다가, 뒤편 스탠딩책상으로 가 다시 공부를
시작하는 해성.

#37. 병문고 복도 (밤)

수아, 복도를 걷다가 멈칫, 교실 창문을 통해 해성을 본다.
인상 바싹 쓴 채 펜으로 머리 긁적이는 해성의 모습.
그 모습 보며 옅게 웃음 짓는 수아.

#38. 병문고 해성의 반 (밤)

스탠딩책상에 서서 공부를 하고 있는 해성. 잠시 후 해성의 옆에 다가
오는 수아.

수아   (책상 위 책 보며) 소문 자자하더라? 아침에 아주 큰일 치렀다고.
해성   (책상 위 책 보며) 수단 가릴 때가 아니라. 퇴근 안 하세요?
수아   니들 야자감독.
해성   고생 많으시네.

품에서 무언가를 꺼내 건네주는 해성. 작은 캐러멜 상자다.

해성   책값 대신 드리는 거. 독 안 탔으니까 드세요.
수아   (캐러멜 보곤) 어? 내가 좋아하는 거. (해성 보는) 근데 책값이라니?
        (번뜩) 너 그때 나 봤어?
해성   보였으니까.

수아	근데 왜 아는 척 안 했어.
해성	선생님도 안 했으니까?
수아	(흘기는) 하여튼 먼저 인사하면 누가 덧나나. 너 이거 왜 틀렸어.

머리를 맞대고 공부하는 해성과 수아. 두 사람의 모습에서.

#39. 명주의 집 서재 (밤)

책상 의자에 앉아 병문고 1층의 괘종시계 사진, 학생회실의 괘종시계 사진을 보고 있는 명주. 그 앞엔 재문이 서 있고.

명주	두 번째 괴담과 관련이 있는 시계가 두 개... 둘 중 뭐가 진짜일려나?
재문	(명주 바라보고)
명주	(사진 두 장 바라보다가, 화제 돌리듯) 학폭위 후 정해성은요?
재문	학생회 임원 모집에 지원을 했습니다.
명주	우리 학교 학생회에. (피식) 잘됐으면 좋겠네.
재문	(바라보고)
명주	(사진들 서랍에 넣으며) 학폭위 건만 보더라도 돌발 변수가 많은 친구예요. 앞으로도 학교 시끄럽게 할 수 있으니 계속 지켜보시는 걸로.
재문	알겠습니다.

그때 똑똑 노크 소리. 배시시 웃음 지으며 안으로 들어오는 예나.

예나	엄마. 교장샘도 계셨네?
명주	(부드럽게 꾸중) 예나 너 시간이 몇 시야. 엄마가 얼마나 걱정했는지 알아?
예나	(명주에게 다가가 팔짱 끼는) 우리 엄마 나 기다렸구나. 죄송해요, 스터디 끝나고 친구들이랑 밥 먹었어.

명주	교장 선생님? 내일부터 예나 특별관리. 우리 딸 안 되겠어.
예나	(웃으며) 엄마!
재문	(예나가 귀여운 듯 웃는) 그럼 전 가보겠습니다.
예나	...!!
명주	늦은 시간 감사합니다. 조심히 가세요.
예나	(재문에게 다가가) 벌써 가시게요? 더 있다 가서도 되는데.
재문	시간 늦었어. 학교에서 보자.

명주에게 인사 후 밖으로 나가는 재문. 서재 문이 닫힌다.
얼굴에서 웃음 사라지는 예나. 힐끔 엄마를 보면... 명주, 자리에서 업무를 보고 있고.

예나	(긴장) 저도 가볼게요.
명주	(업무 보며) 꼭 필요한 식사였니?
예나	(멈칫)
명주	중간고사 얼마 안 남았잖아. 시간을 좀 아껴야 하지 않을까?
예나	죄송해요, 엄마.
명주	요즘 잠 많이 자는 거 같던데, 한 시간 줄이는 건 어때?
예나	엄마, 저 지금도 네 시간밖에...

하는 그때, 책상 위에 작은 알약통을 올려놓는 명주. 예나, 이건 뭔가
싶은데,

명주	ADHD 치료젠데 집중력에 좋다더라. 하루 하나씩 챙겨먹어.
예나	(표정)
명주	(예나가 안 가져가자, 손짓으로 예나를 부르는)
예나	(명주의 옆으로 다가가면)
명주	(따스히 예나의 손 잡는) 우리 딸, 엄마가 예나 사랑하는 거 알지. 엄마가 하는 모든 일... 전부 우리 딸 위해서라는 것도.

예나	(애써 웃는) 알아요, 엄마.
명주	세상은 예나야, 2등은 아무도 기억해주지 않아. 2등은 꼴찌 중에 1등일 뿐이니까.
예나	(명주 보는)
명주	이 엄만 우리 예나가... 세상이 기억하는 사람이었으면 좋겠어.
예나	...예, 엄마. 명심할게요. (알약통 챙겨 나가는데)
명주	예나야? (알약통 가리키는) 지금.
예나	(알약통 바라보다가, 뚜껑을 따는)

#40. 명주의 집 서재 밖 (밤)

밖으로 나오는 예나. 교복 재킷 위로 왼손 손목을 긁고.

#41. 해성의 집 거실 (아침)

교복을 입고 거실로 나오는 해성. 그때 진동 울리는 핸드폰. **'박미정'**이다.

해성	(무슨 일이지?, 받는) 여보세요.
미정(E)	선배? 문제가 생겼습니다.
해성	(듣다가, 표정 얼어붙는) ...!!

#42. 국정원 김 국장 사무실 (아침)

얼어붙은 얼굴로 벌떡 일어서는 김 국장. 앞엔 안 팀장이 서 있고.

김국장   방금 뭐라 그랬어. 정해성이 뭐?
안팀장   (난감한) 예, 그게... 해성이가...

#43. 병문고 복도 (아침)

수아   (걱정스런 얼굴로 핸드폰 통화 중인) 몸이 안 좋다고?
해성(E)   (기운 없는) 예, 제가 오늘... (콜록콜록) 감기가 너무 심하게 들어서...

#44. 예비군 훈련장, 병문고 복도 교차 (아침)

콜록콜록 기침하며 수아와 핸드폰 통화 중인 해성.

해성   죄송해요, 선생님. 오늘 학교 꼭 가야 되는데.
수아   많이 안 좋니? 약은 먹었어?
해성   하루 정도 쉬면 괜찮을 거 같아요. ...예, 내일 뵐게요.

핸드폰 내리는 해성. 힘없이 하늘 바라보며 작게 한숨.
이제야 드러나는 해성의 옷차림. 예비군 훈련복이다...!
이제야 드러나는 해성이 서 있는 곳. 예비군 훈련장 앞이다...!

조교   선배님, 빨리 들어오십니다!
해성   (털레털레 훈련장 향해 걸음 옮기고)

#45. 국정원 김 국장 사무실 (아침)

안팀장   아무래도 비밀작전이다 보니... 국방부와 소통의 부재가...

김국장　　야!! (안 팀장에게 서류 던지고)

#46. 수아모의 가게 (밤)

고민에 빠져 이리저리 가게 안을 돌아다니고 있는 수아.
수아모는 대체 쟤가 뭐 하는 건가 싶고.

수아　　야밤에 학생이 아프다고 선생이 찾아간다? 너무 오지랖이야. ...아니
　　　　지? 나 걔 담임이잖아. 혼자 사는데 나 아니면 누가 챙겨. ...아닌가?
　　　　내가 오반가? 아냐, 그래도 학생이 아프다는데. 아닌가?
수아모　　누가 보면 방언 터진 줄 알겠네. 야, 스톱! 너 그냥 가. 학생이 아프다
　　　　는데 선생이 고민할 게 뭐 있어.
수아　　역시 그렇지? '선생'으로서.
수아모　　엄마 이제 가게 준비해야 되고 바빠. 방해하지 말고 너 빨리... (앞치
　　　　마 매고 있는 수아 보곤) 뭐 하니?
수아　　빈손으로 갈 순 없잖아. 죽이라도 만들어 싸갖고 가야지.

　　　　(경과)
　　　　시꺼멓고 걸쭉한, 이상한 무언가가 들어있는 냄비. 둥~!

수아모　　...너 타이어 끓였냐?
수아　　(진지한) 왜 흰색이 아니지? 너무 끓였나?
수아모　　(답답한) 엄마가 만들 테니까 비켜.

#47. 해성의 집 거실, 수아모의 가게 교차 (밤)

예비군복 차림으로 털썩 소파에 앉는 해성. 들고 있던 맥주캔 따는 그때,

갑자기 진동 울리는 핸드폰. **'오수아 선생님'**

해성   (아픈 척 전화 받는) …여보세요?

수아(E)   어, 해성아. 몸 안 좋은 건 어때?

해성   (콜록콜록) 예, 아직 좀… 열이 심한 거 같아요.

수아모의 가게. 외투 입으며 핸드폰 통화 중인 수아.
수아모는 수아에게 죽 담긴 쇼핑백 건네주고.

수아   열이 오래 가네… 선생님이 죽이랑 약 챙겨가니까 한숨 자고 있어.

해성   (둥!) …!!

수아   학교 앞 사거리 쪽 찬서빌라 옥탑방 맞지.

해성   (둥!) !!

수아   아마 20분 정도 걸릴 거니까… (끊겼다) …여보세요?

#48. 해성의 집 밖 (밤)

사복 차림으로 뛰쳐나와 급히 차에 오르는 해성!

#49. 샌드위치 가게 (밤)

의자를 테이블 위에 올리고, 바닥 쓸고 닦고. 마감을 하고 있는 안 팀
장과 미정, 영훈.

영훈   그래도 정 선배 천만다행이네요. 2박 3일 동원이었으면 어쩔 뻔했어.

안팀장   야, 말도 꺼내지 마, 생각만 해도 끔찍하니까. 청소 다 했지. 해성이 불
러 고기나 먹자. (핸드폰 진동 울리는, 받는) 어, 해성. 마침 전화할려

했는데.

#50. 해성의 차 안, 샌드위치 가게 교차 (밤)

빠른 속도로 도로를 달리고 있는 해성의 차. 운전석에 앉아 핸드폰 통화 중인 해성.

해성　저 생기부에 옥탑방, 그 방 세팅 어떻게 됐어요.
안팀장　(영훈에게) 옥탑방 꾸며놨냐?
영훈　아뇨.
안팀장　왜.
영훈　다음 주에 하려고.
안팀장　(해성에게) 아직 안 됐다는데? 왜. (듣고, 표정 굳는) !!

핸드폰 내리는 해성. 초조한 얼굴로 꾸욱 액셀을 밟고.

#51. 택시 안 (밤)

차량들로 인해 막혀있는 도로. 택시 뒷좌석에 앉아있는 수아.

수아　식으면 안 되는데. (옆자리에 쇼핑백 바라보고)

#52. 빌라 앞 (밤)

끼익 빠른 속도로 멈춰 서는 해성의 차. 연이어 맞은편에서 안 팀장의 차도 도착한다.

대문 앞에 모이는 해성과 안 팀장, 영훈과 미정.

해성   셋이 몸만 온 거예요? 공실에서 산다 하면 누가 믿어!

영훈   갑자기 살림살이를 어떻게 구해요!

미정   이대로면 작전 나가리예요. 방법 없을까요?

해성   차라리 나가리면 다행이지. 그러게 너는 왜 이걸 진작 안 꾸며놔서...!

영훈   쉬는 날이 없었잖아, 쉬는 날이...!

안팀장   시끄럽고, 그만. 살림살이 구할 데 있어.

주택들이 밀집해 있는 골목을 둘러보는 안 팀장.

미정   팀장님 설마... 물건들을 빌려오자는...?

안팀장   다른 수 있어? 없으면 내 말 따라. (사람들 모으는) 자, 지금부터 팀장으로서 명령한다. 이제부터 우린 고등학생이 혼자 자취하는 데 필요한 모든 것들, 이 동네 싹 다 뒤집어서라도 전부 확보해 온다. (해성에게) 교복 갖고 왔어?

해성   집에 있는데?

안팀장   야, 걸 갖고 왔어야지!

해성   정신없었어, 바빴어. 다음, 다음.

안팀장   (마른세수하곤) 자, 다시. 영훈이랑 미정인 교복이랑 사복 생활 전반에 걸친 모든 것들, 책임지고 무조건 챙겨와. 그동안 우린 티비랑 노트북, 가전기기 집중할 테니까. (해성에게) 선생님 도착 몇 분 남았어.

해성   15분이요.

안팀장   전부 시계 맞춰. 10분.

사람들   (일제히 손목시계 타이머를 10분으로 맞추고)

안팀장   다들 명심해. 지금부턴 어떠한 실수도 용납 안 돼. (손목시계 보곤) 남은 시간 9분 55초. 움직여.

#53. 몽타주

/ 빌라 주민의 집 앞 (밤)
쾅쾅쾅 문 두드리는 소리에 현관문 여는 주민. 앞을 보면,
국정원 신분증을 들고 서 있는 안 팀장. 해성은 깨알같이 학생증 들고
있고.

/ 교복 가게 (밤)
황급히 안으로 들어오는 미정. 주변 둘러보다 멈칫, 병문고 교복을 가
리키고.

/ 세탁방 (밤)
세탁기에 속옷과 옷들을 집어넣고 있는 남자. 그런 남자를 덥석 붙잡
는 영훈.

/ 주택가 골목 (밤)
도로에서 주택가 골목을 향해 가는 택시.

/ 빌라 계단 (밤)
주민의 집에서 TV와 가전기기들 꺼내 옥탑방 향해 가는 안 팀장과 해성.
그 모습 어이없게 바라보는 주민이고.

/ 주택가 골목 (밤)
병문고 교복을 손에 든 채 옥탑방 향해 뛰어가는 미정.
남자 속옷과 옷들을 담은 세탁방 카트를 밀며 뛰어가는 영훈.

/ 택시 안 (밤)
주택가 골목을 서행 중인 택시. 뒷좌석에 앉아있는 수아.

#54. 옥탑방 안 (밤)

TV와 가전기기들 세팅하고 있는 해성과 안 팀장.
영훈은 그 외 잡다한 살림살이 물건들 정리하고 있고.

안팀장   타깃 도착까지 5분!
해성   (땀 삐질삐질 흘리며 세팅하는데)
미정   (안으로 들어와, 다급한) 선배? 잠깐 나오셔야 될 거 같은데.

#55. 옥탑방 밖 (밤)

밖으로 나오는 해성. 빌라 앞을 본다. 택시 한 대가 멈춰 서 있다.
택시에서 내리는 수아를 보곤 헉 표정 얼어붙는 해성!

미정   (삐- 처리) 조됐네요.

#56. 빌라 계단 (밤)

옥탑방 향하는 계단을 오르는 수아.

#57. 옥탑방 밖 (밤)

계단을 올라와 현관문 앞에 서는 수아. 똑똑 현관문 노크.

해성   (현관문 여는, 문 안쪽에서 아픈 척하며) 오셨어요.
수아   밥 아직 안 먹었지. (쇼핑백 보여주는) 몸살엔 죽이 좋대서. 선생님이

만든 거야.

해성   고맙습니다. 잘 먹을게요. (손 내미는데)

수아   (쇼핑백 든 채) 너 괜찮아? 얼굴에 땀을 왜 그렇게 흘려.

해성   (버벅이는) 예, 제가 좀... 몸이 아직 안 좋아서.

하며 어디든 숨어라 옥탑방 안을 향해 마구 손짓하는 해성.

옥탑방 안. 어디 숨어야 하나 우왕좌왕 미치겠다 싶은 안 팀장과 미정, 영훈이고...

해성   죽 감사합니다. 안녕히 가세요.

해성, 수아의 손에 있던 쇼핑백 가져오려 하는데, 그 순간 북 찢어지는 쇼핑백.

바닥에 떨어지는 죽 그릇. 뚜껑 날아가며 수아의 바지와 신발에 온통 묻고 마는 죽.

해성   (당황) 죄송합니다, 괜찮으세요?

수아   (화 꾹 참곤, 애써 웃음으로) ...화장실 좀 써도 될까?

해성   (미치겠고)

#58. 옥탑방 안 (밤)

화장실 문을 여는 해성. 아무도 없다. 작게 안도하며 수아에게 들어가라 손짓.

수아가 화장실 안으로 들어가면,

사람들을 찾아 휙휙, 재빨리 방 안을 살피는 해성. 그러던 중 눈에 띄는 붙박이 옷장.

해성 옷장 문 열면, 다닥다닥 바싹 껑겨 붙어있는 영훈과 미정, 안 팀장이 보이고...

해성	...어떻게 들어갔어요?
안팀장	급하니까 되더라. 선생님은?
해성	화장실 갔어. 나와, 나와. 빨리 나가.
수아	(수건 든 채 화장실에서 나오는) 수건 어따 두면 돼?
해성	!! (바로 옷장 문 닫는)
수아	(??) 거기서 뭐 해?
해성	예, 그... 옷 정리 하려고.
수아	(한쪽에 옷가지들 가리키는) 옷들 다 여기 있는데?
해성	(긴장)
수아	(걱정) 자꾸 앞뒤 안 맞고 너 진짜 안 좋구나. (옷가지들 챙기며) 선생님이 치울 테니까 넌 쉬어.

옷장을 열기 위해 손을 뻗는 수아. 모든 것이 발각될 위기의 순간!
수아의 몸을 자신 쪽으로 돌리는 해성! 순식간에 숨결 닿을 듯 가까이
붙는 두 사람!

수아	(떨리는 눈으로 해성 보면)
해성	배웅해 드릴게요. 병원 갈 시간 돼서.
수아	(안긴 채) 이 시간에?
해성	(안은 채) 야간진료.

#59. 붙박이 옷장 안 (밤)

작게 안도하는 국정원 사람들. 그때, 영훈의 코를 간지럽히는 미정의
머리칼.
영훈, 간지럼 참지 못하고 재채기하려 하면,

미정   !! 하지 마.

어떻게든 막으려 하는 미정. 하지만 너무 바싹 붙어있어 손을 움직일
수가 없다.
점점 고개 뒤로 젖혀가는 영훈...!

#60. 옥탑방 안, 붙박이 옷장 교차 (밤)

수아   그래, 그럼. 같이 나가자. (해성에게서 떨어지는데)

그 순간 수아, 바닥에 떨어져 있던 둥그런 땅콩 마사지볼을 밟고 기우뚱,
뒤로 넘어지며 허우적, 해성의 멱살을 붙잡는다.
얼결에 수아와 함께 포개듯 바닥에 쓰러지는 해성. 이어지는 둘의 입
술 박치기...!

붙박이 옷장 안. 결심한 듯 확! 자신의 입으로 영훈의 입을 틀어막는
미정...!
헉 표정 놀라는 영훈. 안 팀장은 입 떡 벌어져 그 모습 바라보고...!

옥탑방 안. 황급히 입술 떨어뜨리는 해성과 수아. 당황스레 서로를 바
라보는 두 사람.

붙박이 옷장 안. 입술을 떨어뜨리는 미정.
그런 미정을 보다가... 그대로 스르륵, 기절한 채 밖으로 쓰러지는 영훈!
안 팀장과 미정도 함께 밀려 밖으로 넘어진다!
우당탕 옷장에서 쏟아져 나오는 세 사람. 그들 보고 화들짝 놀라는 해
성과 수아!
순간 찾아온 정적 속, 그저 서로를 바라보는 사람들. 기절 중인 영훈.

수아	(충격과 놀람) 누가 이 상황... 설명 좀?

당황 가득한 얼굴로 해성을 보는 수아. 그런 수아를 보는 해성의 표정.
해성과 수아, 두 사람의 모습에서...!!

#61. 에필로그, 해성의 고등학생 시절, 고등학교 교무실 (낮)

서 있는 해성과 몇몇 학생들. 한바탕 크게 싸운 듯 모두 상처투성이의
얼굴.
그들 앞에선 안 팀장이 학생들의 학부모들에게 연신 죄송하다 사과를
하고 있고.

안팀장	정말 죄송합니다. 한 번만 선처를 해주시면... (하는데)
학부모1	지금 애 얼굴 보고도 그딴 소리가 나와요?!
학부모2	부모 없는 것들은 이래서 안 돼. 우리 애 말 들어보니까 그쪽도 후견인 뭐 그런 거라며.
해성	(표정)
안팀장	제가 교육을 잘못시킨 탓입니다. 너그러이 용서해 주십시오. 시현이 너도 사과드려.
해성	...제가 왜요?
안팀장	정시현.
해성	고아라고 놀리고 괴롭히고 시비 걸고, 잘못은 이 새끼들이 했는데 제가 왜요.
학부모1	쟤 말하는 본새 좀 봐. 가정교육 못 받은 티를 꼭 저렇게 내요.
학부모2	선생님? 저 자식 당장 퇴학 처리... (하는데)
해성	자퇴하겠습니다.
안팀장	!!
해성	됐죠. (교복 재킷 벗어 던지곤 밖으로 나가는)

안팀장　　(그런 해성 바라보고)

#62. 에필로그, 해성의 고등학교 시절, 유도장 (저녁)

유도복을 입은 채 서로를 바라보고 있는 해성과 안 팀장.
어느 순간 해성, 안 팀장에게 달려들면, 쿵-! 엎어치기로 해성을 바닥
에 꽂는 안 팀장.

안팀장　　학교 정말 그만둘 거야?

힘겹게 일어나 소리를 지르며 다시 달려드는 해성. 그런 해성을 바닥
에 내리꽂는 안 팀장. 그렇게 몇 번을 내쳐진 후, 더 이상 일어서지 못
하고 바닥에 드러눕는 해성.

해성　　(말없이 천장 바라보는)

해성 근처 다가와 앉는 안 팀장.

안팀장　　그만두고 싶으면 그만둬.
해성　　(의외다, 일어나 앉아 안 팀장 보는)
안팀장　　졸업장 따는 방법이 학교만 있는 것도 아니고, 집에서 공부하고 검정
고시 봐.
해성　　(안 팀장에게 다가가) ...그래도 돼요?
안팀장　　안 될 게 뭐 있어. 내가 니 편인데... 그리고 미안하다.
해성　　(보는)
안팀장　　어떻게든 니 아빠 빈자리 채워주고 싶은데, 쉽지가 않네.
해성　　지금도 충분해요.
안팀장　　(천장 보는)

해성   지금도 고맙고.

나란히 앉아 안 팀장과 어깨동무하는 해성.
형제이자 부자(父子) 같은 두 사람의 뒷모습에서.

- 4화 끝 -

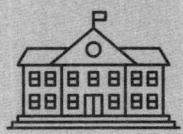

5화
반가워요, 정해성 요원

#1. 몽타주

/ 사찰 전경 (낮)
고요하고 평화로운 분위기 속 울려 퍼지는, 스님의 목탁과 불경소리.

/ 사찰 (낮)
부처님께 절을 올리고 있는 안 팀장. 비장하고 결연한 표정.

/ 교회 (낮)
열정적인 손짓과 목소리로 기도와 찬송을 드리고 있는 미정.

/ 샌드위치 가게 (낮)
상 위에 올라와 있는 촛불과 정화수.
흰색 삼베옷 차림으로 기도 올리고 있는 영훈. 그 모습 심히 경건하고.

#2. 병문고 해성의 반 (낮)

'**중간고사 DAY3 제3교시 수학 I** '이라 쓰여 있는 칠판.

수학 시험지를 풀고 있는 학생들, 유정과 예나, 해성의 모습.

교실 안을 돌아다니며 학생들 감독 중인 수아. 문득 해성을 본다.

골똘히 생각에 잠긴 채 문제를 풀고 있는 해성. 그 모습 바라보는 수아의 표정.

#3. 회상, 옥탑방 안 (낮)

우당탕 옷장에서 쏟아져 나오는 세 사람. 그들 보고 화들짝 놀라는 해성과 수아!

순간 찾아온 정적 속, 그저 서로를 바라보는 사람들. 기절 중인 영훈.

수아   (충격과 놀람) 누가 이 상황... 설명 좀?

당황 가득한 얼굴로 해성을 보는 수아. 그런 수아를 바라보는 해성인데,

안팀장   (어쩌지 싶다가, 대뜸) 서프라이즈~!
미정   어, 맞아, 맞아. 해성이 서프라이즈~!
해성   (어색한 맞장구) 아하하하, 뭐예요, 놀랐잖아요.
수아   (이게 대체 뭔 상황인가 싶은데)
안팀장   (수아에게, 정중한) 처음 뵙겠습니다. 해성이 알바 하는 곳 사장입니다. 해성이가 아프다 그래서.
미정   (다소곳) 직원입니다.
수아   아... 그러시구나. 해성이 담임 오수아입니다. (영훈 보는) 이분은...?
미정   같은 직원인데 아파서. 신경 쓰지 마세요.
안팀장   이불로 묻어, 묻어.
수아   근데 해성이 알바 하는 곳 분들이 왜 여기...?
안팀장   예?

수아	살짝은 일반적이지 않은 거 같아서. 알바생 집에 찾아오신 거나... (옷장 가리키는) 여기 들어가 계신 거나... 신발 신고 계신 거나.
해성	(차라리 눈 감아 버리고...)
수아	죄송해요, 제가 이상하게 생각하는 건 아니구요. 그리고 아까 그러셨잖아요, 서프라이즈라고. 근데 오늘 해성이는 집에 내내...
미정	(안 팀장에게, 작게) 무슨 코난이에요?
수아	제가 말씀드린 것들 약간은 설명 필요할 거 같은데. 해성아?

어떡하지 싶어 두뇌 풀가동 잠시 있다가... 대뜸 빈혈인 척 픽 쓰러지는 해성.

안팀장	해성아!!
미정	어머, 어떡해! 해성아!!

해성에게 달려가는 안 팀장과 미정.
갑작스런 상황에 놀라는 수아인데,

미정	아니 선생님! 너무하시잖아요, 아픈 애한테 어떻게 그렇게 잔인한 질문을!
수아	예?
안팀장	(해성 업는) 해성아 정신 차려! 죽으면 안 돼!

해성을 업은 채 밖으로 뛰쳐나가는 안 팀장과 미정. 당황스럽고 벙찐 표정의 수아.
그 와중에 영훈은 계속 기절 중이고...

#4. 병문고 해성의 반 (낮)

한없이 의심스럽다는 듯 해성을 보는 수아. 그때 울리는 학교 종소리.

수아 (교탁으로 돌아가는) 자, 그만. 뒤에서부터 답안지 걷자.

해성 (OMR 답안지 앞으로 건네는)

수아 (걷은 답안지 정리하곤) 그동안 시험 본다고 수고했어. 종례 때 보자.

힐끔 해성을 보곤 밖으로 나가는 수아.
드디어 끝났다. 웅성웅성 시험 끝난 것에 대해 이야기 나누는 학생들.
후우... 안도의 한숨을 내쉬는 해성.

#5. 삼겹살집 근처 거리 (밤)

심각한 얼굴로 입술을 만지며 서 있는 영훈. 잠시 후 미정이 다가온다.

미정 안 들어가고 뭐 해?

영훈 요 며칠 진지하게 생각해 봤어요. 저에 대한 선배의 마음.

미정 뭐?

영훈 그날의 옷장 키스. 처음이었어요. 정신 나갈 정도의 그런 아찔한 충격은.

미정 (미친 건가?, 영훈 보는데)

영훈 선배, 나 이제 너라 부른다.

미정 ...!!

영훈 내 입술 뺏어간 너란 죄 많은 여자. 사랑이 죄가 된다면 너는 평생 무 기징역... (하는데)

미정 이 자속이 미쳤나, 마, 고영훈이. (영훈의 입술 잡고 흔드는) 한 번만 더 내한테 말 논다 주깨라. 문디쉐끼 어데 누나한테 버릇없이. (이걸 확!) 확 고마쉐리!!

영훈 (움찔하고)

미정 (진정하곤) 방금 얘긴 없었던 걸로. 밥 먹으러 가자. (걸음 옮기는)

영훈	입체적이야. 더 멋있어.

#6. 삼겹살집 (밤)

지글지글 익고 있는 삼겹살. 자리에 앉아있는 해성과 안 팀장.
잠시 후 미정과 영훈이 안으로 들어오면,

안팀장	왔어? 고기 탄다, 얼른 앉아.
영훈	(미정의 물컵에 물 따라주는) 많이 먹어요, 미정.
해성,안팀장	(응?, 두 사람 보는)
미정	(스읍! 희번득 영훈 보면)
영훈	…선배.
안팀장	방금 애매하게 말 놓은 건 뭐냐? 니들 뭐 있지.
미정	아무 일 없습니다. 딴 얘기하죠. (해성에게) 시험 잘 보셨나요?
안팀장	내가 오늘 유정이한테 물어봤거든? 세상에, 시험 끝난 애한테 그런 거 왜 묻냐고 모녀가 아주 쌍으로, 내가 아직 귀가 먹먹하다니까?
영훈	(해성의 잔에 술 따라주는) 고생하셨습니다.
안팀장	니들도 기도하랴, 찬송하랴 수고했어. 거국적으로 한잔하자.

건배 후 함께 소주 마시는 사람들.

안팀장	크으, 좋다. 참, 오수아 선생님이랑은 그날 이후 별일 없었냐?
해성	아직까지는요.
안팀장	내가 생각을 좀 해 봤는데… 아무래도 이상하게 생각하는 거 같지?
해성	걸 뭐 생각까지 해요. 딱 봐도 옷장에서 우당탕, 오지게 이상하구만.
안팀장	얘가 이젠 고딩 다 됐네. 너 그런 말 쓰지 마, 어색해.
해성	(그런가?, 대수롭지 않게 넘기곤) 어쨌든 조심해야 될 거 같긴 해요. 어디로 튈지 모르는 캐릭터라 신경 쓰이기도 하고. 앞으론 작전 위해

서라도 최대한 엮이지 않는 편이,

플래시백 4화 60씬

얼결에 수아와 함께 포개듯 바닥에 쓰러지는 해성. 이어지는 둘의 입술 박치기...!

해성   (표정)
안팀장   (영훈에게) 얘 왜 말을 하다 마냐?
영훈   딱 켕기는 거 있는 피의자 표정인데.
해성   있기는, 내가 뭘. 먹어, 먹어. 팀장님이 쏘는 거야. (괜한 민망함에 물
         마시는)
세사람   (수상쩍게 해성 바라보고)

#7. 수아모의 가게 (밤)

함께 소주를 마시고 있는 수아와 리안.
수아모는 카운터에 앉아 영수증 정리하고 있고.

리안   (놀란) 해성이가 뭐?
수아   단순하게 이상하다 정도가 아니에요. 어쩌면 걔, 학생 아닐지도 몰라.
리안   (세상에... 수아 바라보고)
수아모   주여... (고개 절레절레)
수아   첫째, 저번에 봤다는 구관 괴한. 아무리 봐도 정해성이랑 너무 닮았어
         요. 둘째, 학폭위 때 정해성이 데려온 놈 구 사장. 기껏해야 고삐리가
         그런 깡패를 어떻게? 그리고 제일 이상한 거. (리안 보는 데서)

#8. 회상, 빌라 앞 (밤)

밖으로 나오는 수아. 아무래도 이상해... 옥탑방 바라보다가 걸음 옮기는 그때,

문득 보이는 무언가. 빌라 앞에 세워져 있는 해성의 차다.

수아, 운전석 쪽에 붙어있는 핸드폰 번호를 본다. 어디서 많이 본 번호. 물끄러미 핸드폰 번호 바라보다가... 자신의 핸드폰에 번호를 입력해 본다.

멈칫, 사악 표정 굳는다. 해성의 번호다.

#9. 수아모의 가게 (밤)

수아 말이 안 되잖아요, 고등학생이 어떻게 차를 몰아. 그리고 옥탑방에 세 명, 그 사람들도 무지 수상해.

리안 알고 보니 2, 3년 꿇은 거 아닐까? 아님 면허증도 위조했다든가. (수아모 안 들리게) 걔 여기서 술도 먹었대매.

수아 생활기록부는 만 17세 맞아요. 아, 진짜 걔 뭐지?

리안 참 의심도 병이다, 병. (수아의 잔에 소주 따르는) 이상한 소리 말고 적어서. 시험 끝!

수아 (소주 마시는데)

수아모 걔가 선덕인 아니지?

수아 (푸웁! 마시던 소주 뿜어버리고)

수아모 맞아?

리안 선덕인 또 뭐야.

수아모 내 저 지지배 타이어 끓일 때부터 알아봤어. 아이고, 좀 있으면 범죄자 엄마 되겠네.

수아 아이, 그런 거 아니라니까 뭔 말을 못 하게. (리안에게, 강조) 아무것도 아니에요, 아무것도 아냐. (냉장고에서 소주 꺼내면)

수아모 작작 드세요, 너 출근 안 해?

수아 어머니 또 약한 모습. 술은 정신력!

#10. 해성의 집 앞 (밤)

쿵- 만취한 얼굴로 해성의 집 대문에 머리를 부딪치는 수아.
수아, 대문에 열쇠를 꽂으려 하는데, 안 꽂힌다?

수아   어이씨, 얘 또 왜 이래. (열쇠에게) 가만있어, 마!

#11. 해성의 집 거실, 해성의 집 앞 교차 (밤)

샤워를 마친 후 젖은 머리 수건으로 닦으며 거실로 들어오는 해성.

해성   ...확실히 조심하긴 해야겠어.

그때, 밖에서 들려오는 소란스러운 소리에 멈칫, 뭔 소리인가 싶은 표정.
해성, 인터폰 화면을 통해 밖을 본다. 이내 수아가 서 있는 걸 보곤 대
경실색!

해성   뭐야? 이 사람이 여기 왜 있어.
수아   이게 왜 말을 안 듣고 왜... (열쇠에게) 야, 임마, 정신 차려, 이 각박한
세상 속에서!
해성   (인터폰 통화버튼 누르곤, 목소리 바꿔) 저기요, 그쪽 집 여기 아니니
까 빨리 가세요.
수아   (웅?, 비틀비틀 인터폰 보는)
해성   (걱정스런) 술 많이 드신 거 같은데 괜찮으세요?
수아   ...엄마? 엄마 감기 걸렸어?
해성   전 엄마가 아니라 그, ...미치겠네.
수아   (애교 뿜뿜) 엄마 사랑해! 수아 취했단 말야, 문 열어줘. (볼에 손가
락 콕) 엄마 딸 이쁜~ 짓.

해성   (자기도 모르게 피식 웃고)

수아   엄마 화나쩌? 우웅, 우웅, 화내지 마. 엄마 화내면 수아 무쪄워.

그때, 마침 걸어오던 수아모, 남의 집 앞에서 애교부리고 있는 수아 발견하곤,

수아모   어머, 세상에, 어떡해. (수아에게 가 등짝스매시!) 아오, 내가 못 살아! 남의 집에서 뭐 해, 정신 나간 것아!

수아   엄마? 엄마 클났어. 엄마가 문 안 열어줘.

수아모   헛소리 말고 이리와. (인터폰 향해) 죄송해요, 애가 술을 많이 먹어서. 죄송합니다.

수아를 끌고 맞은편 집을 향해 가는 수아모.
빼꼼 대문 열곤 그 모습 보는 해성. 수아가 맞은편 집 사는 걸 보곤 표정 헉!

해성   집이 근처야...?

응? 문득 시선 느끼고 뒤돌아보는 수아.
재빨리 대문 안으로 몸 숨기는 해성. 허... 황당하고 당황스럽고.

#12. 병문고 전경 (아침)

#13. 병문고 해성의 반 (아침)

아침 조회 전 교실. 각자 모여 이야기를 나누고 있는 학생들.
해성은 내심 긴장한 얼굴로 자리에 앉아있고.

호진	야야, 오늘 성적표 나오는 날이지!
해성	(호진의 이야기 엿들으며, 긴장)
수진	나 이번에 석차 좀 올랐을 거 같아.
해성	(수진의 이야기 엿들으며, 더 긴장)
학생1	몇 등 예상?
학생2	전교 10등?
해성	(더더욱 긴장!)
수아	(안으로 들어오는) 자, 자, 조용. 이 자식들이 종 친 지가 언젠데. 오늘은 우리가 그토록 바라던, (성적표 흔드는) 중간고사 성적이 왔어요~.
학생들	(다 같이 야유)
수아	어, 그래봤자 현실이야. 번호 순대로 받아가자. 강기영.

한 명씩 학생들 이름 부르는 수아. 교탁으로 나와 성적표를 받아가는
학생들.
"안유정." 성적표 받아가는 유정. "이예나." 성적표 받아가는 예나.
긴장한 얼굴로 자신이 호명되길 기다리는 해성.

| 수아 | 정해성. |

바싹 긴장한 채 수아에게 다가가는 해성.
수아, 그런 해성 지그시 보고, 그러다 성적표 보고, 그러다 다시 해성
보고.

해성	(이 사람이 왜 이래?)
수아	...고생했다. (성적표 건네는)
해성	(자리로 돌아오면)
동민	몇 등이야?

섰다 마지막 패 확인하듯 조금씩 성적표를 열어가는 해성.

서서히 드러나기 시작하는 전교 석차. 그 순간!

#14. 샌드위치 가게 (낮)

긴장된 분위기 속, 심각한 얼굴로 테이블에 앉아있는 안 팀장과 미정,
영훈.
그들 가운데에는 안 팀장의 핸드폰이 놓여있고.
세 사람, 뚫어져라 핸드폰 보고 있으면, 어느 순간 울리는 진동. **'해성
이'**다.

안팀장   (스피커폰으로 전화 받는) 나다. 어떻게 됐어.
해성(E)   (말이 없고)
영훈   안 된 거 같은데...
미정   쫌, 쫌.
안팀장   정해성 요원? 성적 보고 바란다.
해성(E)   ...됐어요.
세사람   !!

#15. 병문고 옥상, 샌드위치 가게 교차 (낮)

축구선수 골 세리머니 하듯, 한껏 팔 벌린 채 감격스레 핸드폰 통화 중
인 해성.

해성   해냈어. 전교 10등. (성적표 보면, 딱 전교 10등이고)

샌드위치 가게. "으아아아!!" 부둥켜안으며 서로 기뻐하는 국정원 사
람들.

안팀장	장하다, 정해성! 난 너 할 줄 알았어, 마!
해성	(사람들 기뻐하는 소리 들으며, 거만한 얼굴로 햇살 만끽하고)
안팀장	수고했어. 아주 아주 수고했어. 유정이는 몇 등 나왔냐?
해성	(웃으며) 유정이요? 나 완전 깜짝 놀랐잖아.

#16. 병문고 해성의 반 (낮)

놀란 얼굴로 자신의 성적표를 보고 있는 유정. 전교 1등이다.
유정, 옆에 예나를 보면, 예나, 표정 얼어붙은 채 성적표 보고 있고.

수진	(채린에게) 예나 누구한테 발린 적 처음이지?
채린	우리 뒷자리다, 눈치 챙겨라.
호진	(유정의 자리 지나가며) 오오~ 안유정 전교 1등. 대단한데?
유정	(머쓱한 웃음, 이내 슬쩍 예나 눈치 보면)
예나	(웃으며) 축하해. 드디어 나 한 번 이겼네?
유정	운이 좋았어. 공부한 게 많이 나와서.
예나	운도 실력인 거 몰라? (애교스레 유정 흘기는) 너 두고 봐. 다음엔 절대 안 질 거야.

#17. 병문고 학생회실 (낮)

벌컥 문 열고 안으로 들어오는 예나. 꽉 다문 입과 부르르 떨리는 주먹.
예나, 어떻게든 열받은 마음 가라앉히는데, 문득 보이는 테이블 위 노트북, 승재와 친구들의 메신저 대화방이 켜져 있다.
'이예나 유정이한테 졌다며', **'과외 수십 개를 해도 될놈될, 안될안'**,
'안유정으로 정권교체, 진행시켜',
그리고 승재가 보낸 메시지. **'이사장 딸이라고 나대기는 했지'**

순간 표정 서늘해지는 예나인데, 그때 안으로 들어오는 승재.

승재　(화들짝) !! 어우야, 잠깐만. (노트북 덮는)

예나　(승재 바라보고)

승재　…다 봤어?

예나　내가 그렇게 많이 나댔나? 조심할게.

승재　(민망하고)

예나　나도 그 방 초대해줘. 되게 재밌더라. (웃으며 걸음 옮기다가, 표정 서늘해지고)

#18. 고급 호텔 앞 (낮)

호텔 앞에 멈춰 서는 명주의 차.
차량 운전석에서 내리는 재문. 뒷문 열어주면, 명주가 내린다.
호텔 안으로 걸음 옮기는 명주.

#19. 고급 호텔 카페 (낮)

마주 앉아 차를 마시고 있는 명주와 윤 주필.

명주　진작에 뵙고 인사드렸어야 했는데 늦었습니다.

윤주필　이사장님 바쁘신 거야 제가 잘 알죠. 교육시티다 뭐다 공사다망하시잖아.

명주　아시다시피 대한민국 공교육엔 더 이상 희망이 없습니다. 수준 낮은 평준화 교육은 학생과 학부모, 어느 쪽도 원치 않는 골칫덩어리로 전락했고요.

윤주필　(보는)

명주	저는 우리 아이들에게 완벽한 교육현장을 만들어주고 싶어요. 글로벌 명문사학을 만들어 우리나라 교육에 헌신하는 것, 이것이 제 꿈입니다.
윤주필	이런 좋은 말씀을 저한테 하시는 이유는... 저보고 펜대를 굴려 달라?
명주	주필님이 쓰신 글은 잘 챙겨보고 있습니다. 성주시 교육산업 클러스터 GB해제, 사업 시행 우선협상자로 병문재단 내정, 그 외 수많은 교육시티 관련 의혹들. 저에 대한 기사가 인상적이던데.
윤주필	전 오직 진실만 찾으니까요. 혹시라도 절 마사지할 생각으로 보자 하신 거면... 그 생각 버려주시길.
명주	진실은 찾는 게 아니라 만드는 겁니다. 전 제가 원하는 진실을 직접 만들고요.
윤주필	(보는)
명주	함께하시죠. 주필님이 원하는 그 이상을 드리겠습니다.
윤주필	...못 들은 걸로 하죠. (일어서서 나가려는데)
명주	윤 주필님?
윤주필	(보는)
명주	권하는 술을 안 받으면 다음엔 벌주예요. 앉으세요.

잠시 명주 노려보다가 밖으로 나가는 윤 주필.
명주, 여유로운 얼굴로 차 마시고.

#20. 명주의 차 안 (낮)

도로를 달리고 있는 명주의 차. 운전석엔 재문, 뒷좌석엔 명주가 앉아 있고.

명주	서진일보 윤 주필, 자세히 알아봐 주세요.
재문	알겠습니다.
명주	...오늘이었나요? 중간고사 성적 발표일.

재문   정해성은 학생회 들어가는 데 문제없을 거 같습니다.
명주   (피식) 애썼네. 상이라도 줘야 되나?
재문   (주저하다가) ...근데 이사장님, 예나 성적에 변동이 있습니다.

순간 서늘해지는 명주의 표정.
명주, 시트 주머니에서 서류봉투를 꺼낸다. 봉투 열어 예나의 성적표
를 본다.

명주   (성적표 보다가) ...학교로 가죠.

#21. 병문고 복도 (낮)

해성, 사물함에서 추천인 명단을 꺼내 서류봉투에 넣고 있는데,
마침 지나가던 남학생들, 해성을 보곤,

학생3   오~ 정해성, 전교 10등.
학생4   공부에 관심 없는 거 같더니 완전 대반전. 축하한다.
해성   (기분 좋으면서) 아이, 뭘 이런 걸 뭐라고. 너희도 할 수 있어.

학생들 걸음 옮기면, 해성, 새삼 감격스레 창밖 보며,

해성   (읊조리는) 고생했어, 해성아...

그때 해성의 눈에 띄는, 복도를 지나가는 한 사람. 예나다.
서류봉투 챙겨 예나를 쫓아가는 해성.

예나   (굳은 얼굴로 걸음 옮기고 있으면)
해성   이예나.

예나	(멈춰서 해성 보면)
해성	(서류봉투 건네는) 너 전교 2등 했다며!! 축하해. 그리고 이거 학생회 지원 서류. 너한테 내야 된다 들어서.
예나	(표정) 내 자리 갖다 놔.
해성	그럴려 했는데 너한테 직접 줘야 된다고... (하는데)
예나	더 크게 말해야 되나? 갖다 놓으라고.
해성	(예나 보는)
예나	더 할 말 없지. (걸음 옮기는데)
해성	...이예나. 무슨 일 있냐?
예나	(보는)
해성	내가 상관할 바는 아니긴 한데, 안 좋아 보여서.
예나	(허세) 사람 잘 보는 편은 아니네. 내가 어딜 봐서?
해성	그렇다면 할 말 없고. (서류봉투 들어 보이는) 서랍에 넣을게.

뒤돌아 걸음 옮기는 해성. 그런 해성을 바라보는 예나인데,
그때 문자 알림 진동 울리는 핸드폰. 예나 보면, 엄마에게 온 문자다.
'이사장실로'
순간 긴장하는 예나의 표정.

#22. 병문고 운동장 스탠드 (낮)

스탠드에 앉아 핸드폰으로 **'정해성'**을 검색하는 수아.
검색결과 없음. **'고등학생인데 학생이 아닌 경우'** 검색하면,
역시나 아무것도 안 나오고...
음... 생각에 잠긴 채 핸드폰 보는 수아인데, 그때,

김씨(E)	무슨 고민을 그렇게 하세요?

수아 뒤돌아보면, 어느새 바로 뒤에 서 있는 김 씨가 보이고.

수아 　(핸드폰 품에 넣는) 아뇨, 그냥. 속 썩이는 학생이 있어서. (일어서는)
　　　저번에 저랑 부딪치신 거 허린 괜찮으세요?
김씨 　파스 몇 개 붙이고 싹 났어요. 좀 있으면 수업이잖아. 들어가 보셔야지.
수아 　가보겠습니다. (꾸벅 인사 후 걸음 옮기다가, 뒤돌아 김 씨 보면)
김씨 　(미소로 수아 바라보고 있고)
수아 　...내 뒤엔 언제 오셨대? (걸음 옮기는)

김 씨, 미소로 수아를 보다가... 어느 순간 표정 싹 서늘해지고.

#23. 병문고 이사장실 앞 (낮)

이사장실 문 앞에 서 있는 예나. 긴장과 두려움 섞인 표정.
예나, 교복 재킷 위로 왼손 손목을 긁는다. 차마 노크하지 못하고 주
저하며 서 있는데, 벌컥 열리는 이사장실 문.

명주 　왔으면 들어오지 않고.

바싹 긴장한 채 안으로 들어가는 예나. 철컥 닫히는 문.

#24. 샌드위치 가게 (밤)

한자리에 모여 있는 해성과 안 팀장, 미정과 영훈.

안팀장 　...해서, 회장이 임원 지원 서류 확인은 했고?
해성 　챙기는 거 보긴 했는데 모르겠어요. 저 말고 후보가 둘이나 더 있더라

	고. 그리고 사배자가 학생회에 들어간 전례가 없대요. 능력이랑 인성
	다 따지는 거처럼 굴더니 결국은 인맥인 거지.
영훈	놀랍진 않지만 안타깝네요. 애들이 벌써 그럴 필요 없는데.
안팀장	일단 우린 우리 일에 충실하자. 해성이가 픽 될 수 있게 어떻게 회장
	을 감을 건지. (사람들 보는) 자유롭게 의견 있음 말해 봐.
영훈	정통으로 가시죠. 종이학 천 마리.
사람들	(싸- 해져서 영훈 바라보고)
영훈	네 명이니까 한 사람당 250마리씩. 내일까진 충분할 겁니다.
안팀장	(숙연한) …그래. 넌 이제 말하지 마.
미정	자고로 클래식은 영원하단 말이 있습니다. 정통이 아닌 전통, 두 분이
	깡패 분장해 회장 괴롭힐 때 정 선배가 딱!
해성	(맙소사… 마른세수하고)
안팀장	(숙연한) …그래. 니들 이제 말하지 마.
해성	어쩔 수 없네요. 아껴놨던 카드를 쓰는 수밖엔.
영훈	(긴장) 아껴놨던 카드요?
해성	(비장한 얼굴 표정)

#25. 병문고 급식실 (낮)

밥을 먹고 있는 예나와 유정, 학생회 사람들.
잠시 후, 예나에게 물컵을 건네는 누군가. 사람들 보면, 식판을 든 채
서 있는 해성이다?

해성	(과도한 친절) 목마르겠다. 마시면서 천천히 먹어.

순간 급식실에 찾아오는 정적. 일제히 하던 일 멈추곤 해성을 주목하
는 학생들.
얘가 뭐 하는 거야? 당황스런 현준과 승재, 채린, 유정. 저쪽에 동민.

예나, 물컵 보면, 작은 나뭇잎 하나 동동 떠 있고...

예나   ...뭐야, 이건?
해성   나의 작은 마음의 배려. 마시다 사레들면 큰일이잖아.
유정   (왜 저래?, 경악으로 해성 바라보고)
예나   마음은 고마운데 어쩌지? 나 물 따로 마시는데. (테이블 위 고급생수
       병 가리키는)
해성   그렇구나, 내가 몰랐네? 그럼 이건 누구... (유정 보면)
유정   (이 악물고 제발 가라 눈짓)
해성   내가 마셔야겠다. 그럼 난 이만.

급식실 한쪽, 동민의 맞은편에 앉는 해성.

동민   (믿기지가 않는) 방금 뭐 한 거야?
해성   (진지한) 회장이랑 친해져야 하는데 모르겠어. (동민 보는) 왜 실패한
       걸까. 나뭇잎은 괜찮았잖아.
동민   너 혹시... 모솔이야?
해성   (동민 바라보다가, 슬며시 시선 피하는)

학생회 사람들이 앉아있는 테이블. 저쪽 앉아있는 해성을 황당히 바
라보는 승재.

승재   나뭇잎은 당최 이해 안 되네... 쟤 뭐 나루토야?
채린   (히힛) 해성이 빙구미 귀여워.
현준   정해성 학생회 지원 서류 제출했다며.
유정   (예나 보는)
현준   어떻게 할 거야?
예나   음... 학생회장 권한대로.

#26. 병문고 1층 (낮)

벙찐 얼굴로 게시판 공고를 보고 있는 동민.

> <학생회 임원 선발 결과 : 2학년 1반 정해성>

동민   이게 되네.

동민 옆을 보면, 한없이 거만한 얼굴로 서 있는 해성이 보이고...

윤철   (범식과 함께 다가와) 이야, 정해성! (해성에게 어깨동무) 방금 들었다, 너의 만행. 예나한테 대단했다며.
범식   (놀리듯 웃는) 아니~ 상식적으로~ 나뭇잎은 너무하잖아~.
윤철   그러게 나한테 상담 좀 받고 하지 뭐냐 이게. 내가 이래 봬도 마, 출구 없는 남자 방탈 임윤철...

하다가 멈칫, 게시판 공고 보곤 헉 놀라는 윤철과 범식.

윤철   이게 되네.
해성   (진지한) 당연히 될 줄 알았어. 중요한 건 얼굴이 아닌 마음이니까.
범식   묘하게 설득력이 없네.
동민   기만자.
윤철   약간 당황스럽지만 축하한다. 그런 의미에서 매점? 해성이가 쏜다!

하며 해성을 보면! 이미 휑하니 사라져 버린 해성이고...

#27. 병문고 교무실 (낮)

책상 의자에 앉아 노트북을 보고 있는 수아. 노트북엔 해성의 생활기록부가 떠 있다.

지그시 해성의 생활기록부를 보다가, 학적 기입란에 **'해남경순고등학교'**를 보는 수아.

수아, 결심한 듯 핸드폰 전화를 건다. 뚜르르 신호음이 가고, 잠시 후,

미정(E)	(목소리 변조된) 예, 경순고 교무실입니다.
수아	예, 안녕하세요. 서울 병문고등학교 2학년 1반 담임 오수아입니다.
미정(E)	예, 안녕하세요. 병문고에서 어쩐 일로...?
수아	다름이 아니라, 저희 쪽에 전학 온 정해성 학생에 대해 여쭙고 싶어서요.

잠시 말이 없는 핸드폰 너머. 표정 심각해지는 수아인데,

미정(E)	아, 해성이요.
수아	...!!

#28. 샌드위치 가게 (낮)

착신전환 프로그램이 켜져 있는 노트북. 앞에 앉아 사무실 전화기로 통화 중인 미정.

미정의 옆엔 안 팀장과 영훈이 서 있고.

미정	공부 잘해, 운동 잘해 우리 학교에서 되게 인기 많은 애였죠. 안 그래도 궁금했는데 잘됐다. 해성이 잘 지내죠?

#29. 병문고 교무실 (낮)

미정(E)	우리 해성이 잘 부탁드려요, 선생님. 언제든 연락 주시고요.
수아	예, 감사합니다. 들어가세요.

핸드폰 내리는 수아. 생각에 잠긴 채 노트북 속 해성의 생활기록부 바라보는데,

해성	(수아에게 다가와) 선생님?
수아	!! 깜짝이야. 언제 왔어? (노트북 덮는)
해성	방금요. 학생회실 출입등록 때문에.
수아	근데 지금 시간이 등록 안 되는데? 행정실 다 퇴근했고.
광두	(자기 자리에서) 오 선생! (이리 오라 손짓)
수아	예, 갑니다~! (해성에게) 내일 샘이랑 같이하자. 어차피 내일 학생회 첫 회의잖아. (광두에게 향하는)
해성	(수아 바라보는, 표정)

인서트

수아가 노트북 덮는 순간, 놓치지 않고 노트북 속 자신의 생활기록부 보는 해성.

작게 한숨 내쉬며 수아를 보는 해성. 그러다 문득 보면, 교무실 저쪽, 어느 선생님과 이야기 나누고 있는 유정이 보이고.
순간 눈 마주치는 두 사람. 해성의 시선 피하며 밖으로 나가는 유정.
해성, 그런 유정을 바라보고.

#30. 병문고 교정 (낮)

벤치에 앉아있는 유정. 잠시 후 유정의 옆에 와 앉는 해성.

해성	...계속 이렇게 피해 다닐 거야?

유정	(앞만 바라보고)
해성	아저씨랑 이모한텐 얘기 안 할게. 근데 유정아, 적어도 오빠한텐 무슨 일 땜에 그러는지... (하는데)
유정	오빠, (해성 보는) 나보다 작전이 더 중요하지.
해성	(보는)
유정	내가 오지 말라 했잖아. 오빠 오면 다 말해버린다 협박까지 했잖아. 근데 왜... 왜 나 무시해?
해성	유정아, 오빠 니가 걱정돼서... (하는데)
유정	결정된 거니까 더는 말 안 할게. 대신 앞으로 아는 척 안 했음 좋겠어. (일어서 걸음 옮기는)
해성	(유정 보다가) ...유정아.
유정	(멈칫, 해성 보면)
해성	전교 1등 축하해.

잠시 해성 보다가, 말없이 걸음 옮기는 유정.
그런 유정을 보며 작게 한숨 내쉬는 해성.
그리고 보이는, 본관 학생회실 창가, 두 사람을 보며 서 있는 예나의 모습.

#31. 병문고 학생회실 (낮)

예나	(창밖 보고 있으면)
현준	(자리에 앉아있는) 뭘 그렇게 봐?
예나	그냥. 자꾸 거슬리는 거.
현준	(??, 예나 보는)
예나	(현준 보는) 할 얘기란 게 뭐야?
현준	왜 정해성이야?
예나	(보는)

현준	자격이나 스펙, 더 괜찮은 애들 많았잖아.
예나	(피식) 임원 선발 권한 나한테 있어. 니가 부회장이라도 말해줄 의문 없는 거 같은데?
현준	(예나 보는)
예나	그래도 군이 이유를 알고 싶다면... 내가 뽑고 싶으니까?
현준	(표정 꿈틀하는)
예나	(미소로 현준 보다가, 밖으로 나가는데)
현준	그 소문 진짜야?
예나	(현준 보는)
현준	너 정해성한테 관심 있다는 거.
예나	솔직한 답 원해?

잠시 예나를 바라보다가... 결국 시선 피하는 현준.
그런 현준을 비웃음으로 바라보다 밖으로 나가는 예나.
현준, 자신의 용기 없음을 탓하며 작게 한숨 내쉬고.

#32. 해성의 집 거실 (밤)

거실로 들어와 소파 위에 책가방 툭 내려놓는 해성.
그때 진동 울리는 핸드폰. **'아저씨'**다.

해성	(받는) 예, 팀장님.
안팀장(E)	집에는 들어갔고?
해성	예, 지금 막... (하는데)
안팀장(E)	너 오수아 선생님이랑 엮이지 않을 거라며.
해성	무슨 일 있었어요?
안팀장(E)	오 선생이 너 예전 학교에 확인하겠다고 해남에 전화했어.
해성	(표정)

안팀장(E) 회선 돌려 넘어갔지만 전화까지 한 거 보면 진짜 위험해. 앞으로 오수
아 선생님이랑은 학교에서 마주치지도 마.

해성 조심할게요.

안팀장(E) 작전지 민간 학교야. 너 정체 탄로 나면 수습 안 돼. 우리 모가지 날아
가는 건 당연하고 나라 전체가 들썩일 거라고.

해성 (작게 한숨 내쉬고)

#33. 병문고 전경 (다음 날 낮)

#34. 병문고 복도 (낮)

안팀장(E) 학생회도 들어갔으니까 최대한 빠르게 움직여.

성큼성큼 걸음 옮기고 있는 해성. 저 앞 복도, **'학생회'** 팻말이 보이고.

#35. 병문고 학생회실 (낮)

안으로 들어오는 해성.
회의 테이블 앞에 서 있는 수아. 자리엔 예나와 유정, 학생회 사람들이
앉아있다.
수아를 보는 해성. 그 위로

안팀장(E) 오수아 선생님은 무조건 조심. 절대 피해 다니고.

해성 (혼잣말) 담임에 학생회 지도교사인데 어떻게 피해 다니라고.

수아 왔으면 뭐 해? 앉지 않고. (빈자리 가리키는)

해성 (자리에 앉는, 한쪽에 놓여있는 괘종시계 바라보고)

수아	다 왔으니까 시작하자. 반가워, 애들아, 잘 부탁해. 난 오늘부터 학생회 지도교사 맡게 된 오수아 선생님. 앞으로 너희와 같이 좋은 학생회 만들 수 있게 최선을 다할게. (해성 가리키는) 그리고 여긴 다들 알다시피, 이번에 새로 임원이 된 정해성 학생.
해성	(자리에서 일어나) 정해성이야. (유정 보면)
유정	(해성을 보지도 않고 있고)
해성	...잘 부탁해.
채린	박수!!

열렬히 박수 치는 채린. 미소로 박수 치는 예나. 무시하고 딴짓하는 현준과 승재.
유정은 무거운 얼굴로 조용히 박수. 그런 유정을 바라보는 해성.
따스한 눈빛과 미소로 앉아있는 학생들을 보는 수아. 그 위로

수아(E)	아... 하기 싫다.

(경과)

수아	이번 주 안건 회의는 여기까지 하자. 다들 수고했어.

일어서 밖으로 나가는 유정과 예나, 학생회 사람들.
자료들 탁탁 정리하는 수아. 여전히 자리에 앉아있는 해성을 보곤,

수아	안 가고 뭐 해?
해성	생각할 게 있어서요. 선생님 먼저... (먼저 가라 손짓)
수아	나갈 때 문단속 잘해.

수아 밖으로 나가면, 잠시 기다리다가... 벌떡 일어서 괘종시계 향해 다가가는 해성.

해성, 품에서 구식 열쇠를 꺼낸다. 괘종시계 뒤편 열쇠 구멍에 열쇠 꽂으려는 그때,
삑삑삑삑 도어락 비밀번호 누르는 소리.
해성, 열쇠 숨기고 뒤돌아보면, 안으로 들어오는 예나와 유정 보이고.

예나	거기서 뭐 해?
해성	학생회실 구경. 둘은?
예나	너한테 볼일. 기다렸는데 안 나오길래.
해성	(볼일?, 예나 보는데)
예나	오늘 시간 어때? 같이 밥 먹자.
해성	밥?
예나	임원된 거 축하할 겸 해서. 유정이도 간대.
유정	!!
예나	같이 가줄 거지? (유정에게 도와달라 눈빛)
유정	(고민하다가, 결국) 그래, 해성아 같이 가자.

#36. 병문고 여자 화장실 (낮)

세면대에서 손을 씻고 있는 예나. 그 옆엔 유정이 서 있고.

유정	이따 해성이랑 밥 먹기로 한 거 나는 빠지면 안 될까?
예나	(손 씻으며) 갑자기 왜?
유정	생각해보니까 내가 낄 자리가 아닌 거 같아서. (핑계 대는) 나 이따 저녁에 약속 있기도 하고.
예나	(종이타월에 손 닦는, 유정 보지도 않은 채) 이미 결정 난 거 아닌가? 말할 거면 아까 말하지.
유정	아간 너무 급작스러워서. 미리 말 못 해서 미안.
예나	나 이랬다저랬다 하는 사람 싫어해. 사람이 가벼워 보이잖아.

유정	(보는)
예나	(미소로) 이따 이쁘게 하고 와.

다 쓴 종이타월 유정에게 건네고 나가는 예나.
혼자 남은 유정. 손안의 종이타월 바라보고.

#37. 샌드위치 가게 (낮)

테이블 한자리에 모여 있는 안 팀장과 영훈, 미정.

안팀장	설마설마 해남까지 전화할 줄은. 앞으로 좀 더 긴장하자.
영훈	느낌이 계속 의심할 거 같은데...
미정	저희 쪽에서 최대한 조심하는 수밖엔 없을 거 같습니다. 아니면 오수아 선생님, 제거해 버리든가.
안팀장	넌 진지한 얼굴로 그런 소리 하지 마. 무서워.

그때, 딸랑- 도어벨 울리고, 안으로 들어오는 한 사람. 리안이다.
셔츠 앞주머니엔 카메라를 앞쪽으로 한 핸드폰, 귀엔 무선 이어폰을 꽂고 있는 리안.

안팀장	어서 오세요.
리안	샌드위치 세트 세 개랑 포테이토 피자 라지. 음료는 전부 사이다고 포장해갈게요.
안팀장	아이고, 가족이 많으신가 보네?
리안	다 제 건데요?
안팀장	...치팅데이구나. (영훈과 미정에게) 주문 가자!

각자 샌드위치 만들기 시작하는 안 팀장과 영훈, 미정.

그사이 슬쩍슬쩍 구경하는 척 가게 안을 돌아다니는 리안.
이제야 보이는 셔츠 앞주머니 핸드폰, 수아와 영상통화 중이다.

#38. 병문고 교무실 (낮)

자리에 앉아 노트북을 보고 있는 수아.
노트북엔 리안이 찍고 있는 가게 내부가 나오고 있고.

수아　　(무선 이어폰에) 카메라 주방 쪽 한번.
리안(E)　이러니까 우리 무슨 국정원 같다.
수아　　집중하세요, 김리안 요원. 작전입니다.

#39. 샌드위치 가게 (낮)

영훈　　　(힐끔 리안 보곤, 안 팀장에게) 앞에 카메라죠?
안팀장　 오수아 선생님 동료분.
미정　　　역시 제거하는 게...
안팀장,영훈 (미정 보면)
미정　　　농담입니다.

#40. 거리, 병문고 교무실 교차 (낮)

걸음 옮기며 수아와 핸드폰 통화 중인 리안.

리안　　이제 됐지? 아무것도 없구만, 뭐.
수아　　(끄응... 표정)

리안(E)	쓸데없이 정력 낭비하지 말고 수아샘은 수아샘 일에 집중해. 걔 학생 아니라는 건 애초에 말이 안 됐으니까.
수아	아닌데? 분명 뭔가 있는데?
리안	아오, 국정원 놀이 그만해. 나 들어간다. 수아샘도 퇴근해.

핸드폰 내리는 수아. 작게 한숨 내쉬며 생각에 잠기는데,
그때 들리는 광두의 목소리. "오 선생?"

수아	예! (광두의 책상 앞으로 가는) 부르셨습니까.
광두	(부드러운) 학생회 분위기는 어때.
수아	나쁘진 않았습니다. (조용히) 그렇다고 좋지도 않았지만.
광두	'특별'히 신경 써야 되는 애들이란 거 오 선생도 알 거야. 한동안 공석이었던 자리라 쉽지 않겠지만 잘 부탁해.
수아	공석이라면 예전엔 지도교사가 계셨다는...?
광두	그렇다 하는데 잘 모르겠고. (다시 부드러운) 개인적으로 오 선생한텐 기대가 커. 우리 학교에서 오래 보고 싶을 만큼, 기간에 제한 없이.
수아	...!!
광두	오 선생은? 내가 오 선생을 믿고 의지해도 될까?
수아	(비장) 물론입니다, 교감 선생님. 무슨 일이든 맡겨만 주십시오!
광두	그래. 그럼 이거 처리하자.

수아, 광두의 책상 한쪽 보면, 수북이 쌓여있는 서류 더미들 보이고...

광두	우리 학교 지결이랑 예품의서. 별로 안돼, 1년 치.
수아	어, 근데... 저 좀 있으면 퇴근시간...
광두	그럼, 그럼. 퇴근은 해야지~. 집에 가서 해요.
수아	(헐... 광두 보는)
광두	나 오 선생밖에 없는 거 알잖아. (손가락하트) 사랑해요.

웃으며 수아를 보는 광두. 그런 광두를 보다가... 결국 손가락하트 꺼내는 수아.

#41. 병문고 교문 (낮)

"안녕히 계세요.", "조심히 가." 하고하는 학생들과 인사 나누는 김 씨. 어느 순간 김 씨, 서늘한 얼굴로 본관 건물 바라보고.

#42. 안 팀장의 집 거실 (밤)

얼굴에 오이 마사지 하며 TV를 보고 있는 장 여사.

유정   (후드티 입고 방에서 나오는) 나갔다 올게.
장여사   밥도 안 먹고 어디.
유정   친구랑 저녁. (나가려는데)
장여사   어어, 스톱, 스톱. 그 해성이 말야, 학교생활 잘하고 있니?
유정   (엄마 보는, 표정)
장여사   요즘 통 연락도 없고 니 아빠한테 물어봐도 기밀이라 그러고 그런다. 걔 요즘 어때? 니가 말 좀 해주라.
유정   엄만 나한테 관심 자체가 없지.
장여사   응?
유정   학교에서 내가 어떤지 무슨 일은 없는지 힘들지는 않은지. 궁금한 게 있긴 해?
장여사   (당황) 야, 너는 니가 알아서 잘하니까... (슬며시) 뭔 일 있어?
유정   됐다. 내가 무슨 얘길 하냐. (밖으로 나가는)
장여사   야, 유정아, 안유정!

장 여사, 당황스럽고 무안하고...

#43. 스카이라운지 (밤)

테이블을 사이에 두고 마주 앉아있는 예나와 유정.
명품 치마 정장 차림의 예나. 반대로 유정은 후줄근한 후드티 차림.

유정   여기 되게 비싼 데 아니야? 나 용돈 다 떨어졌는데.
예나   내가 낼게. 설마 내가 너보고 내라 할까.
유정   (민망한 웃음)
직원   (메뉴판 가져와 건네는) 셰프께서 특별히 신경 쓰라 하셨습니다. 주문
        도와드리겠습니다.
유정   (메뉴판에 가격 보곤, 우와...)
예나   (메뉴판 돌려주며) 일행이 아직 안 와서요. 나중에.
직원   예, 그럼. (힐끔 메뉴판 건네는 유정의 옷차림 보는)
유정   (괜히 민망하고)
예나   근데 해성이 얘는 왜... (입구 보곤, 살짝 표정 놀라는)

유정, 예나의 시선을 따라 뒤돌아보면, 깔끔한 옷차림의 해성이 보이고.

예나   (픽 웃는) 밖에서 보길 잘했네.
해성   미안, 늦었다.
예나   주문 아직 안 했어. (유정의 옆자리 가리키는) 앉아.
해성   (유정에게) 오래 기다렸어?
유정   (해성과 어색한) 별로.
예나   다 왔으니까 주문하자. 유정아, 우리 메뉴판.

        (경과)

스테이크를 먹고 있는 해성과 유정, 예나.

예나	학생회 임원 된 기분 어때?
해성	아직 특별히는. 분위기 파악 중이라.
예나	(유정에게 물컵 내미는) 학생회는 왜 그렇게 들어오고 싶어 한 거야?
유정	(해성 눈치 보다가, 물 따르는)
해성	(??, 그 모습 바라보고)
예나	똑똑. 정해성 씨 계세요?
해성	일이 있어서. 둘은 어떻게 친해진 거야?
유정	(긴장)
예나	친해지는데 이유가 있나? 사실 유정이가 그땐... (하는데)

일부러 바닥에 나이프를 떨어뜨리는 유정. 땡그랑.

유정	미안. (해성에게) 1학년 때 같은 반이라 친해졌어. 학교에 잘나가는 애들 많아서 적응 잘 못했거든. 그때 예나가 도와줘서.
예나	(유정 보다가, 옅게 웃는) ...그랬지.
해성	(뭔가 석연치 않은데)
예나	저번에 둘이 얘기하는 거 봤어. 둘이야말로 꽤 친해 보이던데?
유정	어? 아냐, 나 별로 안 친해. 그땐 그냥 얘기한 거.
예나	너 이러니까 더 이상하다? 친한 게 어때서. ...여튼 둘이 사귀는 건 아니란 거네?
유정	(말뜻 이해한, 놀라 예나 보는)
해성	(예나 바라보고)
예나	됐어, 그럼. (유정에게 카드 건네며) 유정아.
유정	(예나 보면)
예나	나 스타킹 좀. 힐 신었더니 올 나갔다.

얘 뭐지? 표정 정색하는 해성. 그런 해성의 눈치 살피는 유정인데,

예나	안 가고 뭐 해?
유정	(어쩔 수 없이 카드 받곤 일어서는데)
해성	앉아.
유정	...!!
예나	(해성 보면)
해성	(예나 보며, 꾹 화 참듯 한숨 내쉬는)
예나	그 한숨 뭐야?
해성	...오늘은 넘어갈게. 대신 담엔 이러지 마.
예나	(피식) 니가 유정이 뭔데?

예나를 보는 해성. 그런 해성의 시선 마주하는 예나.
오빠한테 걸렸다 싶은 유정은 둘 사이에서 어쩔 줄 모르겠고.

#44. 어느 모처 (밤)

노트북 앞에 앉아있는 한 남자. (김 씨. 얼굴은 보이지 않는다)
남자, 키보드를 두드리기 시작한다. 노트북 화면에 새겨지는 글자. **'반
가워요.'**

#45. 스카이라운지 건물 밖 (밤)

예나	오늘 재밌었어. 다음에 또 이렇게 보자.
해성	(예나 보는)
예나	임원 된 거 축하해. (고급 승용차 앞에 멈춰 서면) 갈게. 학교에서 봐.

예나가 차에 올라타면, 부웅 출발하는 예나의 차.
어색한 분위기 속 서 있는 해성과 유정.

해성	...학생회 들어오지 말라 한 거, 예나 때문이니?
유정	(아무 말 않는, 표정)
해성	유정아, 오빠가 봤을 땐 너희 둘... (하는데)
유정	(되려 당당한) 맞아. 나 예나 시녀야. 스타킹 올 나가면 사다주고 커피 심부름도 해. 자리 맡을 거 있음 다 맡아주고 밥 먹을 땐 나 개 물도 챙겨. 근데 뭐? 뭐 어쩌라고.
해성	(바라보고)
유정	궁금한 거 알았으니까 됐지. 이제 아까처럼 나서지 마. 나한테 설교할 생각도 하지 말고 그냥, 그냥 아무 말도 하지 마.
해성	그런 말이 어딨어. 오빤 니가 걱정돼서... (하는데)
유정	그니까 그러지 말라고오!
해성	(놀라 유정 보는)
유정	(눈물 그렁그렁) 좀, 제발... 모른 척하라고. 왜 자꾸 사람 쪽팔리게 만들어.

눈가 훔치며 뒤돌아 걸음 옮기는 유정.
해성, 그런 유정을 놀람과 당황 섞인 얼굴로 바라보고.

#46. 명주의 집 앞 (밤)

대문 앞에 멈춰 서는 예나의 차. 차에서 내리는 예나. 긴장한 채 자신의 집 바라보고.

#47. 명주의 집 서재 (밤)

책상 의자에 앉아 업무를 보고 있는 명주. 잠시 후 똑똑 노크 소리.

예나	(안으로 들어와) 다녀왔습니다.
명주	(업무 보며) 밥은 잘 먹었니?
예나	괜찮았어요.
명주	학생회 애들은. 해성이 임원 선발한 거 반발 없었고?
예나	특별히는요. ...근데 엄마, 해성이는 왜 학생회에... (하는데)
명주	왜 넣으라 한 거냐고.
예나	(보는)
명주	(예나 보는) 엄마가 이유를 말하지 않는 건 예나야, 니가 알 필요가 없기 때문이야.
예나	(주눅) 죄송해요, 엄마.
명주	자리에 유정인 왜 데려간 거야?
예나	...!!
명주	(짓궂은 미소) 엄마 모를 줄 알았구나. 우리 딸에 대해선 다 아는데.
예나	단둘이 먹기 어색해서요. 애들 듣는 귀도 있고.
명주	군기 잡겠단 건 아니었고?
예나	...!!
명주	새 임원도 왔겠다, 1등도 뺏겼겠다. 누가 주인인지 보여주려고 말야.
예나	(정곡 찔려 아무 말 못 하는데)
명주	엄마 실망했어, 예나야. 그런 행동 너무 유치하잖아.
예나	죄송해요. 안 그럴게요, 엄마.
명주	차라리 학교에서 쫓아내 버리든가.
예나	...!!
명주	키우던 개가 까불면 예나야, 그 개는 버리는 게 나아. (애교스레 인상 찡그리는) 언젠간 사람 행세하거든.
예나	(두려운 얼굴로 명주 보는데)
명주	우리 딸 엄마랑 약속해줄래? 누구한테든 함부로 니 자리, 절대 뺏기지 않겠다고.

미소로 새끼손가락 내미는 명주. 그런 명주를 바라보다가... 결국 약

속하는 예나.

#48. 병문고 1층 (밤)

학교 게시판에 붙어있는 학생회 활동사진들.
사진들 중 예나와 유정이 웃으며 찍은 사진을 보며 서 있는 해성.
잠시 사진 바라보다가... 심기일전하듯 작게 심호흡.
1층 한쪽에 놓여있는 괘종시계 일별하곤, 이내 눈빛 진지해져 걸음 옮기는 해성.

#49. 병문고 학생회실 (밤)

아무도 없는 어두운 학생회실. 안으로 들어와 괘종시계를 향해 다가가는 해성.
해성, 품에서 구식 열쇠를 꺼낸다. 괘종시계 뒤편 열쇠 구멍에 열쇠를 꽂는다. 열쇠를 돌리면, 끼익 열리는 괘종시계 앞 유리.
해성, 이리저리 괘종시계를 살펴본다. 특별히 이상한 건 없다. 작게 한숨 내쉬며 생각에 잠기는데, 그때, 갑자기 휙, 문틈으로 날아 들어오는 서류봉투.
뭔가 싶은 해성. 문 열고 복도 둘러보면, 아무도 없다.
해성, 서류봉투 안에서 편지를 꺼낸다. 표정 확 얼어붙는다.
'반가워요, 정해성 요원'

해성   (핸드폰 전화 거는) ...말씀드릴 게 있습니다, 팀장님. ...아뇨. 회사에서. (편지 바라보고)

#50. 국정원 김 국장 사무실 (밤)

책상 의자에 앉아 비닐팩에 담긴 편지 보고 있는 김 국장. 심각한 얼굴 표정.
김 국장의 앞엔 해성과 안 팀장이 서 있고.
김 국장, 작게 한숨 내쉬며 편지를 책상에 내려놓으면,

해성   누군가 절 알고 있습니다. 그리고 이 편지가 날아온 타이밍. 그 시간 제가 어딨는지, 뭘 하고 있는지 정확히 알고 한 행동입니다.

김국장   너를 주시까지 하고 있다.

안팀장   작전 정보가 새어나간 건 아닌지.

김국장   위엔 아직 보고도 안 된 비밀작전이야. (안 팀장 보는) 누수가 있다면 위가 아니라 아래겠지.

안팀장   (김 국장 보는, 표정)

김국장   의도가 뭘까. 너한테 뭘 노리고.

해성   현재로선 파악하기 힘든 상황입니다. 확실한 건 신원확보 최대한 서둘러야 된단 거고요.

(경과)
생각에 잠긴 채 홀로 책상 의자에 앉아있는 김 국장. 잠시 후 똑똑 노크 소리.

공팀장   (안으로 들어와) 부르셨습니까.

김국장   병문고 교직원들 엑스레이 찍어. 지금 당장.

#51. 국정원 옥상 (밤)

비닐팩에 담긴 편지를 바라보며 있는 해성. 잠시 후 해성에게 다가오

는 안 팀장.

안팀장	(농담조로) 자, 고생하는데 몸이라도 챙겨야지.
해성	(피식 웃으며 믹스커피 받는)
안팀장	짚이는 사람이라도 있어? 너한테 메시지 보낸 놈.
해성	(작게 한숨 내쉬는)
안팀장	어떻게든 빨리 찾아야 돼. 안 그럼 이 작전 더 이상 힘들 수도 있어.
해성	내일 학교 CCTV부터 확인할게요. 그동안 국과수 감식 좀 해주세요. (안 팀장에게 편지 건네주는)
안팀장	하, 참, 어떤 놈인지 잡히기만 해봐라. 야, 이럴 때일수록 웃어. 힘들 때 웃는 게 일류다!
해성	(피식 웃는)
안팀장	그리고 주의 사항. 찾는 거 다 좋은데 몸조심해. 너 다치면 나중에 니 아빠 찾았을 때,
해성	(표정)
안팀장	그때 미안해서 고개 못 드니까.
해성	(안 팀장이 고맙고) 그럴게요.

#52. 국정원 김 국장 사무실 (낮)

김 국장에게 '병문고 교직원 내사 보고서' 서류를 건네는 공 팀장.
한 장 한 장 보고서를 읽어 나가는 김 국장. 어느 순간 멈칫, 표정 심각
해지고.

공팀장	왜 그러십니까?
김국장	(심각한 얼굴로 서류 바라보고)

#53. 병문고 행정실 (낮)

책상 의자에 앉아있는 행정실장. 옆엔 해성이 서 있고.

실장　원래 안 되는 건데 학생회 임원이라니까, 그래서 내가 특별히 보여주는 거야.

노트북에 외장하드를 연결시키는 행정실장. 저장 폴더에 들어가 날짜, 시간대를 클릭하는데, 폴더 안, 아무것도 없다.

실장　이거 왜 이래. 왜 아무것도 없어.
해성　(표정 심각해지는)
실장　김 주임! 영상 파일 왜 이래? 다 어디 갔어.
김주임　잘 모르겠는데요? 어제 서버 점검 날이라 그런가?
해성　(심각한 얼굴 표정)

#54. 클레이사격장 (낮)

탕-! 탕-! 헤드폰 낀 채 사격을 하고 있는 명주. 옆에선 재문이 서 있고. (클레이는 안 날아오고 있다는 설정입니다.)

명주　(헤드폰 벗으면)
재문　영상은 문제없이 처리했습니다.
명주　수고하셨어요. (탄창 갈며) 교장 선생님 생각은 어떠세요? 그 사람 왜 그런 짓을 한 걸까?
재문　정해성한테 원하는 게 있거나,
명주　(재문 보는)
재문　협조를 구하기 위해서인 것 같습니다.

명주   아님 둘 다 거나. (피식) 좋은 건 아니다.

재문   (명주 보는)

명주   (탄창 장착하곤) 갑자기 궁금해지네? 그 사람 어디까지 알고 있으려나?

헤드폰 쓰고 사격 시작하는 명주. 탕-!
이제야 보이는... 명주가 총을 쏘고 있는 곳, 기둥에 한 사람이 묶여있다.
백발이 성성한 누군가. 윤 주필이다...!
재갈에 입 막힌 채, 공포에 질려 버둥거리는 윤 주필. 이미 가랑이는
푹 젖어있고.
제대로 윤 주필을 겨냥하는 명주. 방아쇠에 힘을 주기 시작한다.
맑고 창창한 사격장 하늘 보이면서...
이윽고 들리는 총소리. 탕-!

#55. 병문고 교정, 국과수 복도 교차 (낮)

해성   (핸드폰 통화 중인) 하필 어제가 서버 점검 날이었대요.

핸드폰 통화하며 연구실에서 걸어 나오는 안 팀장.
손엔 DNA와 지문 감식결과 서류를 들고 있고.

안팀장   우연치곤 수상하네.

#56. 국과수 밖 주차장, 병문고 교정 교차 (낮)

자신의 차를 향해 걸음 옮기는 안 팀장.

안팀장   뭐가 없긴 여기도 마찬가지야. 편지에선 DNA랑 지문 한 점 안 나왔어.

해성	누굴까요. 만약 누군가 일부러 CCTV를 지운 거라면.
안팀장	너한테 편지를 보낸 놈 본인. 아니면 놈의 조력자든가.
해성	(읊조리는) 행정실 출입이 가능한 학교 내부 관계자. 놈이 누군지 밝혀지는 걸 원치 않는 사람.
안팀장	(차에 올라타는) 확실해질 때까진 예단하지 말자. 정말 우연히 서버 점검 날이었을 수도 있잖아.
해성	(작게 한숨 내쉬는)
안팀장	학교 관계자라면 그쪽에서도 니가 카메라 확인했단 거 알 거야. 오늘은 일찍 들어가.
해성	(핸드폰 내리는, 난간 밖 바라보는 표정에서)

#57. 병문고 복도 (낮)

함께 서류박스 든 채 걸음 옮기고 있는 수아와 준호.

수아	뭔 놈의 지출결의 해도 해도 끝이 없네. 도와주서서 고마워요, 샘.
준호	아니에요, 제가 좋아서 하는 건데.
수아	좋아서요?
준호	(아차!) 예, 제가 좀... 숫자, 숫자 좋아해서.
수아	오오, 역시 수학샘.
준호	(기분 좋으면서) 아니에요, 제가 뭐라고. (문득 앞을 보곤) 해성아.

수아 보면, 심각한 얼굴로 걸어오고 있는 해성이 보이고.
수아와 준호에게 꾸벅 묵례 후 계속해 걸음 옮기는 해성.

준호	(갸우뚱) 되게 심각해 보이네요. 무슨 일 있나?
수아	(무슨 일이지?, 해성 보는 표정)

#58. 병문고 문서보관실 (낮)

선반 위를 한가득 채우고 있는 서류철과 문서함들.
박스 안에서 서류들 꺼내 선반 위에 정리하는 수아와 준호.

준호　해성인 어때요?
수아　해성이요?
준호　리안샘이 그러시던데? 해성이 학생 아닌 거 같다 하셨다면서요.
수아　그 양반은 뭘 그런 거까지 또, 어디 가서 말하지 마세요. 비밀. (입에
　　　　쟈크 채우는 시늉)
준호　(입에 쟈크 채우는 시늉) 정리 다 된 거 같은데 나가시죠.

빈 서류박스 들고 밖으로 나가는 준호.
준호를 따라나서다 멈칫, 선반 위 서류들 사이에서 무언가를 발견하
는 수아.
오래되어 낡고 색이 바랜, 병문고 학생회 문집이다.
수아, 문집을 꺼내 보면, 과거 학생회 지도교사와 임원들 간 롤링페이
퍼, 학생회 활동 소회문, 학생회 관련 사진들이 나오고.
페이지들 넘기며 훑어보다가, 어느 순간 멈칫, 표정 놀라는 수아.

준호　(왜 안 오지?) 오 선생님?

내가 아는 사람이다. 누군가의 사진 바라보는 수아의 표정.

#59. 해성의 집 거실 (밤)

소파에 앉아 비닐팩에 담긴 편지를 보고 있는 해성.
잠시 후, 테이블 위에 있던 핸드폰 진동이 울린다. 모르는 번호다.

해성	(번호 보다가, 전화 받는) 여보세요?
김씨(E)	정해성 요원?
해성	!!
김씨(E)	오랜만이에요. 제 목소리 기억하시려나?

플래시백 3화 24씬

김씨	(나가는 해성 향해) 학교엔 말 안 할 거지? 비밀 지켜야 돼.

해성	(핸드폰 녹음 버튼 누르려 하는데)
김씨(E)	아아, 녹음하진 말고.
해성	(멈칫)
김씨(E)	피차 할 얘기 많은 거 같은데 만나서 얘기하죠. 학교로 오세요.
해성	편지 보낸 게 당신인가?
김씨(E)	그것도 만나서. 요원님한테만 할 얘기 있으니 혼자 오시길.

뚝 끊기는 핸드폰. 핸드폰 바라보는 해성의 표정.

#60. 병문고 경비실 (밤)

핸드폰 내리는 김 씨. 의미심장한 얼굴 표정.

#61. 병문고 교문 (밤)

성큼성큼 학교 안으로 들어가는 해성. 경비실 안을 보면, 김 씨는 어디론가 사라진 듯 자리에 없고.

#62. 병문고 학생회실 (밤)

아무도 없는 어두운 학생회실. 11시 58분을 가리키고 있는 괘종시계.

#63. 병문고 본관 앞 (밤)

본관 현관문 앞에 다다른 해성. 본관 건물을 바라본다.

인서트
병문고 학생회실. 11시 59분을 가리키고 있는 괘종시계.
이윽고 12시가 되는 순간!

해성, 결심한 듯 본관 안으로 들어가려 하는 그때,
뎅-! 갑자기 들려오는 학생회실 안 괘종시계 소리...!

해성   ...!!
동민(E)   친구를 죽인 여학생은 시신으로 발견됐고, 그때부터 소문이 돌기 시
         작했대.
해성   (설마 싶은)
해성(E)   시계가 울릴 때 절대 학교에 있지 마라,

괘종시계 소리가 멈춘다. 이내 찾아오는 불길한 정적 속, 긴장한 얼굴
표정의 해성.

해성(E)   새빨간 눈이 너를 잡으러 올 것이다.

잠시 후, 쿵-! 해성의 뒤편 바닥에 떨어지는 누군가.
해성 뒤돌아보면, 새빨갛게 충혈된 눈으로 죽어있는 한 사람. 김 씨다...!

충격으로 표정 얼어붙는 해성. 그러던 중 눈에 띄는... 김 씨가 손에 쥐고 있는 무언가.

스티커가 붙어있는 낡은 수첩... 아버지의 수첩이다!

절명한 김 씨의 모습. 김 씨가 손에 꾹 쥐고 있는 아버지의 수첩.

혼란과 충격에 사로잡힌 해성의 모습에서...!!

#64. 에필로그, 수아의 어린 시절, 초등학교 운동장 (낮)

가방을 멘 채 걸음 옮기고 있는 어린수아.

어느 순간 들려오는 어린해성의 목소리. "위험해!"

어린수아 보면, 자신에게 날아오고 있는 축구공!

눈 질끈 감는 어린수아인데, 그 순간 턱, 축구공을 잡아주는 한 사람.

해성부다.

해성부 괜찮니?

어린해성 (달려와) 아빠! 봉자야 괜찮아?

어린수아 (아빠?)

해성부 니가 봉자구나. 시현이한테 얘기 많이 들었어.

어린해성 내가 언제 그랬다고. (부끄러운 마음에 해성부 툭 때리고)

어린수아 안녕하세요.

해성부 아저씨가 맛있는 거 사줄게. 밥 먹으러 가자.

#65. 에필로그, 병문고 문서보관실 (낮)

5화 58씬 연결

학생회 문집 속 누군가의 사진. 다름 아닌 해성부다...!

(이름 '**김재영**'이라 표기되어 있는 사진)

준호   (수아에게 다가와, 해성부의 사진보곤) 아는 사람이세요?

이 사람이 왜 여기...? 당황스러운 수아의 표정에서.

- 5화 끝 -

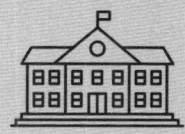

6화
아버지의 수첩

#1. 병문고 경비실 (밤)

책상 서랍에서 스티커 붙어있는 낡은 수첩을 꺼내는 김 씨. 수첩을 손에 들곤 밖으로 나간다.

#2. 병문고 옥상 (밤)

해성을 기다리며 서 있는 김 씨. 손엔 스티커 붙어있는 낡은 수첩을 들고 있고.
잠시 후, 옥상문 열고 안으로 들어오는 누군가.

김씨   (뒤돌아보며) 생각보다 일찍 오셨...

하다가 멈칫, 서 있는 사람을 보면, 후드와 바라클라바를 쓴 괴한이다. (재문)

#3. 병문고 본관 앞 (밤)

본관 현관문 앞에 다다른 해성. 본관 건물을 바라본다.
해성, 결심한 듯 본관 안으로 들어가려 하는 그때,
뎅-! 갑자기 들려오는 학생회실 안 괘종시계 소리...!

해성   ...!!

#4. 병문고 옥상 (밤)

괘종시계 소리 울리는 가운데, 수첩을 빼앗기 위해 힘 싸움을 벌이는
김 씨와 괴한.
김 씨, 점점 난간 쪽으로 밀리기 시작하고.

#5. 병문고 본관 앞 (밤)

괘종시계 소리가 멈춘다. 이내 찾아오는 불길한 정적 속, 긴장한 얼굴
표정의 해성.
그때, 쿵-! 해성의 뒤편 바닥에 떨어지는 누군가.
해성 뒤돌아보면, 새빨갛게 충혈된 눈으로 죽어있는 한 사람. 김 씨다...!
충격으로 표정 얼어붙는 해성. 그러던 중 눈에 띄는... 김 씨가 손에
쥐고 있는 무언가.
스티커가 붙어있는 낡은 수첩... 아버지의 수첩이다!
절명한 김 씨의 모습. 김 씨가 손에 꾹 쥐고 있는 아버지의 수첩.
수첩을 손에 드는 해성. 고개 들어 옥상을 보면, 슥 사라지는 누군가
의 그림자!
급히 본관 안으로 뛰어 들어가는 해성.

그리고 보이는... 학생상담실 창가, 어둠 속에서 해성을 보고 있는 누군가의 실루엣.

#6. 병문고 복도 (밤)

이를 악물고 복도를 달려 나가는 해성. 복도 저쪽, 옥상으로 향하는 계단이 보이고.

#7. 병문고 옥상 (밤)

쾅! 문을 박차고 안으로 들어오는 해성. 총을 꺼내든 채 주위 둘러보는 그때, 갑자기 나타나 해성을 덮치는 괴한!
탕-! 괴한에 의해 허공을 향해 발사되는 총.
곧바로 이어지는 해성과 괴한의 격투. 총은 바닥에 떨어진다.
어느 순간 괴한, 일격을 맞고 바닥에 쓰러진다. 그런 괴한에게 다가가는 해성인데, 근처에 있던 화단 흙을 확 해성에게 뿌리는 괴한.
괴한, 주춤하는 해성을 쓰러뜨린다. 해성의 품을 뒤지기 시작한다. 품 안에서 수첩을 꺼내는 그때, 간신히 정신을 차린 해성, 반격으로 한 방을 먹여 괴한을 쓰러뜨린다.
해성, 쓰러진 괴한에게 다가가 바라클라바를 벗기려 하는데, 그 순간, 옥상문 바깥에서 들려오는 땡그랑, 빈 캔이 바닥에 떨어지는 소리.
흠칫 놀라 뒤돌아보는 해성. 그 순간을 놓치지 않고 밖으로 도망치는 괴한.

#8. 병문고 본관 앞 (밤)

밖으로 뛰어나와 주위를 살피는 해성. 하지만 어디에도 괴한은 보이지 않는다.

수첩과 절명한 김 씨를 번갈아 보는... 혼란과 당황 섞인 해성의 표정.

#9. 건물 지하 주차장 (밤)

차량(명주의 차) 운전석에 오르는 괴한. 바라클라바를 벗으면, 다름 아닌 재문이다.

명주(E)   생각보다 오래 걸렸네요?

이제야 보이는 차량 뒷좌석, 책을 읽으며 앉아있는 한 사람. 명주다.

재문   약간의 변수가 있었습니다.
명주   (변수?, 재문 보는)

#10. 국정원 복도 (밤)

회의실을 향해 성큼성큼 걸음 옮기는 해성. 분노로 가득한 표정.

#11. 국정원 회의실 (밤)

몇몇 간부들, 공 팀장과 회의를 하고 있는 김 국장.

김국장   (서류 보며) 해외팀은 당분간 러시아랑 미국 동향 파악 주력해. 국내는 각자 맡은 프로젝트 좀 더 신경 쓰고. 특히 최근 북한이 심상치가 않으니까...

하는 그때, 벌컥 문 열고 안으로 들어오는 해성.

해성 국장님 빼고 전부 나가세요.
공팀장 (벌떡 일어나) 야, 정해성이! 노크도 없이 무슨 짓이야!
해성 당장 나가라 했습니다.
공팀장 이 자식이 누구 앞에서 버릇없게... (하며 해성의 뺨 날리려 드는데)

빠르게 공 팀장의 팔을 꺾곤 쾅! 책상에 공 팀장을 누르며 제압하는 해성. 동시에 죽일 듯 김 국장을 노려보고.

김국장 (그런 해성 보다가) 회의는 나중에 이어서. 전부 나가.

해성을 뿌리치곤 밖으로 나가는 공 팀장. 그 뒤를 따라 나가는 간부들. 사람들 전부 나가면, 딸깍, 회의실 문을 잠그는 해성.

김국장 (여유로운) 급한 일 아니면 각오해야 될 거야. 무슨 일이지?
해성 (수첩 보여주는) 22년 전 사라진 저희 아버지, 정재현 요원의 수첩입니다.
김국장 ...!!
해성 지금부터 묻는 말에, 하나도 빠짐없이 답하세요. 왜 이 수첩이, 병문고에 있는 겁니까.
김국장 (작게 한숨 내쉬는데)

그 순간 쾅! 김 국장의 멱살을 붙잡아 벽에 밀어붙이는 해성.

해성 내가 당신 여기서 죽여버릴 수도 있어. 그니까 말해. 왜 우리 아버지 수첩이 학교에 있는 건데, 왜!!

| 김국장 | 정재현 요원이 실종되기 전 마지막 미션, 너랑 같으니까. |
| 해성 | ...!! |

다급히 문을 두드리는 간부들. 공 팀장과 안 팀장의 목소리.
"정해성! 문 열어!", "국장님 괜찮으십니까?!"

김국장	병문고에 숨겨진 금괴를 찾는 거였어. 지금은 살았는지 죽었는지 알 수도 없지만 말야.
해성	(강하게 멱살 붙잡는) 개소리 지껄이지 말고 말해. 이 사실을 숨기고 나를 병문고에 왜. 나한테 원하는 게 뭐야. 지금까지 왜 숨겼어!!
김국장	'요원의 임무 중 사고는 그 경위를 밝히지 않는다'. 이 기본적인 규칙도 숙지 못한 건가, 정해성 요원?
해성	(노려보고)
김국장	정재현 요원이 니 아버지든 아니든 중요한 건 그게 아니야. 니가 임무를 완수하느냐 못 하느냐. 이게 중요한 거지.
해성	(노려보는)
김국장	내가 이 정보를 왜 숨겼냐고? 개인적 감정이 들어가선 안 되는 일에 개인적 감정이 들어갈까 봐. 지금 너처럼.
해성	그래서 숨겼다. 아버지 실종되고 20년 넘는 시간 동안 겨우 그따위, (침 꿀꺽) 겨우 그따위 이유 때문에 진실을 숨겼다.
김국장	더 숨길 수도 있었어.
해성	!!
김국장	이렇게 알게 돼서 유감이야, 정해성 요원.

결국 폭발한 해성, 김 국장을 향해 주먹 날리는 그때!
쾅! 문을 박차고 안으로 들어오는 안 팀장.

| 안팀장 | 정해성!! |
| 해성 | (주먹 멈칫, 안 팀장 바라보고) |

#12. 국정원 밖 (밤)

서 있는 안 팀장과 해성.

안팀장 너 미쳤어?! 국장님한테 주먹질하려 그러고 제정신이야?!

해성 (애써 화 가라앉히려 하지만 잘되지 않고)

안팀장 사망한 김현호 씨는 미정이가 신원조회 중이야. 그 수첩이 왜 그 사람 손에 있었는지, 너한테 무슨 말 하려 했는지도 조사 중이고.

해성 (보는)

안팀장 근데 니가 이러면, 너 국장님한테 그만 짓 하면 다 끝장인 거 몰라?!

해성 (낮고 서늘한) 그럼 제가 어떻게 해야 되는데요?

안팀장 (보는)

해성 아홉 살 때 없어진 아버지가... (수첩 들어 보이는) 저 서른한 살 때 나타났어요. 근데 이 개같은 회산 그걸 알고 있으면서도...! (울컥한 마음에 차마 말 잇지 못하고)

안팀장 (안타까이 해성 바라보는데)

해성 아저씨도 알고 계셨어요?

안팀장 (보는)

해성 20년 동안 나, 아저씨를 아빠처럼 생각하며 자랐어요. 그러니까 솔직하게 말해줘. 아저씨도 아빠가 학교에서 실종됐다는 거... 알고 계셨어요?

안팀장 (잠시 있다가, 결국) 몰랐어.

해성 (보는)

안팀장 (바라보고)

해성 ...아저씨가 나한테 거짓말할 리는 없으니까. (뒤돌아 걸음 옮기는)

안팀장 해성아.

해성 미안해요, 아저씨. 나 더는 못 하겠어.

안팀장 ...!!

해성 그냥 조금... 조금만 쉴게요. (걸음 옮기는)

안팀장   (무거운 얼굴로 해성 바라보고)

#13. 명주의 차 안 (밤)

도로를 달리고 있는 명주의 차. 운전석엔 재문, 뒷좌석엔 명주가 앉아 있다.

명주   하필 그때 정해성이 나타났다.
재문   죄송합니다. 어떻게든 수첩까지 확보했어야 했는데.
명주   (생각에 잠긴 채 차창 밖 바라보고)
재문   정해성한테 수첩 가져올 수 있도록 최대한 빨리 움직이겠습니다.
명주   아버지가 선생님을 보육원에서 데려왔을 때, 그때가 몇 살이었죠?
재문   아홉 살이었습니다.
명주   그때 아버지가 선생님께 그러셨죠. 지금부터 1분 1초, 매 순간 스스로의 가치를 증명하며 살라고.
재문   (표정)
명주   40년 넘는 시간 동안 제가 선생님을 곁에 둔 이유, 선생님이 증명해 냈기 때문이에요.
재문   명심하겠습니다.
명주   (눈 감는) 처음이니까 경고만. 우리 학교 선생님이니까. ...중요한 건 정해성이 아무것도 못 들었단 거니까. 방해꾼은 사라졌고 지도는 나왔고. (미소로) 차라리 잘된 거 같애.
재문   그럼 정해성은...?
명주   그걸로 얼마나 예쁜 짓 하는지 지켜보죠. 좋은 동기부여 생긴 셈이잖아.

#14. 병문고 교정 (아침)

본관을 향해 걸음 옮기는 수아. 문득 앞을 보면 본관 현관문 근처, 현장 보존을 위한 폴리스 라인, 웅성웅성 몰려와 서 있는 선생과 학생들이 보인다.

수아   (사람들 사이에 끼어들어, 경직된 얼굴로 바닥의 핏자국 보는)

리안   세상에, 이게 뭔 일이야. (수아 발견하곤) 어, 수아샘 얘기 들었어? 어제 김 씨 아저씨 자살했대.

수아   !! 자살이요?

준호   경비실에서 유서도 발견되고 그랬나 봐요. 안타까워서 어떡하냐...

리안   근데 대단한 건 뭔지 알아? 뉴스는 하나도 안 나왔다는 거. 이사장님 힘이 세긴 센가 봐.

수아   (아저씨가 자살이라고?, 당황스러운 표정)

#15. 병문고 해성의 반 (아침)

조회 시작 전, 각자 모여 김 씨의 자살 이야기를 나누고 있는 학생들. 동민의 근처에 모여 있는 윤철과 범식, 수진.

윤철   경비 아저씨 얘기 들었냐? 옥상에서 떨어졌다며.

범식   순찰 시간도 아닌데 학교에 혼자 있었다며.

동민   (번뜩) 설마 이거... 괘종시계의 저주는 아니겠지?

수진   (흥분하는) 헉! 밤에 혼자 학교에 있지 마라. 시계가 울리면,

동민   새빨간 눈이 널 잡으러 올 것이다...!

윤철,범식 (히익! 표정 사색 되는)

수아   (들어와 교탁에 서는) 조회 시작하자. (출석부 펴는데)

호진   샘! 경비 아저씨 어떻게 된 거예요?

수아   (멈칫, 표정)

범식   아시는 거 있으세요?

수아	선생님도 방금 들은 거라 잘 모르겠다. (애써 화제 돌리는) 출석 부를
	게. 아직 안 온 사람... (비어있는 해성의 자리 보곤) 해성이 안 왔니?
유정	(비어있는 해성의 자리 보는)
예나	(그런 유정 바라보고)
동민	전화해 볼까요?
수아	...아냐. 선생님이 확인할게. (해성의 빈자리 바라보고)

#16. 해성의 집 거실 (낮)

소파에 앉아있는 해성. 수첩을 연다. 맨 앞장, 비뚤배뚤 **'아빠 꺼'**라 쓰여 있다.

잠시 바라보다가 수첩 페이지 넘기면, 하루의 단상과 위인의 명언들, 잡다한 메모들 이어지다가... 어느 한 페이지, **'구관 지하 빈 공간을 사무실로. 여기라면 안심!'**

물끄러미 아버지가 써놓은 글을 보는 해성.

구관 지하 방 안이 서명주의 방이 아니라 아버지의 방이었음을 깨닫는 순간이다.

해성, 수첩을 탁자에 내려놓고 마른세수를 한다. 마음을 추스르고 다시 수첩을 본다.

어느 한 페이지, **'병문고 괴담'** 메모와 함께 괴담 이름들이 적혀있다.

'1. 발레리나. 2. 새빨간 눈. 3. 혼자 우는 피아노. 4, ??'

유심히 **'4, ??'**를 보다가, 페이지를 넘긴다. 표정 떨리기 시작한다.

'시현이 생일날 천문대 가기!'

플래시백 2화 54씬

해성부	아빠가 잊어 먹었을까 봐? 갔다 와서 깨울 테니까 우리 아들 좋아하는
	천문대가자.

별표까지 체크되어 있는 아빠의 메모... 바라보는 해성의 표정.

#17. 병문고 학생회실 (낮)

회의테이블에 앉아있는 유정과 예나, 현준과 승재, 채린.
승재는 노트북으로 장례식장 조화 신청 페이지에 문구를 입력 중이고.

예나   ...마지막으로 승재는 조화 준비 잘 해주고. 오늘 회의 여기까지.
승재   우리 몇 기더라?
채린   21기, 멍충아.

승재, 조화 신청 홈페이지에 '21기 병문고등학교 학생회' 입력하다가,
대뜸,

승재   근데 이런 건 신삥이 해야 되는 거 아냐? 정해성 어디 갔어!
현준   무단결석. (예나 보는) 이건 좀 아니지 않아?
유정   (해성의 빈자리 보는)
예나   회의 끝났잖아. 가봐.

자리에서 일어나 밖으로 나가는 현준과 승재, 채린.
유정 또한 일어서 나가려 하는데,

예나   유정아 잠깐만. 저번부터 물어보고 싶었는데, 해성이랑 무슨 사이야?
유정   무슨 사이냐니?
예나   밥 먹을 때도 그렇고 둘이 특별해 보여서. 걱정하고 신경 쓰고, 또 서
       로 챙겨주고.
유정   (멋쩍은 웃음) 걔가 그랬나? 난 모르겠는데.
예나   너 솔직히 말해 봐. (애교스레 유정 흘기는) 유정이 너...

유정	(긴장해 예나 보는데)
예나	너 해성이 좋아하지.
유정	...응?
예나	괜찮으니까 솔직히 말해 봐. 언제부터야?
유정	에이, 무슨 큰일 날 소릴. 나 눈 되게 높아.
예나	이상하네? 내 촉 은근히 잘 맞는데. 그럼 나 해성이 좋아한다?
유정	어... 예나야, 진지하게 말하는데 별로 좋은 생각은 아닌 거 같아.
예나	너 해성이 안 좋아하고 아무 사이도 아니라며. 근데 왜?
유정	그니까 내 말은, 왜 하필 많고 많은 애들 중에 왜 하필 정해성이냐는 거지. 괜찮은 애들 많잖아.
예나	난 해성이 나쁘지 않은데? (일어서는) 여튼 난 말했다. 방해하지만 말아줘.

예나 밖으로 나가면, 혼자 남은 유정, 미치겠다 싶은 얼굴로 한숨 푹 내쉬고.

#18. 국정원 김 국장 사무실 (낮)

결재서류에 사인을 하고 있는 김 국장. 책상 너머엔 공 팀장이 서 있고.

김국장	(결재서류 건네주는) 수고했어.
공팀장	감사합니다. (밖으로 나가다 멈칫) 근데 국장님, 정재현 선배 실종이 병문고와 관련 있다는 거...
김국장	(보는)
공팀장	석호도 알고 있는 사항이었는지...?
김국장	...너 왜 계곡에서 사람이 많이 죽는지 아냐?
공팀장	(보는)
김국장	보기엔 얕아 보여도 그 밑이 얼마나 깊은진... 빠져 보기 전엔 모르니까.

공팀장	(바라보고)
김국장	나한테 석호는 그런 놈이다, 진상아. 무슨 생각을 하는지 뭘 알고 있는지, 절대 겉으론 알 수 없는 그런 놈.
공팀장	(긴장) 그냥 헐렁인 줄 알았는데.
김국장	(분위기 풀 듯 미소로) 속까지 알 정도로 살가운 사인 아니란 뜻이야. 이해됐음 나가 봐.

꾸벅 인사 후 밖으로 나가는 공 팀장.
김 국장, 이내 표정 진지해져 작게 한숨 내쉬고.

#19. 샌드위치 가게 (밤)

문에 걸려있는 'CLOSED' 팻말. 어두운 가게 안, 홀로 소주 기울이고 있는 안 팀장.
테이블엔 해성의 국정원 신분증과 총, 사진 한 장이 놓여있다.
국정원을 배경으로 해성부와 안 팀장, 두 사람이 함께 찍은 사진이다.
아들한테 받은 캐릭터 시계를 자랑하듯 보여주고 있는 해성부.
가만히 사진 속 해성부를 바라보는 안 팀장. 작게 한숨 내쉬며 소주잔을 기울이고.

#20. 해성의 집 다락방 (밤)

어두운 다락방 안으로 들어오는 해성. 불을 켜면, 다락방 천장 위, 수없이 많은 야광 별 스티커들이 붙어있다. 다락방 위편에 난 창문을 통해 밤하늘의 별을 보는 해성.
그때, 슥 다가와 해성의 옆에 앉는 누군가. 해성 보면, 자신의 아버지다.

해성부	시간이 흐르긴 흘렀다. (천장에 야광 별 스티커 가리키는) 야광 다 없어졌네.
해성	(울컥해 아버지 보는)
해성부	무슨 일 있어? 표정이 왜 그래.
해성	...미안해.
해성부	(보는)
해성	나 아빠 살아있다 믿으면서도... 죽었을 수도 있다 생각했어. 살아있다, 어디 있을 거다 그렇게 믿으면서도... 나도 힘드니까, 아빠한테 화도 나고 원망스럽고 그러니까...
해성부	(인자한 얼굴로 해성 바라보고)
해성	미안해. 미안해, 아빠. 미안해.
해성부	(해성을 안아주며 다독이는) 괜찮아. 괜찮으니까 울지 마.

결국 아빠의 품 안에서, 어린아이처럼 눈물 터뜨리며 오열하는 해성.

#21. 해성의 집 거실 (밤)

다락방에서 내려오는 해성. 거실 한쪽에 놓여있는, 어린 자신과 아버지가 함께 찍은 사진액자를 본다. 사진 속 아버지를 바라보다가... 어느 순간 결연한 표정 짓는 해성.

#22. 샌드위치 가게 (아침)

심각한 얼굴로 테이블의자에 앉아있는 안 팀장과 미정.
잠시 후, 주방에서 나오는 한 사람. 병문고 교복을 입고 있는 영훈이다. 터질 듯이 꽉 줄인 재킷과 교복바지. 그리고 8:2 가르마.

안팀장	(아오!) 저거 진짜 교복 줄이지 말라니까 저거... (냅킨통 들곤 확!) 가르마 8대2 확 8대2로 갈라버릴까 보다.
영훈	이거 그래도 목욕탕에서 무스로...
미정	이대론 교무실이 아니라 경찰서를 갈 거 같은데 어떻게 하죠?
안팀장	(착잡한) 해성이가 빠진 이상 어쩔 수 없잖아. 일단 해보는 수밖엔.
영훈	(주먹 불끈!)
미정	총기랑 신분증 반납했다 들었어요. 정 선배 정말 사직할 생각...?
안팀장	(무거운) 대비는 해놔야 될 거 같다.
영훈,미정	(안 팀장 바라보고)
안팀장	미정이 넌 영훈이 학교 서류부터 준비해. 적어도 이번 주 안엔 바로 투입할 수 있게...

하는 그때, 가게 안으로 들어오는 누군가.
"어서 오세요." 안 팀장 일어서 누군가를 보면, 교복을 입고 있는 해성이다...!

안팀장	(해성 보다가, 웃으며) 왔어?
미정	오셨어요.
영훈	(뭔가 모르게 착잡하고...)
해성	원래 다 때려치고 낚시나 갈까 했는데, (수첩 들어 보이는) 이 양반 찾아야 될 거 같아서.
사람들	(해성 바라보고)
해성	국정원 국내4팀 현장 요원 정해성. 이 작전 계속하겠습니다.

#23. 병문고 해성의 반 (아침)

안으로 들어와 자리에 앉는 해성. 옆자리엔 동민이 앉아있고.

| 동민 | 어제 무슨 일 있었어? 전화 안 받던데. |
| 해성 | 일이 좀 있어서. 이제 괜찮아. |

그때, 해성의 자리에 다가오는 윤철과 범식.

| 윤철 | 자식이 형한테 말도 없이 결석이나 하고. 너 어제 왜 안 왔어. |
| 범식 | 걱정한 건 아니고 피방 갈 사람 모자랐어서. 일 있던 건 아니지? |

말 돌려가며 자신을 걱정해주는 아이들. 그런 아이들 보며 옅게 미소 짓는 해성.
그때 수아가 안으로 들어온다. 자리로 돌아가는 윤철과 범식.

수아	(교탁에 서서, 해성 보곤) 정해성, 어제 어떻게 된 거야?
해성	개인 사정이 있었습니다. 죄송합니다.
수아	(묘하게 쌀쌀맞은) 여긴 학교야. 출석은 학생이 지켜야 할 최소한의 교칙이고. 무단결석 벌점 부과될 거니까 그렇게 알고 있어.
동민	(해성에게, 작게) 선생님한테 뭐 잘못했어?
해성	(수아 보는, 왜 저러지 싶고)
동민	(속삭이는) 우리 1교시 시작 전에 매점 갔다 오자.
해성	어디 갈 데가 있어서. 이따 쉬는 시간에 가자.
동민	어디?

#24. 병문고 구관 지하 방 안 (낮)

초대 이사장 서병문과 고종 황제의 금괴에 대한 자료, 신문 스크랩 등
이 가득 차 있는 방 안. 안으로 들어오는 해성. 가만히 서서 자료들을
바라본다.
이내 해성의 눈에 오버랩 되어 보이는... 자료들을 찾고 뒤적이는 아

버지의 모습.

서명주의 방이 아니라 아버지의 방이었음을 깨닫는 순간이다.

아버지의 일하는 모습을 바라보는 해성의 표정.

해성(E)　…금방 찾으러 갈게요.

#25. 병문고 복도 (낮)

저쪽 보이는 학생회실 팻말을 향해 복도를 걷고 있는 해성. 결연한 얼굴 표정.

플래시백 6화 16씬 연결

소파에 앉아 수첩을 보고 있는 해성.

'2, 새빨간 눈 = 괘종시계, 여학생 사망시각, 12시에 울리는, 거꾸로' 등등

학생회실 앞에 다다르는 해성. 주위 둘러보면, 아무도 없다.

해성, 학생회실 도어락의 비밀번호 누르기 시작하고.

#26. 병문고 학생회실 (낮)

아무도 없는 학생회실. 안으로 들어와 괘종시계 앞에 서는 해성.

해성, 구식 열쇠를 괘종시계 뒤편 열쇠 구멍에 꽂는다. 끼익 열리는 괘종시계 앞 유리.

수첩의 페이지를 넘긴다. **'2, 새빨간 눈 = 괘종시계, 여학생 사망시각, 12시에 울리는, 거꾸로'** 등등 풀이방법 키워드들이 적혀 있다.

시계의 시침과 분침을 12시 정각으로 바꾸면, 이내 시계 안에서 들려오는, 철컥 무언가 맞물리는 소리.

해성(E) 머리부터 떨어져 죽은 여학생. 거꾸로 선 시체. …시간을 반대로.

괘종시계의 시침과 분침을 움직여서, 6시 30분으로 맞추는 해성.
다시 한번 괘종시계 안에서 들려오는, 철컥 무언가 맞물리는 소리.
시계의 시계판이 열린다. 시계판 뒷면, 욱일기가 그려져 있다.

해성 욱일승천기. …새빨간 눈.

이내 시계판 안쪽에서 흘러나오는, 포핸즈 합주 병문고 교가 피아노곡.
핸드폰으로 녹음을 시작하는 해성.
노래가 끝난다. 괘종시계를 원래 모습으로 돌려놓는 해성.
해성, 수첩 안에서 세 번째 괴담 페이지를 펼친다.
'3. 혼자 우는 피아노', 그리고 아래에 붙어있는 피아노 사진을 유심히
보는데,
그때 들려오는 도어락 소리.
해성, 황급히 수첩을 품에 넣고 문 쪽 바라보면, 안으로 들어서는 한
사람. 수아다.

해성 (수아 보는)
수아 (해성에게 다가가) 회의도 없는데 여기서 뭐 해?
해성 급하게 찾을 게 있어서요. 선생님은…?
수아 확인할 게 있어서. 너처럼 급하게.
해성 (보는)
수아 김 씨 아저씨 얘기 들었지.
해성 예. 학교에서 투신하셨다고.
수아 (표정)
해성 더 할 말씀 없으시면 가보겠습니다. (수아를 스쳐 지나가는데)
수아 (덥석 해성 붙잡는) 정해성. (해성 보는) 너 자살 아닌 거 알잖아.
해성 (수아 보는)

수아	너 그때... 옥상에 있었잖아.
해성	!!
수아	너... 정체가 뭐야.

#27. 회상, 학생상담실 (밤)

책상 위 스탠드 라이트만 켜져 있는 어두운 학생상담실.
쌓여있는 서류들을 노트북에 정리 중인 수아.
그러다 어느 순간, 밖에서 들려오는 괘종시계 소리에 고개를 든다.

수아	(왠지 무섭고) 뭔 소리야?

괘종시계 소리가 멈춘다. 이내 창밖에서 들려오는, 쿵-! 누군가 땅에
떨어지는 소리.
화들짝 놀라는 수아. 불길함 가득 안은 채 창밖을 보면,
바닥에 쓰러져 있는 김 씨. 그리고 해성이 보인다.
!! 경악으로 표정 얼어붙는 수아인데, 그 순간 본관 안으로 달려 들어
가는 해성.

#28. 회상, 병문고 복도 (밤)

가방을 챙겨 상담실 밖으로 나오는 수아. 그때, 옥상에서 들려오는
탕! 총소리.

#29. 회상, 병문고 옥상 안쪽 복도 (밤)

조심스레 복도를 걸어와, 옥상 유리문을 통해 안쪽을 보는 수아.

옥상, 해성과 괴한이 격투를 벌이고 있다. 그리고 수아의 눈에 띄는...

바닥에 떨어져 있는 총 한 자루.

표정 놀라는 수아. 그러다 그만 창틀에 놓여있던 빈 캔을 가방으로 툭 치고 만다.

땡그랑, 빈 캔이 바닥에 떨어지는 소리.

황급히 복도 모퉁이에 몸을 숨기는 수아. 힐끔 모퉁이 너머 보면,

도망치는 괴한과 그 뒤를 쫓는 해성의 모습이 보이고.

#30. 병문고 학생회실 (낮)

수아 지금 바로 경찰에 신고할 수도 있어. 너 누구야.

해성 (긴장해 수아 보는)

수아 김 씨 아저씨부터 그 총, 옥상에서 너랑 싸운 그 사람. ...너 학생 아니지.

해성 (보는데)

수아 (해성 노려보다가, 핸드폰 꺼내 112 누르는데)

해성 (수아의 핸드폰 잡는) 말씀드리겠습니다.

수아 (보는)

해성 전... 언더커버 국정원 요원입니다.

#31. 병문고 이사장실 (낮)

생각에 잠긴 얼굴로 책상 의자에 앉아있는 명주.

책상 위 핸드폰 진동이 울린다. 명주 보면, **'여우'**다.

명주 (받는) 서명주예요. ...거기서 뵙죠.

#32. 병문고 학생회실 (낮)

지금까지 들은 이야기들이 너무나도 당황스럽고 혼란스러운 수아.

수아   그니까 선생님, 아니 요원님 말씀은, 우리 학교 어딘가에 고종 황제의
　　　　금괴가 숨겨져 있고, 요원님은 그걸 찾으러 온 것이다? 김 씨 아저씨
　　　　는 그쪽이랑 치고받던 그 사람이... (하는데)

서늘한 얼굴로 철컥, 안에서 학생회실 문을 걸어 잠그는 해성.

수아   (긴장) 뭐 하시는 거세요?
해성   지금부터 제가 하는 말 잘 들으세요.
수아   (긴장한 채 보면)
해성   선생님껜 두 가지 선택지가 있습니다. 하나, 국가에서 진행하는 작전
　　　　에 적극 협조하여, 국민으로서의 의무를 다한다.
수아   아니 잠깐만요, 지금 무슨 말씀을... (하는데)
해성   둘, 국정원 주도의 기밀 작전 정보를 외부에 유출하고, 국가보안법 위
　　　　반 혐의로 엄중한 법의 처벌을 받는다.
수아   엄중한 법의 처벌이라면... 교도소요?
해성   징역 10년 이상.
수아   !!

그때 울리는 학교 종소리.
무척이나 초조한 얼굴로 다리 덜덜 떠는 수아.
해성, 그런 수아를 힐끔 반응 살피듯 보다가,

해성   생각할 시간 하루 드리겠습니다. 내일 뵙죠. (밖으로 나가는)
수아   !! 잠시만, 잠시만요! (쌩하니 나간 해성 보다가) 아니 내가 왜 교도
　　　　소... 내가 잘못한 거야?

#33. 샌드위치 가게 (밤)

영업이 끝난 후의 가게 안.
샌드위치 먹으며 한자리에 모여 있는 해성과 안 팀장, 미정과 영훈.
테이블 위 해성의 핸드폰에선 포핸즈 합주 병문고 교가 피아노곡이
나오고 있고.

안팀장　(음악 끝나면) 그니까 이게 너희 학교, 아니 병문고의 교가라는 거지?

미정　(노트북 보며) 서병문이 초대 이사장으로 취임했을 때 만들어진 곡이
에요. 작사 서병문, 작곡 서병문.

영훈　그 남자 작사 그 남자 작곡?

사람들　(짜증스레 영훈 바라보고)

영훈　...죄송합니다.

해성　수첩에 적혀있는 첫 번째 키워드는 포핸즈 합주예요.

수첩 안 세 번째 괴담 키워드를 보여주는 해성.
**'3. 혼자 우는 피아노 = 포핸즈 합주, 소리 없이 움직이는 건반, 죽은
여학생의 연주.'**

해성　나머지는 소리 없이 움직이는 건반, 죽은 여학생의 연주.

안팀장　세 번째 괴담 사연은?

해성　내일 가서 확인해 보려고요.

안팀장　그때 그놈 언제 나타날지 몰라. 특별히 조심하도록 해.

영훈　대체 누굴까요, 그놈.

해성　내가 김현호 씨와 만나길 원치 않으면서, 동시에 이 수첩을 원하는 사람.

영훈　그럼 그놈도 금괴를 찾고 있다는...?

해성　증거도 없는 상황에서 확신할 순 없어. 신중하게 생각하자. (안 팀장
에게) 김현호 씨 신원조회 결과는요?

안팀장　이 잡듯이 싹 다 뒤져봤는데 민간인이 맞아. 정 선배 수첩을 어떻게

갖고 있었는진 아쉽지만 미스테리고.

미정   선밸 만나자고 한 동기 또한 마찬가지예요. 뭔 얘길 하려 했는지 단서
        가 하나도 없어.

해성   적어도 확실한 건 사건에 누군가의 입김이 들어갔단 거야. 그게 아니
        면 이리 급하게 자살로 마무리될 이유가 없어. (영훈에게) 담당형사
        좀 들여다봐.

영훈   예.

안팀장   어제 학교 결석한 거는? 오수아 샘이랑 별일 없었어?

해성   (자신만만) 마침 말씀드리려고요. 문제 있긴 했지만 잘 정리했습니다.

#34. 장례식장 (밤)

김 씨의 영정 사진을 향해 묵념을 올리는 수아. 그 위로

안팀장(E) 뭐?

#35. 샌드위치 가게 (밤)

해성   중요한 건 해결이 됐단 거니까. 어쨌든 단도리 확실하게 쳤으니까 걱
        정하지 마시고...

        하며 사람들 보면, 사람들, 할 말을 잃은 채 황당히 해성을 보고 있고...

해성   ...분위기 왜 이래?

영훈   그니까 선배 말은... 국정원 요원이 민간인한테 블러핑을 날렸다.

해성   (반응이 이게 아닌데? 사람들 보는)

미정   이거 민간인 겁박이에요, 선배. 잘못하면 깜빵 가.

안팀장	너 혹시 사고방식에 문제 있냐? 야, 임마, 어떻게든 구슬려도 모자랄 판에 그렇게 세게 나가면 어떡해!
해성	...그런가?
안팀장	아니 '그런가'가 아니라 당연한 걸 이걸, (됐다 싶은) 너 일단 일어나. 일어나서 수아샘 만나러 가. 가서 아깐 정말 죄송했다 대가리 박고 빌고, 좋게 좋게 무조건 비밀유지 약속 받아내.
해성	(이게 아닌데?, 심히 당황스럽고)

#36. 수아모의 가게 앞 (밤)

생각에 잠긴 채 걸음 옮기고 있는 수아. 문득 가게 앞을 보면, 해성이 서 있다?
저 사람이 여기 왜...? 주춤 긴장해 해성을 보는 수아.
그런 수아에게 민망한 웃음 지으며 손 흔드는 해성이고...

#37. 수아모의 가게 (밤)

테이블에 마주 앉아있는 해성과 수아. 잠시 후 수아모, 테이블에 감자 탕 대짜 놓으며,

수아모	(화사한 미소) 제가 사는 거니까 많이 드세요. 모자라면 얘기하고.
해성	잘 먹겠습니다.
수아모	어쩜, 인사성도 밝으셔라. 두 분 말씀 나누세요. (물러서는)
수아	(소주 뚜껑 따곤, 자기 잔에 술 따르려 하면)
해성	제가... (따라 드리겠다)
수아	됐거든요? (자기 잔에 술 따르는) 하실 말씀 뭔데요.
해성	낮엔 제가 실례를 범했습니다.

수아	하이고, 참나. 아깐 목소리 깔고 첫째 둘째 하루 시간 드리겠습니다 그러더니 갑자기 왜 이러신대?
해성	제가 미쳐가지고 실언을... 죄송합니다.
수아	(해성 보다가, 해성의 잔에 술 따라주는) 그래서요. 얘기나 계속해봐요.
해성	지금까지 정체 숨겼던 거, 이해해 달라곤 안 하겠습니다. 이유야 어찌 됐건 전 이방인이고, 학교에 있어선 안 되는 존재니까요.
수아	(바라보고)
해성	그럼에도 간곡히 부탁드리겠습니다. 경비원 김현호 씨의 무고한 죽음을 밝히기 위해선, 국익과 죄지은 자의 처벌을 위해선 전 계속 학교에 남아있어야 합니다.
수아	(보는)
해성	오래 걸리지 않을 겁니다. 저희 쪽에서도 선생님께 충분한 보상을 해드릴 거고요. (고개 숙이는) 비밀 지켜주십시오.
수아	아니~ 제 입장에선 그렇게 말씀을 하셔도~ 까놓고 저한테 금괴 찾았다고 주실 것도 아니잖아요. 줘봤자 국정원 절대시계 하나 딸랑 던져 줄 거면서.
해성	(난감하고)
수아	인생사 기브 앤 테이큰데 테이크가 없다니까? 그쪽 비밀 지켜줘 봤자 제가 얻을 수 있는 게 하나도, (번뜩 떠오른 생각에 멈칫!)

#38. 수아의 상상, 병문고 교정 (낮)

목에는 꽃목걸이, 손엔 꽃다발과 표창장을 든 채 방송 인터뷰 중인 수아.

기자	MBS 주기진 기자입니다. 오늘은 국정원 요원을 도와 고종 황제의 금괴를 찾는 데 공을 세운 화제의 인물, 병문고 오수아 선생님을 뵈러 왔는데요. 오수아 선생님, 대통령 표창 축하드립니다.
수아	전 제 할 일을 했을 뿐입니다. 아이들에게 올바른 역사를 가르칠 의무

가 있는 한국사 선생님이자, 한 사람의 대한민국 국민으로서요.

#39. 수아의 상상, 병문고 교무실 (낮)

준호와 리안, 광두와 재문, 선생님들의 축하받으며 안으로 들어오는
수아.

광두	역시 오 선생 대단해! 믿고 있었다고!
수아	과찬이십니다.
재문	겸손하기까지 하고 최고야, 오 선생! 교감 선생님! 오 선생 정교사 진행시켜!
리안	수아샘 축하해!
준호	축하해요!

선생님들의 축하와 환호 속, 행복한 웃음 짓는 수아.

#40. 수아모의 가게 (밤)

수아	(가만히 생각에 잠겨 있으면)
해성	...오수아 선생님?
수아	도와드리겠습니다.
해성	갑자기요?
수아	절대 비밀 지켜드리겠습니다 아니, 앞으로 요원님 하시는 일 그 어떤 불편함도 없게, 분골쇄신 제 모든 걸 바치겠습니다.
해성	뭔가 굉장한 야망을 품은 거 같은...
수아	아뇨, 아뇨, 그럴 리가. 호의, 호의. (해성의 앞접시에 감자탕 덜어주는) 어우, 맛있겠다, 얼른 드세요. 이 집이 감자탕 잘해.

해성	(뭔가 미심쩍지만) 잘 먹겠습니다.
수아	(꿍꿍이 담긴 미소로 해성 바라보고)

#41. 거리 (밤)

함께 걸음 옮기고 있는 해성과 수아.

수아	(놀란) 유정이가 요원님 동생이라고요? 그때 알바 사장님은 유정이 아빠이자 요원님 상사시고?
해성	(민망한 얼굴로 고개 고덕) 정확하십니다.
수아	정씨랑 안씨 성 다른 거 보니까 친남맨 아닌 거 같고, (조심스레) 혹시 재혼가정 그런 거...?
해성	그런 건 아니고요. 설명하자면 깁니다.
수아	(해성 보다가) 저마다 사연은 있는 거니까. 오케이.
해성	...만에 하나 김현호 씨를 살해한 놈이 현장에 선생님 있었던 걸 알면, 선생님 위험해질 수도 있어요.
수아	(걸음 멈칫, 긴장해 해성 보는)
해성	(담담히 국정원 요원으로서) 그렇다고 너무 걱정하신 마십시오. 제가 지켜드리겠습니다.
수아	(심쿵!) !!
해성	선생님한텐 절대 피해 없게 하겠습니다. 선생님께서 협조해주시는 만큼 저 또한 최선을 다해... (멈칫, 수아 보곤) 어디 아프세요? 얼굴 왜 이렇게 빨개지셔서...

열 체크를 위해 수아의 이마에 손을 가져가는 해성. 그 순간!

수아	(화들짝 놀라) 워, 워! 뭑 하시는!
해성	(오히려 당황스럽고) 예?

수아	아니 국정원 요원들은 원래 이렇게 막... 원래 이러시나?!
해성	제가 선생님한테 뭘...?
수아	정신 차려, 넌 선생이고 난 학생이야. 아니 난 학생이고 넌 학생, 넌 선생이고 난 (버럭) 어쨌든!
해성	(깜짝 놀라고)
수아	그 얼굴로 그런 멘트, 삼가주세요. 사람이 조심성이 없어. (먼저 성큼성큼 걸음 옮기는)
해성	(벙찐 얼굴로 수아 보다가) 저번부터 왜 저래?

#42. 성당 (밤)

아무도 없는, 어두운 성당 안. 미사보를 쓴 채 기도를 드리고 있는 명주.
잠시 후, 문 열고 들어오는 한 남자의 구두. (김 국장. 얼굴과 몸은 보이지 않는다.)
저벅저벅 명주를 향해 걸음 옮기는 남자의 구두.
이윽고 남자, 명주의 뒤편 어둠 속에 자리를 잡으면,

명주	경비는 알려주셔서 고마워요. 국정원 아니었으면 전혀 모를 뻔했어.

명주, 옆에 놓여있던 무언가를 본다.
국정원 워터마크가 찍혀있는, 요원 시절 김 씨의 사진과 인적서류다...!

명주	김현호 씨 그분은 어쩔 수 없었어요. 사람이 건방지더라.

#43. 회상, 김 씨의 집 건물 앞 (낮)

자전거를 끌고 아파트 밖으로 걸어 나오는 김 씨.

그때, 김 씨의 앞에 서는 한 사람. 재문이다.
김 씨, 한 곳을 보면, 시동을 켠 채 서 있는 명주의 차량이 보이고.

#44. 회상, 명주의 차 안 (낮)

뒷좌석에 앉아있는 명주와 김 씨. 차량 밖에는 재문이 서 있고.

명주 인상 좋은 경비로만 알았지, 반전이 있는 줄은 몰랐네요?

김 씨에게 '2급 기밀'이라 쓰여있는 서류철을 건네주는 명주.
김 씨, 서류 보면, 국정원 워터마크가 찍혀있는, 자신의 요원시절 인적
서류와 학생회실 문틈으로 서류봉투 밀어 넣고 있는 김 씨의 CCTV
사진들이다.

김씨 (긴장한 표정)
명주 이유가 뭐예요? 정해성한테 그런 편지 보낸 이유.
김씨 고민해 봤는데 알려줘야 될 거 같아서. (명주 보는) 옛날 정재현 요원
     이 어떻게 실종됐는지.
명주 ...!!
김씨 22년 전 그 작전. 당신들만 알고 있다 생각하지 마, 서명주 씨.
명주 정해성이 당신 말을 믿을까?
김씨 보여줘야지. 믿을 만한 근거를.
명주 (보면)
김씨 정재현 요원의 수첩.
명주 !!
김씨 정해성한테 큰 도움이 될 거야. 서병문의 수수께끼 답이 들어있거든.
명주 (서늘히 김 씨 바라보고)
김씨 국정원에 그놈한테도 전해주쇼. 당신들 옛날에 금괴 찾다 실패한 일,

이번에도 실패할 거라고. (차 문 열고 내리려 하면)

명주   김현호 씨?

김씨   (명주 보면)

명주   (미소로) 이제 출근이시죠. 학교에서 봬요.

김 씨, 대꾸하지 않고 차에서 내리면, 순간 서늘해지는 명주의 표정.
그 위로

명주(E)   생각보다 휴머니스트셨네요?

#45. 성당 (밤)

명주   한때 식구였다고 저한테 화내시는 거 보면. 근데 생각해 봐요. 만약
정해성이 옛 선배 만나 그날 진실 들었다면... 당신이 무사할 수 있었
을까?

명주, 고급라이터로 김 씨의 서류에 불을 붙이면, 점점 타오르기 시작
하는 서류.

명주   조금만 늦었어도 작전 자체가 어그러졌을 거예요. (쓰레기통에 서류
넣는) 알아들었으면 이 얘기는 그만. 내가 그쪽 눈치 봐야 될 건 아니
잖아.

#46. 병문고 음악실 (낮)

아무도 없는 음악실. 안으로 들어오는 해성.
품에서 수첩을 꺼내 페이지를 넘기는 해성. 그 위로

해성부(E) 세 번째 괴담은 혼자 우는 피아노.

해성 고개 들면, 눈앞에 오버랩 되는... 수첩에 괴담 내용을 적고 있는
해성부의 모습.

해성부(E) 피아노부 부장이었던 남학생과, 그의 합주 파트너였던 여학생.

어느새 과거 1950년대 병문고 음악실로 바뀌는 공간.
그랜드피아노 앞에 앉아 포핸즈 합주 중인 남학생과 여학생의 모습이
나온다.
사랑스럽게 서로를 바라보며 미소 짓는 두 사람.

#47. 몽타주

/ 과거, 병문고 화장실 (낮)
변기를 잡고 입덧을 하는 여학생. 자신의 배를 만지며 당황스러워하고.

해성부(E) 어느 날, 자신이 아기를 가졌단 걸 알게 된 여학생은 남학생에게 이 사
실을 말했지만,

/ 과거, 병문고 음악실 (낮)
짝-! 세차게 여학생의 뺨을 때리곤 밖으로 나가는 남학생.

해성부(E) 남학생의 반응은 한없이 냉담했다.

망연한 얼굴로 남학생의 뒷모습을 보는 여학생.

해성부(E) 모든 희망을 잃어버린 여학생은 결국 죽음을 선택했고, 이후 병문고

음악실의 피아노는...

/ 과거, 병문고 음악실 (밤)

홀로 피아노 연습을 하고 있는 남학생. 문득 이상한 느낌에 건반을 보면, 마치 자신과 여학생이 합주를 할 때처럼, 저절로 움직이고 있는 건반이 보이고...!

얼어붙은 얼굴로 건반을 바라보는 남학생.

그때, 스멀스멀 남학생의 옆구리 사이로 나오는 누군가의 손.

남학생, 고개를 돌려 거울을 보면, 남학생의 등에 업혀 피아노를 치고 있는 누군가.

다름 아닌 죽은 여학생이다...!

그 위로 갑자기 들려오는 수아의 비명 소리! "꺄아아아악!!"

#48. 병문고 음악실 (낮)

해성 깜짝 놀라 옆을 보면, 대경실색한 얼굴의 수아가 보이고...!

해성   아, 깜짝이야! 뭐예요!

수아   이 수첩 뭐예요? 뭐가 이렇게 무서워?

(경과)

적당한 곳에 나란히 앉아있는 해성과 수아.

수아   (음... 나름 진지한 얼굴로 수첩 보며) 고종 황제의 금괴로 가는 열쇠... 세 번째 괴담 혼자 우는 피아노요.

해성   혹시 어디 보관하고 있는지...?

수아   글쎄요... 저도 여기 온 지 별로 안 돼서...

해성   (어떡하지 싶은데)

수아	(문득 떠오른) 잠깐. 사연 속에 그 물건 그랜드피아노라 하셨죠. 1950년대쯤 쓴.
해성	(보는)
수아	저번에 동민이랑 태수 학부모 상담할 때, 그때 이사장실에서 본 거 같아요.

플래시백 3화 60씬 연결

수아	(명주 보다가, 결국) 알겠습니다. (인사 후 나가는)

밖으로 나가는 수아. 문득 한쪽에 놓여있는 그랜드피아노를 보고.

수아	근데 아마 이사장실은 들어가기 힘들 거예요. 별관 자체가 상시개방이 아니고 안쪽엔 보안요원들까지 지키고 있으니까.
해성	개방하는 날은요?
수아	보자, 언제였더라... (생각하다가, 핑거스냅 딱!) 딱 좋은 날 있다.

#49. 병문고 학생회실 (낮)

회의 테이블에 모여 있는 해성과 유정, 예나, 학생회 사람들.
각자의 앞엔 **'병문인의 밤'** 브로슈어가 놓여 있고.

예나	다들 알고 있겠지만 드디어 그날이 왔네. 병문인의 밤.
해성	(브로슈어 보면, 장소, 병문고 별관 1층 연회장이라 쓰여 있고)
예나	정재계 법조계 손님들은 물론 동문 선배님들 전부 오시는 자리야. 학생회 임원들은 전원 참석 부탁할게.
해성	(좋았어, 결연한 얼굴로 고개 끄덕이는데)
예나	(아쉬운) 아, 근데, 해성이는 힘들겠다.
해성	!! 난 왜?

현준	(까칠한) 아무나 갈 수 있는 행사가 아니니까. 교내 벌점 20점 이상은 특히 더더욱.
해성	뭔 말인지 이해가 안 되네. 그니까 내가 왜 벌점을 20점이나, (멈칫, 표정 헉!) !!
예나	(안타까운) 저번에 무단결석.
유정	(저 바보...)
채린	(승재에게) 넌 몇 점이야?
승재	19점.
해성	아니 갑자기 그래도 이게... 이런 게 어딨어, 미리 말해줬어야지!
현준	학교 내규집 안 봤어? 거기 다 써 있으니까 한번 봐봐.
해성	(당황스러운 표정)

#50. 병문고 교정 (낮)

마주 보며 서 있는 해성과 수아.

해성	아니 저를 도와준다면서 이걸, 결석 한 번 했다고 벌점을 그렇게 풀로 때리면 어떡해요.
수아	결석은 그쪽이 해놓고선 왜 저한테... 그리고 도와준다 했다고 20점 때릴 거 10점 때리고 그럴 순 없잖아요. 엄연히 원칙이란 게 있는데.
해성	언제부터 원칙 그렇게 잘 지키셨다고.
수아	근데 이 사람이 듣자니까 말뽄새가, 몇 살이에요?
해성	여기서 나이 얘기가 왜 나와요. 나보다 훨씬 누나 같구만.
수아	!! 야!!

수아의 일갈에 교정에 있던 학생들, 일제히 수아와 해성 바라보고.

수아	(애써 웃으며, 학생들에게 미안하다 손짓)

해성 　 어찌 됐건 상황이 좋지만은 않아요. 내일까지 대책 생각해서 다시 만나는 걸로.

밖으로 걸음 옮기는 해성. 그런 해성을 이 악문 채 째려보는 수아.

#51. 병문고 전경 (밤)

#52. 병문고 1층 (밤)

퇴근 차림으로 현관문을 향해 걸음 옮기고 있는 수아.

수아 　 (궁시렁) 지는 완전 오빠처럼 생겨가지고 뭐? 누나? 와, 이 모욕감을 어떻게 복수하지?

문득 걸음 멈칫, 학교 게시판을 보는 수아.
게시판, **'병문고 홍보 모델 선발'** 포스터가 붙어있다.
가만히 포스터 바라보다가... 순간 떠오르는 생각. 이거다 싶은 수아의 표정.

#53. 샌드위치 가게 (밤)

왠지 모르게 숙연한 분위기 속, 한자리에 모여 있는 해성과 안 팀장, 미정과 영훈.

안팀장 　 그니까 해성아, 무단을 유단으로 바꿀 생각은 못 해봤던 거니?
해성 　 (민망한) 아니 그 마음 정리할 시간이 저도 필요했으니까... 무단결석이 20점이나 될 줄 누가 알았나.

미정　큰일 났네요. 이사장실 들어갈 수 있는 기획 행사 때뿐인 거 같은데.

끄응... 어떻게 하지 싶은 해성과 국정원 사람들인데, 그때!

수아(E)　방법 있습니다.

해성과 사람들 돌아보면, 당당하게 안으로 들어오는 한 사람. 수아다!
왜 수아샘이 여기? 수아를 보고 놀라는 해성과 안 팀장, 미정과 영훈.

수아　정식으로 인사드리죠. 병문고 한국사 교사 오수아입니다. 유정이 아버님? (눈인사)

안팀장　아이고, 선생님. 말씀 많이 들었습니다. (영훈에게) 야, 야, 뭐 하냐. 사이다라도 갖다드려.

수아　괜찮습니다, 나중에요. 밀린 얘긴 담에 하고 이거부터 봐주시죠.

테이블 위에 **'병문고 홍보 모델 선발'** 포스터를 펼치는 수아.

해성　(읊조리는) 병문고 홍보 모델 선발.

수아　뽑히기만 하면 상점 25점. 요원님 벌점 다 메꾸고도 5점이 남아요.

해성　일리 있는 말이긴 하네요. 근데 이걸 왜 저한테...

하며 사람들 보면, 사람들, 빤히 자기를 바라보고 있고...

해성　(설마 싶은 마음 웃음으로 무마하는) 에이, 말도 안 돼. 아니죠?

사람들　(해성을 보는 각각의 표정들)

해성　아니 이건 좀 그렇지, 내가 나이가 몇인데 남사스럽게 애들이랑.

사람들　(그러지 말고 응?, 해성을 보는 각각의 표정들)

해성　(미치겠네...) 나 저번에 춤도 췄어, 나 낯가린다니까?

사람들 (제발... 해성을 보는 각각의 표정들)

해성 어쨌든 안 돼. 저 분명 얘기했어요, 절대 안 해.

#54. 병문고 본관 앞 (낮)

아무도 없는 주말의 병문고. 뚱한 얼굴로 본관 앞에 서 있는 해성.
손엔 교복과 체육복 등 촬영을 위한 옷가지들을 들고 있고...

수아 (해성에게 다가와) 들어가시죠. (안으로 들어가는)

해성 (땅이 꺼져라 한숨 푹... 수아 따라 안으로 들어가는)

#55. 병문고 1층 (낮)

홍보 모델 촬영을 위해 조명과 카메라, 흰색 배경천 등이 세팅되어 있는 1층.
곳곳엔 모델 지원을 한 남녀 학생 지원자들이 삼삼오오 모여 있다.
1층 서너 군데 촬영 포인트엔 학생들 사진을 찍고 있는 준호와 선생님들이 보이고.
해성과 수아, 안으로 들어오면,

리안(E) 왔어?

해성 보면, 빵모자와 선글라스, 대포카메라와 멜빵바지, 전문 사진작가 같은 차림으로 서 있는 한 사람. 리안이다...!

해성 (음...) 김리안 선생님 맞죠?

수아 저도 몰랐는데 실력이 프로작가 뺨치나 봐요. 지금까지 역대 홍보 모델 학생들 전부 리안샘이 찍었대.

해성   (오... 감탄하며 고개 끄덕이는데)

수아   (해성의 팔 찰싹!) 뭘 고개를 끄덕이고 있어요, 빨리빨리 리안샘한테
          가지 않고. 가, 가, 빨리 가.

리안이 촬영을 하고 있는 장소. 촬영 기다리고 있는 학생들 뒤에 줄을
서는 해성.
해성, 이제야 여유가 생긴 듯 주위를 둘러본다.
즐겁게 떠들며 웃음 짓는 학생, 열심히 카메라 앞에서 포즈를 취하
는 학생들 등,
전체적으로 해맑고 순수한 아이들의 모습, 밝은 분위기와 에너지.
그런 아이들을 보며 옅게 웃음 짓는 해성.

(경과)
리안, 찰칵! 찰칵! 카메라 셔터 누르며 학생 한 명을 촬영하다가,

리안   좋아, 수고했어! 다음 누구지? 해성이!

수아   (남몰래 주먹 불끈! 파이팅!)

해성, 카메라 앞에 서면, 그 모습 관심 있게 지켜보는 학생들과 수아.
그리고 예나와 현준, 유정의 각각의 표정.

리안   준비됐지? 긴장 풀고 웃어보자.

해성   (잠시 있다가, 어색한 웃음 짓는)

리안   해성아, 좀 더 자연스럽게. 다시 갈게, 카메라 보고.

해성   (어색하게 웃으며 어색하게 포즈 잡는)

예나   몸이 너무 굳었는데?

유정   (작게 한숨 내쉬며 해성 바라보는)

계속해서 셔터를 누르는 리안. 하지만 여전히 해성의 표정은 어색하기 그지없고...

리안　잠깐만. (모니터로 다가가, 찍은 사진들 보는) 안 되겠다, 너무 통나무야. 건질 게 하나도 없어.

수아　조금만 쉬는 시간...

리안　그러자. (학생들에게) 10분 쉬었다 다시 할게!

수아　(해성에게 다가가) 저기 요원님, 이게 지금 증명사진 찍는 게 아니잖아. 웃어요, 웃어.

해성　제 딴엔 최선을 다 하고 있는...

그때, 다른 촬영 장소에서 터지는 카메라 플래시.
해성과 수아 보면, 준호의 카메라 앞에 서 있는 현준이 보인다.
능숙하게 표정과 포즈를 취하는 현준. 그 모습 칭찬 쏟아내며 셔터 누르는 준호.

수아　모델 출신이라 다르긴 하네. (해성 보는) 이러다 쟤가 우승 먹을 듯.

민망한 듯 헛기침하는 해성. 그러다 문득 보면, 저쪽 또 다른 촬영 장소. 플래시 터질 때마다 각각 치명적인 척 표정과 포즈 취하고 있는 윤철과 범식, 동민이 보이고...

해성　그래도 제가 쟤네보단...?

수아　도찐개찐 똑같거든요? 아, 어쩔 거예요, 이러다간 이사장실 근처에도 못 가게 생겼는데.

해성　카메라 앞이 처음이라... (소심한 항변) 제가 낯가린다 했잖아요...

수아　그놈의 낯가림은 진짜 뭔. 저 잠깐 따라오세요.

#56. 병문고 교정 (낮)

인적 없는 곳. 마주 서 있는 해성과 수아.

수아 자, 지금부터, 제가 하는 거 잘 보세요. (포즈 취하는)
해성 지금 뭐 하시는...?
수아 (민망한) 아이, 거, 그냥 보라니까, 참. 다시 갈게요.

밝게 웃으며 여러 가지 표정 연기와 포즈를 취하는 수아.
그런 수아가 웃기기도 하고 귀엽기도 하고... 자기도 모르게 웃음 짓는 해성.

수아 어? 그 표정 좋다. (핸드폰 카메라 키곤 찍을 준비) 다시 해봐요.

긴장해 머뭇거리다가... 아까와 같이 웃음 짓는 해성. 그 모습 찰칵!
사진 찍는 수아.

수아 (사진 보여주는) 아까보다 훨씬 낫죠. 긴장하지 말고 이 느낌 이대로만 가요. 요원님 할 수 있어.
해성 (미소로 고개 끄덕이고)

#57. 병문고 1층 (낮)

해성 (카메라 앞에 서는)
리안 자, 긴장 풀고 다시 갈게. 포즈 취해보자.

긴장 떨치려는 듯 작게 심호흡하는 해성. 문득 모니터 쪽 수아와 눈이 마주친다.

할 수 있다는 듯 고개 끄덕이는 수아. 그런 수아를 보다가... 아까와는 정반대의 모습으로 당당히 포즈 취하기 시작하는 해성.

리안 오, 좋아, 굿! 이제 좀 더 웃자. 웃어, 웃어!

리안이 시키는 대로 카메라를 보며 웃음 짓는 해성. 그 모습을 보며 놀라는 학생들.

리안 그렇지! 오케이! 이번엔 좀 더 강렬하게! 자신감 있게 재킷 벗으면서!
수아 (엥?, 리안 보는)
동민 이건 사심 같은데?
리안 (대흥분) 단추 하나 풀고 눈빛 가자, 눈빛. 짐승 눈빛 가자아!!

리안이 주문하는 대로, 강한 눈빛과 포즈 취하는 해성.
어떡해, 어떡해~! 입틀막 호들갑 떨며 해성을 보는 여학생들.
찰칵! 찰칵! 찰칵! 흥분과 감탄 연발하며 마구 셔터를 누르는 리안. 그러다 어느 순간,

리안 오케이, 수고했어! 이제 다음은... 예나 가자.

예나가 사진 촬영을 하는 사이, 모니터에 떠 있는 자신의 사진들을 보는 해성.
해성의 옆에 우르르 몰려드는 윤철과 범식, 동민.

동민 해성아, 멋있었어.
범식 쉬는 시간에 뭐 있었냐? 갑자기 왜 이렇게 잘해?
해성 일타 과외 받아서. (고맙다는 듯 수아 보면)
수아 (남몰래 엄지척!)
예나(E) 싫다니까요?

해성 보면, 카메라 앞, 서 있는 예나가 보이고.

예나   손목 안 걷을 거니까 그냥 찍으세요. 이대로 충분하잖아.

리안   (당황) 선생님이 너 예쁘게 찍어주려 그래. 그러지 말고 딱 한두 컷만... (하는데)

예나   싫다고 몇 번 말해요, 그냥 싫다고. 내가 싫다는데 계속 왜 지랄인데!!

떨리는 얼굴로 숨 몰아쉬는 예나.
정적 속에서 표정 얼어붙어 예나를 보는 수아와 리안, 학생들과 해성인데,

유정   (어쩌지 싶은 얼굴로 있다가, 예나에게 다가가며) 미안해, 예나야, 괜히 나 때문에.

예나   (유정 보는)

유정   (리안에게) 사실 아까 예나 저랑 놀다 팔 다쳤거든요. 보건실 갔다 올게요.

리안   어, 그래. 얼른 가봐.

예나의 팔 부축해 밖으로 데리고 나가는 유정. 그 모습 바라보는 해성과 수아.

#58. 병문고 교정 (낮)

예나를 부축한 채 걸음 옮기는 유정. 어느 순간 예나, 유정의 손에서 팔 빼며,

예나   이제 됐어. 괜찮으니까 가봐. (오른손으로 왼손 손목 만지는)

유정   (그 모습 안쓰럽게 보다가, 조심스레) 혹시 요즘도 그래? 니 손목.

#59. 회상, 병문고 여자 탈의실 (낮)

탈의실 칸막이 안, 무선 이어폰 꽂은 채 체육복을 갈아입고 있는 예나.
잠시 후 똑똑 노크 소리. 이어폰 소리 때문에 듣지 못한 예나인데,

유정   (칸막이 문 열곤) 예나야 체육샘이...

하다가 멈칫, 예나의 손목에 자해 자국을 보곤 표정 얼어붙는 유정.
예나, 인기척에 뒤돌아본다. 유정과 눈이 마주친다.
놀란 유정에게 다가가 짝! 유정의 뺨을 때리는 예나. 이 악문 채 유정
을 노려보고.

#60. 병문고 교정 (낮)

예나   (서늘한) 내가 다신 말 꺼내지 말랬지.
유정   (아차 싶은) 미안해. 난 니 친구니까 걱정돼서... (하는데)
예나   친구? (쿡쿡 유정 찌르는, 울컥한 마음에) 야, 안유정. 양심 챙겨. 너
        내 친구 아냐.
유정   (예나의 말이 가슴에 박히고)
예나   몇 번 같이 놀아줬다고 맞먹으면 어떡해. 난 너같이 착한 척 위선 떠
        는 년 역겨우니까...
해성   (둘에게 다가와) 이예나.
유정   (놀라 해성 바라보고)
해성   유정이한테 사과해.
예나   못 하겠다면?
해성   사과해.
예나   너 진짜 웃기다. 니네 둘 대체 뭐야?
유정   (해성에게) 됐어, 그만해. 들어가.

해성	뭘 그만해. 넌 그딴 말 듣고도 존심 상하지도 않아?!
예나	(두 사람 보다가, 픽 냉소로) 안유정 너 대단하다. 이래놓고 뻔뻔하게 나한테 거짓말 한 거야?
유정	예나야 오해야. 우리 둘이 그런 거 절대 아니고... (하는데)
예나	가증스럽다. 너란 애 정말 정 떨어져.
유정	...!!
해성	(예나 노려보는데)
수아	(세 사람에게 다가오며) 학교에서 누가 이렇게 시끄러워? 예나랑 유정이, 보건실 간다면서 여기 왜 있어.

먼저 걸음 옮기는 예나. 그런 예나를 바라보는 유정인데,

해성	유정아, 나랑 잠깐 얘기 좀... (하는데)
유정	(해성 노려보며, 서늘한) 내가 한 말이 우습지. 끼어들지 말랬잖아.

이 악문 채 분노로 해성을 노려보다가 걸음 옮기는 유정.
당황과 무안으로 유정의 뒷모습을 보는 해성. 이내 유정을 따라가려 하면,

수아	지금 말고 나중에.
해성	(수아 보면)
수아	이따 끝나고 저 좀 봐요.

#61. 수아모의 가게 (밤)

함께 소주를 마시고 있는 해성과 수아.
해성, 무거운 얼굴 표정으로 있으면, 수아, 그런 해성을 보다가,

수아	아까 끼어들기 전 살짝 봤는데, 여고생을 몰라도 너무 모르더라.
해성	제가 뭘 모른다는...?
수아	아이들 친구 문젠 저희가 생각하는 거보다 훨씬 복잡하고 민감해요. 그래서 시간이 필요하고요. 그리고 아시잖아요. 요원님은 잠시 있다 떠날 사람이지만... 유정인 아니라는 거.
해성	(수아 보는, 표정)
수아	유정이는 계속 애들과 지내야 돼요. 최소 일 년 어쩌면 그 이상. 고등학교 때 친구는 평생 간다고도 하니까.
해성	(수아 바라보고)
수아	유정이한테 요원님은 가족이에요. 오빠가 자기랑 친구 사이에 끼어들기 바라는 여고생? 장담하는데 세상에 단 한 명도 없어요.
해성	(보는)
수아	유정이가 먼저 말 꺼내기 전엔 지켜봐 주세요. 제가 봤을 땐 그게 요원님이 유정일 도와주는 거니까.
해성	뭔가 되게 어렵네요.
수아	그럼 쉬운 줄 알았어요? (건배하자 소주잔 드는) 악으로 깡으로 버텨.
해성	(건배하고 술 마시려다 멈칫, 수아 보는)

#62. 회상, 초등학교 교실 (낮)

어린해성의 받아쓰기 문제집을 채점하고 있는 어린수아.
어린수아, '스승의 은혜'에 빗금 쪽 긋곤,

어린수아	와, 이 똥멍청이를 어떻게 하지? 은혜의 혜는 아이가 아니라 여이라고~ 몇 번을 말하냐~.
어린해성	아, 한글 너무 어려워.
어린수아	그럼 쉬운 줄 알았냐? 악으로 깡으로 버텨. 다시!

#63. 수아모의 가게 (밤)

문득 떠오르는 봉자 생각. 옅게 미소 짓는 해성인데,

수아   갑자기 왜 웃으세요?
해성   제가 아는 누구랑 닮아서요.
수아   요원님 첫사랑?
해성   (말없이 미소로 술 마시고)

#64. 수아모의 가게 앞 거리 (밤)

밖으로 나오는 해성과 수아. 함께 걸음 옮기며,

수아   (조르는) 그러니까 누구냐니까? 말해줘요~.
해성   에헤이, 말하기 싫다니까.
수아   그러지 말고 말해줘요~. 나 궁금한 거 있음 잠 못 잔단 말야~.

그때, 갑자기 후두둑 후두둑 하늘에서 쏟아지기 시작하는 소나기.

수아   어? 비 온다.
수아모   (가게 밖으로 나와) 오봉자! 우산!
해성   !!
수아   (우이씨!) 저 아줌마 본명 부르지 말라니깐. (해성에게) 잠시만요.

도도도 수아모에게 달려가는 수아. 그런 수아를 놀란 얼굴로 바라보는 해성.

수아   우산이 왜 한 개야?

수아모   엄마 센스. 기다리겠다, 빨리 가.

어느새 세차게 내리기 시작하는 소나기. 다시 해성에게 달려와 우산을 씌워주는 수아.

수아   죄송해요, 우산이 하나밖에 없어서.
해성   (놀란 채 수아 보는)
수아   가실까요? 집이 어디세요?

그때, 부아앙 달려와 물웅덩이를 밟고 지나가는 오토바이 한 대.
자신의 몸을 돌려 수아를 당겨 안곤, 등으로 물세례를 막아주는 해성.
우산이 바닥에 떨어지고... 쏟아지는 비를 맞으며 서로를 안은 채 바라보는 두 사람.
놀라 두근두근한 표정의 수아. 그런 수아를 보다가... 반가운 웃음 짓는 해성.
해성과 수아, 두 사람의 모습에서...!!

#65. 에필로그, 해성의 신입요원 시절, 국정원 국내4팀 (낮)

악수하자 손을 내미는 안 팀장. 그 앞엔 신입 요원 시절의 해성이 서 있고.

안팀장   국정원 요원이 된 걸 환영한다, 정시현.
해성   고맙습니다. (안 팀장과 악수하는)
안팀장   현장요원으로 활동하게 된 이상 앞으로 쓸 가명은 필수야. 이제부터 나나 회사 사람들이 널 부를 때 쓸 이름. 생각해둔 거 있어?
해성   (표정에서)

#66. 에필로그, 회상, 해성의 집 거실 (낮)

소파에 앉아 만화 삼국지를 읽고 있는 어린해성.

해성부　　(식탁에 밥 차리며) 시현아 밥 먹자.

어린해성　아빠, 유비의 자(字)가 현덕이라는데 '자'가 뭐야?

해성부　　음... 쉽게 말하면 남이 널 부를 때 쓰는 이름. 옛날엔 부모가 지어준
　　　　　이름을 남이 함부로 부르는 건 실례였거든.

어린해성　그럼 나도 만들래! 나는 별을 좋아하니까... 혜성!

해성부　　혜성?

어린해성　(답답한) 혜성특급 할 때 혜성 있잖아, 지구 스쳐 가는 거. (연습장에
　　　　　글씨 써서 보여주는) 자.

해성부 연습장 보면, 떡 하니 '**해성**'이라 쓰여 있고...

해성부　　(아이고야... 웃으며) 정말 이거 맞아? 후회 안 하지?

어린해성　응! 아빠 나 이제 혜성이라 불러.

#67. 에필로그, 해성의 신입요원 시절, 국정원 국내4팀 (낮)

해성　　　...해성이요. 정해성.

- 6화 끝 -

작가의 말

〈언더커버 하이스쿨〉을 처음 구상할 때 스스로 다짐한 세 가지가 있었습니다.
어렸을 적 아버지의 실종으로 인한 상처와 외로움. 그로 인해 몸만 자란 어른
아이가 진정한 '한 사람'으로서 성장해 가는 이야기를 만들자.
과연 '보물'의 의의는 무엇일까. 어쩌면 우린 가까이 있는 '진짜 보물'을 놓치
고 있는 건 아닐까 하는 질문을 던지자.
"어딘가에서 해성이가 지금도 잠입 임무를 하고 있을 거 같아!"라고 생각하게
만드는, 마치 실제로 존재하는 것만 같은 살아있는 인물들을 만들자.
하루하루 한순간도 다짐을 잊지 않고 이야기를 써 내려갔습니다.
평생 운을 다 썼다 해도 좋을 정도로 멋진 배우님들이 손을 들어주셨습니다.
어디서 이런 분을 또 만날 수 있을까 할 정도로 좋은 감독님을 만났습니다.
부족한 이야기에 수많은 기적이 모였습니다.
그렇게 〈언더커버 하이스쿨〉이 만들어졌습니다.

기적 같던 순간이 지나고 이야기는 막을 내렸습니다.
해성과 수아와 함께 울고 웃고 했던 시간들,
이제 그 여운을, 여기 〈언더커버 하이스쿨〉 대본집 속에 조심스레 담아보려
합니다.

대본집을 읽으시며 다시 한번 해성이가 살던 세상을 떠올려 주신다면, 해성과 수아, 명주, 국내4팀 사람들과 병문고 아이들까지 한 명 한 명 미소와 함께 기억해 주신다면, 작가로서 그보다 더 감사한 일은 없을 것 같습니다.

더운 여름날부터 추운 겨울날까지 드라마를 위해 한 몸 불살라주신 최정인 감독님과 조감독님들, 스텝님들.
서강준, 진기주, 김신록 배우님을 비롯한 전체 배우님들.
네오엔터테인먼트의 이향봉 대표님과 배익현 부사장님, 회사 식구들.
MBC 문화방송 관계자님들과 남궁성우 CP님, 이월연 PD님.
제 첫 데뷔 작품에 이어 본 작품도 함께 해준 박미정, 김리안 작가.
마지막으로, 〈언더커버 하이스쿨〉을 사랑해주신 시청자분들에게 진심으로 감사의 말씀을 드립니다.

- 작가 임영빈 드림.

"언더커버 하이스쿨"을 사랑해주셔서
감사합니다!!

－작가 임영빈 드림

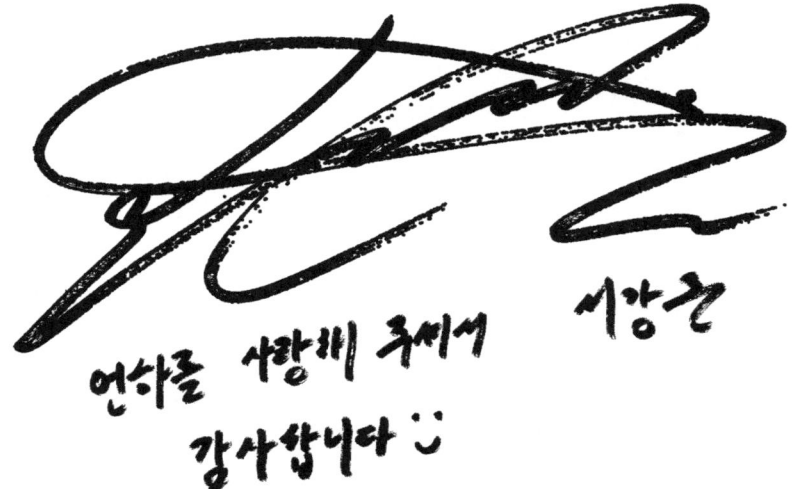

언하를 사랑해 주세서   시강건

강사합니다 ᴗᴗ

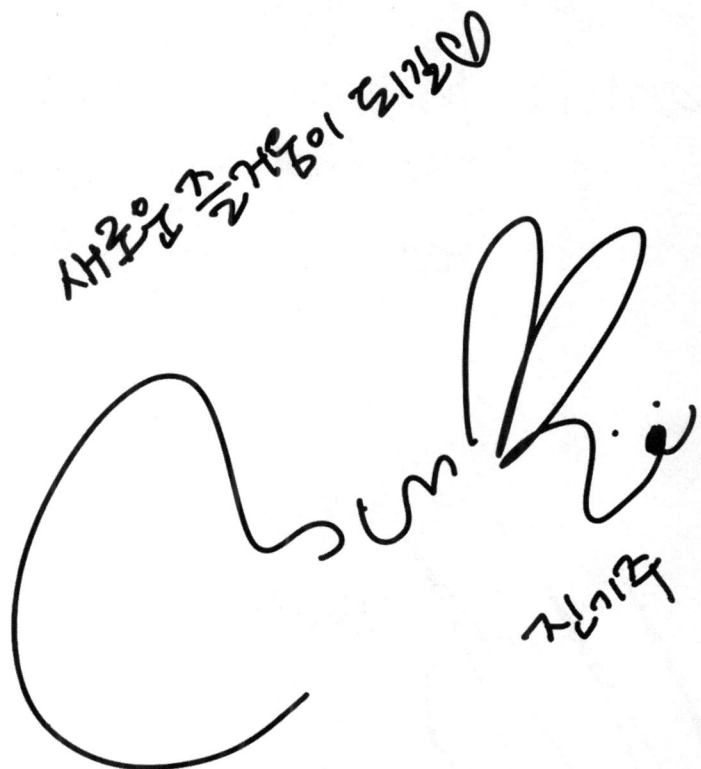

새롭고 늘거움이 또함께

전기덕

〈언더커버 하이스쿨〉
대본집이 출간되다니 !!
너무 기쁘고 설렙니다 ♡
언제까지나 사랑했었던 모든 사람들에게
꽃을 주련다 삶이 필 수 있기를...
세상의 역 기나롱

민주. 예나

언더커버 하이스쿨을
사랑해 주셔서 감사합니다 ☺
함께해서 행복했어요 ♡

Stay ⬚

만남은 짧지만, 기억은 길기를.
늘 행복하세요.
　　　　-동민역 신준항-

즐거워 해주셔서 감사합니다.
늘 웃음이 가득 하시길-♪
그럼 모두 다 같이 외쳐볼까요?
"언더커버~~하이스쿨 !!!"

유정세현 :)